Bernhard Linke

Die römische Republik von den Gracchen bis Sulla

Geschichte kompakt – Antike

Herausgegeben von
Kai Brodersen

Beratung:
Ernst Baltrusch, Peter Funke, Charlotte Schubert, Aloys Winterling

Bernhard Linke

Die römische Republik von den Gracchen bis Sulla

Wissenschaftliche Buchgesellschaft

Für Manuela und Anton

Die Deutsche Bibliothek verzeichnet diese Publikation
in der Deutschen Nationalbibliografie;
detaillierte bibliografische Daten sind im Internet über
http://dnb.ddb.de abrufbar.

Die Herausgabe des Werkes wurde durch die Vereinsmitglieder der WBG ermöglicht.
Gedruckt auf säurefreiem und alterungsbeständigem Papier
Einbandgestaltung: schreiberVIS, Seeheim
Satz: Lichtsatz Michael Glaese GmbH, Hemsbach
Printed in Germany

Besuchen Sie uns im Internet: www.wbg-darmstadt.de

ISBN 3-534-15498-3

Inhaltsverzeichnis

Geschichte kompakt – Antike

Die Geschichte der Antike ist ein selbstverständlicher Teil der historischen Ausbildung und Bildung. Wer Geschichte studiert, befasst sich mit dem griechisch-römischen Altertum, dem Mittelalter und der Neuzeit, und wer Geschichte lehrt oder sich allgemein für Geschichte interessiert, wird diese drei „großen" Epochen ins Zentrum seiner eigenen Fortbildung stellen.

Allerdings ist die Geschichte der Antike vielleicht eher als die anderer Epochen nicht immer „von selbst verständlich". Oft sehen die Lehrpläne der Schulen eine Beschäftigung mit dem Altertum nur für Altersgruppen vor, denen ein Zugang zu historischen Fragestellungen noch wenig vertraut ist. Mitunter schrecken Studierende vor einer intensiveren Auseinandersetzung mit der Geschichte der Antike schon angesichts der Quellensprachen Griechisch und Latein zurück. Immer wieder schließlich hört man, es fehlten aktuelle und konzise Einführungen in wichtige Themen der Alten Geschichte für das Selbststudium, als begleitende Lektüre zu einer Lehrveranstaltung oder zur Vertiefung des eigenen Wissens.

Die Reihe „Geschichte kompakt – Antike" möchte allen Interessierten solche Einführungen zur Verfügung stellen. Bei der Auswahl des Stoffs für die einzelnen Bände, die Themen von der frühen griechischen Geschichte bis in die Spätantike erfassen, orientieren wir uns bewusst an der Lehre an Schulen und Universitäten. Die Themen werden dabei so erschlossen, dass sie ohne große Vorkenntnisse etwa von Begriffen oder Quellensprachen schnell erfasst und anhand der sorgfältig ausgewählten weiterführenden Literatur vertieft werden können.

Als Autorinnen und Autoren konnten wir vor allem jüngere Fachwissenschaftler gewinnen, die stets auf der Grundlage der (in Übersetzung gebotenen) Quellen, stets auf dem neuesten Forschungsstand und stets aufgrund eigener Lehrerfahrung informativ und kompakt darstellen, was für das jeweilige Thema der antiken Geschichte wichtig ist. So hoffen Autorinnen und Autoren, das Beratergremium, Herausgeber und Verlag dazu beizutragen, dass die Geschichte der Antike ein selbstverständlicher Teil der historischen Ausbildung und Bildung bleibt.

Kai Brodersen

Vorwort

Die Zeit von den Reformen der Gracchen bis zur Dictatur Sullas hat als Epoche in der Forschung zur Alten Geschichte keinen ‚guten Ruf'. Zu klar scheint der Ausbruch der Krise der republikanischen Ordnung in dieser Periode zu liegen. Die Ereignisse zwischen 134 und 78 v. Chr. haben den bitteren Beigeschmack, den Anfang vom Ende eines erfolgreichen Gesellschaftsmodells darzustellen, das schließlich an seiner eigenen Unfähigkeit zur inneren Erneuerung zugrunde ging. Und doch, als Prüfungsthema sind die Entwicklungen dieser Phase der römischen Geschichte sehr beliebt. Dies liegt wohl einerseits an den grundsätzlichen Fragestellungen, die sich dem Betrachter angesichts der Probleme eines über Jahrhunderte hinweg stabilen und erfolgreichen Gemeinwesens aufdrängen: Worin lagen die Ursachen für die Krise der Republik, was hielt diesen Staat solange zusammen und war der Untergang dieser Staatsform unvermeidlich? Andererseits faszinieren auch die markanten Einzelpersönlichkeiten, die uns in dieser Zeit entgegentreten und die sich durch ihr eckiges, scheinbar nicht an den kollektiven Normen der Aristokratie orientiertes Erscheinungsbild auszeichnen. Insbesondere die oft als heroisch handelnd beschriebenen Gebrüder Gracchus, die sich in der Sicht vieler Autoren für die notwendigen Reformen des alten Gemeinwesens aufopferten und gerade mit ihrem tragischen Tod ein Zeichen für wahren Bürgersinn gaben, üben bis heute mit ihrem kurzen, aber bewegten Leben eine ungebrochene Anziehungskraft auf alle aus, die sich mit der Alten Geschichte beschäftigen.

Dieses rege Interesse sieht sich jedoch mit dem schwerwiegenden Problem konfrontiert, dass die Informationslage in den antiken Quellen zu dieser Epoche äußerst kompliziert ist. Vor allem fehlt uns eine ausführliche antike Gesamtdarstellung zu den Vorgängen. Stattdessen besitzen wir nur sehr verstreute Informationen zu dieser Zeit, die zudem nicht immer ein einheitliches Bild der politischen und gesellschaftlichen Abläufe zeichnen. Diese Vielschichtigkeit der Rekonstruktion setzt sich ungebrochen in einer umfangreichen Forschungsliteratur fort, in der eine große Zahl von Detailproblemen ausführlich und zumeist sehr kontrovers diskutiert wird. Eine Überblicksdarstellung, die sich auf die gesamte Epoche bezieht, gibt es allerdings im deutsprachigen Raum zur Zeit nicht, wenn man einmal von dem thematisch wesentlich breiter angelegtem Buch ‚Krise und Untergang der römischen Republik' von Karl Christ absieht.

Das Kernanliegen dieses Buches ist es, diesen Überblick für historisch interessierte Leser in gut lesbarer Form zu bieten. Dabei soll die Zeit des ausgehenden zweiten und beginnenden ersten Jahrhunderts v. Chr. jedoch nicht unter dem Blickwinkel eines Überganges zu Krise und Untergang einer Staatsform betrachtet werden, sondern es wird vielmehr versucht, die Kreativität und Produktivität, die diese Periode trotz der einsetzenden Gewalttätigkeiten im öffentlichen Raum auszeichnete, herauszuarbeiten. Daher sollen neben den Krisenerscheinungen auch vielfältige Neuansätze, die damals entwickelt wurden, aufgezeigt und auf diese Weise verdeutlicht werden, dass die Zeit von den Gracchen bis Sulla nicht eine Initialphase für das kollektive Siechtum der Republik war, sondern durch die komplexe Suche nach neuen Organisationsformen bestimmt war. So ist es das Ziel des Buches, die Offenheit der Entwicklung, die nicht durch zwangsläufige Prozesse bestimmt war, darzustellen und damit der Eigenständigkeit dieser Epoche im Rahmen der römischen Geschichte klarere Konturen zu verleihen.

Glücklicherweise musste der vorliegende Band nicht in *splendid isolation* abgefasst werden. So bleibt mir noch die angenehme Pflicht denen Dank zu sagen, die mich dabei unterstützten. Zu erwähnen wären zunächst Martin Jehne und Rene Pfleilschifter aus Dresden, die das Manuskript eingehend gelesen haben und die Fertigstellung durch kritische Einwände konstruktiv begleitet haben. Die intensiven Diskussionen, die ich über mehr als 10 Jahre mit meinen Dresdner Kollegen führen durfte, prägten die Darstellung der Römischen Republik in grundlegender Weise. Ihnen allen sei an dieser Stelle noch einmal für ihre Langmut und Geduld gegenüber meinen Denkansätzen und ihrer lebhaften Vertretung in den gemeinsamen Gesprächen gedankt. Die vielfältige Unterstützung durch meine Chemnitzer Mitarbeiter Frau Liebscht, Frau Rosenbaum und Herrn Ketscher war in der Endphase des Projektes eine wertvolle Hilfe. Auch ihnen gilt mein herzlicher Dank. Desgleichen möchte ich Kai Brodersen für die Anregung zu diesen Buch und den Mitarbeitern der Wissenschaftlichen Buchgesellschaft für die umsichtige Betreuung des Projektes danken.

Gewidmet sei das Buch meiner Familie, die die Grundlage von allem ist.

Chemnitz, im Sommer 2005 Bernhard Linke

I. Weltmacht durch soziale Vernetzung: Die Grundstrukturen der römischen Republik

367–287*	Ende der innenpolitischen Konflikte und Etablierung der Gesellschaftsordnung der klassischen Republik
340–338	Sieg der Römer über die Latiner
326–272	Errichtung der römischen Vorherrschaft in Mittel- und Süditalien
264–241	1. Punischer Krieg
218–201	2. Punischer Krieg – Rom kontrolliert das westliche Mittelmeer
215–205	1. Makedonischer Krieg
200–197	2. Makedonischer Krieg
191–188	Sieg über den Seleukidenherrscher Antiochos III. – Rom wird Vormacht im östlichen Mittelmeer

Die römische Republik war eine Erfolgsgeschichte. In gut 150 Jahren war Rom zwischen 338 v. Chr. und 188 v. Chr. von einer Mittelmacht in Italien zu einer Weltmacht aufgestiegen, die den Mittelmeerraum unumstritten beherrschte. Geradezu unaufhaltsam war ein Gegner nach dem anderen ausgeschaltet worden, so dass die Römer zunächst bis 272 v. Chr. das mittlere und südliche Italien dominierten. 200 v. Chr. hatten sie nach dem langwierigen Kampf gegen die große Rivalin Karthago, einer mächtigen Stadt im heutigen Tunesien, die Vorherrschaft im westlichen Mittelmeer errungen. Danach benötigten sie weniger als 15 Jahre, um Makedonien und das Seleukidenreich, zwei Großmächte im östlichen Mittelmeer, zu besiegen und damit auch diesen Teil der Welt ihrem Machtanspruch zu unterwerfen. Die Zeitgenossen, die seit langer Zeit an die stabile Konstellation zwischen den Großmächten im östlichen Mittelmeer gewöhnt waren, werden sich verwundert die Augen gerieben haben, wie schnell die so solide wirkenden Kräfteverhältnisse in sich zusammenbrachen. Hier ging es nicht mehr um einzelne Veränderungen in den Machtverhältnissen, sondern es fanden fundamentale Umwälzungen statt, die die politischen Strukturen in den betroffenen Gebieten bis in die Spätantike prägen sollten.

Kontinuität

Diese rasanten Umbrüche im äußeren Bereich stehen in einem erstaunlichen Kontrast zu der Kontinuität der gesellschaftlichen Organisationsformen und dem Aufbau der staatlichen Strukturen der römischen Republik. Trotz seines überwältigenden Aufstieges zur Herrin der Mittelmeerwelt änderte das römische Gemeinwesen seine inneren Strukturen nur unwesentlich. Als die römischen Senatoren in ihren Sitzungen schon längst Entscheidungen fällten, die das Schicksal ganzer Großregionen wie Spanien, Nordafrika oder Kleinasien bestimmten, versammelten sie sich noch nach den Regeln aus einer Zeit, als es noch um einen Kriegsbeschluss gegen die kleine Nach-

* Alle Daten in den Zeittafeln beziehen sich auf die Zeit vor Christi Geburt.

barstadt Tusculum ging. Die Beamten, die die Sitzungen einberiefen und leiteten, und die Volksversammlungen, die die Beschlüsse des Senats sanktionierten und über die Gesetze abstimmten, all diese Institutionen des staatlichen Lebens hatten sich in diesen dramatischen Zeiten kaum gewandelt. Rom war im Kern der Stadtstaat geblieben, der es war, als sein Aufstieg begann.

Um die Kraft dieser Kontinuität zu fassen, ist es hilfreich, sich ein modernes Pendant zu vergegenwärtigen. Man stelle sich vor, dass die kleine sächsische Stadt Freiberg in nur zwei Jahrhunderten zur Vormacht in Europa aufsteigt. Erst erringt es eine dominante Stellung in Sachsen, um nur kurze Zeit später ganz Deutschland zu beherrschen. Am Ende sind schließlich alle Einwohner Europas von Oslo bis Palermo, von Madrid bis Moskau Untertanen des Freiberg'schen Imperiums und werden von Freiberg aus verwaltet. In Freiberg selbst werden aber die grundlegenden Entscheidungen wie früher im Stadtrat getroffen und im Ratskeller am Stammtisch der lokalen Honoratioren vorbereitet. Der einzige Unterschied ist nur, dass es nicht mehr um das Hallenbad in Freiberg-Süd, sondern um die Besteuerung von ganz Frankreich oder die Verwaltungsstrukturen in Russland geht.

Fragt man nach den Grundbedingungen, die diese erstaunliche Entwicklung ermöglichten, so stößt man auf eine komplexe Mischung aus politischen und gesellschaftlichen Faktoren, die die ungeheure Leistungsfähigkeit des römischen Gemeinwesens bedingten. Das Geheimnis für den außenpolitischen Erfolg lag zweifellos in einer gesellschaftlichen Ordnung, deren soziale und politische Mechanismen im öffentlichen Raum einen kommunikativen Zusammenklang zwischen den sozialen Schichten ergaben, der eine ungewöhnliche Konsensorientierung ermöglichte. Diese gesellschaftlichen Strukturen sind jedoch nicht ‚vom Himmel gefallen', sondern es bedurfte jahrhundertelanger innerer Streitigkeiten, die erst im vierten Jahrhundert v. Chr. überwunden wurden, bis die Römer eine Ordnung entwickelten, die die Basis für eine einzigartige Integration aller Bevölkerungsschichten in das Gemeinwesen schuf.

Starke Exekutive

Auf den ersten Blick scheint die institutionelle Ordnung Roms derjenigen anderer antiker Stadtstaaten ganz zu entsprechen. Die Römer kannten eine Volksversammlung und einen Adelsrat, und sie wählten Beamten, die die Leitung des Staates zeitlich begrenzt übernahmen. Schaut man aber genauer hin, so fällt auf, dass die Kompetenzen der Beamten in Rom deutlich stärker ausgeprägt waren, als dies gewöhnlich in vergleichbaren Gemeinwesen der Fall war. An der Spitze des Staates standen zwei Oberbeamte, die Konsuln, die jährlich vom Volk gewählt wurden und in ihrer Amtsausübung mit einer umfassenden Amtsgewalt, die die Römer *imperium* nannten, ausgestattet waren. Die Konsuln leiteten wichtige Volksversammlungen und hatten wesentlichen Einfluss auf deren Ablauf. Sie besaßen aber auch das Recht, den Senat einzuberufen, die Versammlung der gewesenen Magistrate der Republik, deren Entscheidungen für die Ausrichtung der römischen Politik fundamentale Bedeutung besaßen. Im politischen Alltag waren die Konsuln darüber hinaus berechtigt, ihren Anweisungen mit Hilfe einer Erzwingungsgewalt, der *coercitio*, äußersten Nachdruck zu verleihen. Diese schon weit reichenden Kompetenzen im politischen Zentrum steigerten sich noch einmal, wenn die Konsuln in Kriegszeiten die Stadt verließen. In diesem Fall fiel ihnen beim Überschreiten der heiligen Stadtgrenze die militärische Kommandogewalt zu, gegen die es nur bedingt Einspruchsmöglichkeiten gab. Im Feld wurden sie fast zu absoluten Herrschern über die ihnen anvertrauten Bürger. Diese starke Stellung der römischen Obermagistrate wurde zudem noch durch religiöse Elemente sakral überhöht. Nur den Imperiumsträgern kam es zu, die Götter über ihren Willen im Rahmen der Einholung von Vorzeichen, den *auspicia*, zu befragen. Die für die Gesellschaft so wichtige Kommunikation mit der sakralen Sphäre lag also in wesentlichen Teilen in ihren Händen.

Als Zeichen dieser herausragenden Stellung schritten den Konsuln zwölf Amtsdiener mit Rutenbündeln voraus, die Liktoren, die die Amtsgewalt der Imperiumsträger nachdrücklich symbolisierten. Im Kriegsfall steckten die Liktoren sogar Beile in die Rutenbündel, um anzuzeigen, dass der betreffende Amtsinhaber nun sogar berechtigt war, römische Bürger zum Tode zu verurteilen.

Begrenzungen der Amtsgewalt

Diese Machtkonzentration bei den Obermagistraten konnte nur geduldet werden, weil die jeweiligen Amtsinhaber bei der Ausübung ihrer Macht in ein kompliziertes Netz sozialer Verpflichtungen und institutioneller Gegengewichte eingebunden waren. Jedes Amt wurde zumindest mit zwei Amtsinhabern besetzt, die sich in der Machtausübung gegenseitig kontrollieren und bei Verstößen gegen die Regeln einschreiten sollten. Schon dieses Kollegialitätsprinzip führte bei der Amtsausübung zu einem erheblichen Bedarf an Kommunikation und Abstimmung. Die Amtszeit der Obermagistrate war zudem streng auf ein Jahr begrenzt, so dass sie nicht eine Perpetuierung ihrer Machtausübung erwarten konnten. Diese äußerst kurzfristige Machtperspektive im Amt bewirkte, dass die Inhaber der hohen Magistraturen weniger an einer intensiven Ausnutzung ihrer weit reichenden Kompetenzen während der Amtsperiode interessiert waren als vielmehr daran, ihre Position innerhalb der Führungsschicht auch über die Zeit ihrer Magistratur hinaus zu festigen.

Diese langfristige Machtperspektive, die weit über die eigentliche Zeit der Amtsausübung hinausreichte, förderte bei den Amtsinhabern integrative Strategien gegenüber den anderen Angehörigen der Oberschicht. Durch die Berücksichtigung von Ratschlägen und den Erweis von Gefälligkeiten, aus denen sozial bindende Dankesverpflichtungen erwuchsen, verstärkte man das eigene Netzwerk sozialer Beziehungen und erwarb sich damit ein soziales Kapital, das man in der Zeit nach dem Konsulat für die Stabilisierung, wenn nicht gar Vergrößerung des eigenen politischen Einflusses nutzen konnte.

Der Senat

Diese der Amtszeit nachgelagerte Machtperspektive ließ ein Gremium zum Fokus römischer Politik werden, das streng genommen keinerlei staatsrechtliche Verankerung besaß: den römischen Senat. Im Senat versammelten sich die gewesenen Beamten und berieten die aktuellen Amtsinhaber bei den anstehenden Problemstellungen der Politik. Das Votum der ehemaligen Amtsträger hatte eigentlich keinen bindenden Charakter, doch der gebündelte Einfluss der dort versammelten Aristokraten verlieh ihnen ein politisches Gewicht, das nur bei äußerster Konfliktbereitschaft zu übergehen war. Zumeist akzeptierten die Magistrate den ‚Ratschlag' der Senatoren, da auch für sie der Grundsatz galt: Sie waren in der Regel nur ein Jahr Konsul, aber sie wollten ihr restliches Leben zu den führenden Senatoren gehören. Für den Fall, dass einzelne Obermagistrate doch einmal der Versuchung nachgeben sollten, ihre umfassenden Kompetenzen gegen den mehrheitlichen Willen in der Oberschicht auszuspielen, standen den Senatoren verschiedene religiöse, aber auch politische Obstruktionsmittel, wie zum Beispiel das Vetorecht der Volkstribunen, zur Verfügung, um den ‚Querulanten' an der unkontrollierten Ausübung seiner Amtsgewalt zu hindern und ihn zu einer Wiederannährung an den Konsens der Oberschicht zu bewegen. Die ungewöhnliche Bandbreite an Möglichkeiten und Mechanismen, politisches Handeln zu unterbinden, sollte eben nicht zur Blockade des öffentlichen Lebens führen, sondern die Beteiligten zur Kommunikation in der Oberschicht zwingen, aus der dann eine konsensfähige Initiative in den politischen Institutionen erwachsen sollte. Die kunstvolle Verwobenheit von starker Exekutive und Kommunikationszwang bildete die Basis für die Stabilität der römischen Aristokratie.

Q

Die Tugenden eines römischen Aristokraten
(Plinius der Ältere, Naturkunde, 7,43,139–140)

„Quintus Metellus hat in der Lobrede, die er bei der letzten Ehrung seines Vaters Lucius Metellus hielt, der Pontifex, zweimal Konsul, Diktator, Befehlshaber der Reiterei und einer der zur Verteilung von Land erwählten Fünfzehnmänner war und der nach dem Ersten Punischen Krieg erstmals Elefanten im Triumph aufführte, schriftlich überliefert, sein Vater habe die zehn höchsten und besten Vorzüge, deren Erlangung die Weisen ihr Leben widmeten, in sich vereinigt: Sein Wunsch sei gewesen, der erste Krieger, der beste Redner, der tapferste Feldherr zu sein, sein Trachten, dass unter seiner Leitung die wichtigsten Taten vollbracht würden, er habe die höchsten Ehrenstellen, die größte Weisheit, die höchste Senatorenwürde erstrebt, ein großes Vermögen auf rechte Weise sammeln, viele Kinder hinterlassen und der Angesehenste im Staate sein wollen; alles dies sei ihm und sonst niemanden seit der Gründung Roms gelungen." (Übersetzung nach Roderich König)

Das Volk

Doch stellte die römische Oberschicht keine in sich abgeschlossene Kaste dar, die sich auf der Grundlage erblicher Privilegien von der Restbevölkerung abgeschottet hätte. Im Gegenteil, im republikanischen Rom kam dem Volk eine nicht unbeachtliche Teilhabe am politischen Leben zu. Das Volk beriet und entschied über die Gesetzesentwürfe und fällte die letzte Entscheidung über Krieg und Frieden. Vor allem aber wählte es in seinen Versammlungen die Magistrate und übte damit einen erheblichen Einfluss auf die langfristige Zusammensetzung der Aristokratie aus. Selbstverständlich waren die familiäre Herkunft und der Einfluss der *familia* in der Gesellschaft von großer Bedeutung. Doch galt auch für die Sprösslinge aus vornehmem Hause, dass sie selbst zunächst nur als einfache Bürger geboren wurden. Zum Magistrat und damit langfristig zum Senator wurden auch sie erst durch die Gunst ihrer Mitbürger bei den Wahlen. Wesentliche Kriterien für die Wähler waren dabei die sozialen Beziehungen, die die Angehörigen der Oberschicht zu den anderen Mitbürgern unterhielten und die immer wieder im Rahmen von Kommunikationsritualen, wie der morgendlichen Begrüßung (*salutatio*), erneuert wurden. Diese persönlichen Bindungen zwischen Bürgern aus unterschiedlichen Schichten waren den Römern bei ihrer Wahlentscheidung wesentlich wichtiger als inhaltliche Fragen. So basierte politischer Erfolg in Rom auf einer Schichten übergreifenden Vernetzung sozialer Beziehungen.

Bei der Beurteilung der Rolle des Volkes muss allerdings berücksichtigt werden, dass gerade die Wahlversammlungen streng hierarchisch nach Vermögen geordnet waren. Die wohlhabenden Römer besaßen also wesentlich größeren Einfluss auf den Ausgang der Wahlen als die Mittel- und die Unterschichten. Zudem konnten die Angehörigen der Oberschicht auf vielfältige soziale Einflussmöglichkeiten zurückgreifen, um das politische Verhalten der Versammlungsteilnehmer zu lenken. Trotzdem war das in den verschiedenen Versammlungen zusammenkommende Volk nicht nur eine passive Masse, die von der Oberschicht nach Belieben gelenkt wurde. Die Kommunikation mit der breiten Bevölkerung war für die aristokratische Führungsschicht ein wesentlicher Bestandteil ihrer eigenen Herrschaftsausübung und die Partizipation des Volkes ein grundlegendes Element der republikanischen Ordnung.

Die römische Familie

Wichtiger jedoch als die formalen Rechte in den Versammlungen waren für die einfachen Römer die weitgehenden Freiheiten, die sie in ihrer häuslichen Umgebung genossen. Die männlichen Römer, deren Vater oder Großvater nicht mehr lebten, waren nicht nur durchweg freie Bürger, sondern auch Oberhäupter eigener Haushalte, *patres familias*. Ihre Machtfülle im häuslichen Bereich überstieg in Rom bei Weitem diejenige von Familienvätern in anderen patriarchalisch organisierten Gesellschaften. So war der *pater familias* nicht allein Eigentümer des gesamten Familienbesitzes, er war als einziger überhaupt eigentumsfähig. Seine Kinder konnten auch nach dem Erreichen der Mündigkeit kein eigenes Eigentum erwerben, sondern nur über Besitz verfügen, der ihnen von ihrem *pater familias* auf Widerruf delegiert wurde. Auch in juristischen Konfliktfällen konnte nur der *pater familias* als eigenständige Rechtsperson auftreten, während seine Nachkommen zu seinen Lebzeiten nicht rechtsfähig waren. Im Inneren des Familienverbandes besaß er gegenüber den Angehörigen seiner *familia* eine weitgehende Strafgewalt, die in Extremfällen bis zur Verhängung eines Todesurteils reichen konnte. Die dauerhafte Anerkennung dieser starken Position der *patres familias* auch der Mittel- und Unterschichten war die entscheidende Basis für das Ende der inneren Konflikte im vierten Jahrhundert v. Chr. gewesen.

Die römische Aristokratie hatte nach langen Kämpfen darauf verzichtet, die Restbevölkerung in starre Abhängigkeitsverhältnisse zu pressen. Stattdessen gestand sie den Familienverbänden in der gesamten Bevölkerung eine außerordentlich weitreichende Unabhängigkeit zu, die sich in der Machtfülle der Familienoberhäupter widerspiegelte. Im Gegenzug war die römische Mittelschicht bereit, sich vorbehaltlos für das Gemeinwesen zu engagieren und es nach außen auch unter großen Opfern zu verteidigen. So kämpften die einfachen Römer im Feld weniger für abstrakte Rechte als Teilnehmer von Volksversammlungen als vielmehr für die Unabhängigkeit ihrer häuslichen Sphäre.

Hier wird die hohe Integrationskraft, die die Strukturen der römischen Republik kennzeichnete, besonders deutlich. Die Menschen sahen sich weder einem abstrakten Staat gegenüber, der mit Hilfe einer starken Bürokratie von ihnen die Erbringung vielfältiger Leistungen verlangte, noch war es ein Alleinherrscher, der primär zur Sicherung seiner eigenen Position das Engagement der Menschen forderte. Es war die ‚gemeinschaftliche Angelegenheit aller Bürger', die *res publica,* die Opfer verlangte. Die römischen Bürger, die *cives romani,* brachten sie, weil es in ihren Augen letztendlich um ihr ureigenes Interesse ging. Diese Bereitschaft der Bürger aller Schichten, sich konsequent für ihr Gemeinwesen einzusetzen, war die Basis für den Aufstieg Roms zur Weltmacht.

II. Der Preis des Erfolgs: Die Probleme der Republik durch die Ausdehnung zum Weltreich

201–177	Ansiedlung zahlreicher Bürger in Wehrsiedlungen
180	Regulierung der Ämterlaufbahn durch ein Gesetz des Volkstribun Villius (*lex Villia annalis*)
171–167	3. Makedonischer Krieg – aufgrund der immensen Beute wird die direkte Besteuerung der römischen Bürger (*tributum*) abgeschafft
151	Dienstverweigerung der für Spanien ausgehobenen Soldaten
149–146	3. Punischer Krieg – Zerstörung Karthagos

Der Zweite Punische Krieg gegen die Großmacht Karthago (218–201 v. Chr.) stellte eine grundlegende Zäsur in der Entwicklung des römischen Gemeinwesens dar. Im Rahmen dieses Konfliktes sahen die Römer sich zum letzten Mal für eine lange Periode gezwungen, in einer außenpolitischen Auseinandersetzung um die Existenz ihres Gemeinwesens zu kämpfen. ‚Hannibal ad portas'– ‚Hannibal vor den Toren': Dieser Warnruf symbolisierte die Gefährdung der *res publica* durch den in Italien anwesenden Gegner, der mit seinen Streitkräften mehrere römische Heere vernichtet hatte und sich mehr als ein Jahrzehnt in unmittelbarer Nähe der römischen Kerngebiete aufhielt. Der Sieg über diesen Gegner wurde erst nach langen und harten Kämpfen errungen. Es war ein Sieg der Zähigkeit und der kollektiven Anstrengung eines ganzen Volkes.

Das Selbstverständnis der Römer

Genau wie die Römer gemeinsam in Notzeiten für den Erhalt des Gemeinwesens eintraten, genauso gehörte der ungeheure Erfolg ihnen allen. Das römische Volk als ganzes hatte die ‚Weltherrschaft' errungen, und jeder einzelne Römer hatte einen direkten Anteil daran. Gerade die Nähe zwischen den existentiellen Krisen in diesem Krieg und dem nur so kurze Zeit später sich vollziehenden Aufstieg zur Weltmacht musste den Eindruck der unglaublichen Dynamik in der Entwicklung bei den Betroffenen noch verstärken. Dies kräftigte wesentlich das Gefühl der Überlegenheit, das die Römer schon vorher kannten, und festigte ihre Überzeugung, dass ihre Gesellschaft in einer ganz exklusiven Beziehung zu den göttlichen Kräften stand.

Dieses wachsende Gefühl der gemeinschaftlichen Überlegenheit und des besonderen göttlichen Schutzes entlud sich geradezu in der Ausrichtung prächtiger sakraler Zeremonien und kollektiver Rituale. Insbesondere die Triumphzüge, in deren Rahmen die siegreichen Feldherren am Ende des Feldzuges mit ihren Truppen in die Stadt einzogen, nahmen in der Ausgestaltung bis dahin ungeahnte Dimensionen an. Schon Scipio Africanus hatte 201 v. Chr. mit seinem Triumph über Karthago neue Maßstäbe gesetzt. In ganz Italien strömten die Menschen aus den Städten und vom Lande zusammen, um den siegreichen Feldherrn zu ehren, der von Süden kommend zur Hauptstadt zog. In Rom selbst sammelte sich eine ungeheure Menschenmenge. Beim feierlichen Einzug Scipios in die Stadt, so berichtet Polybios, wurden die Menschen durch die mitgeführten Gegenstände an die überwundenen Gefahren erinnert. Gerade dadurch wurden aber ihre Dankbarkeit gegenüber den Göttern und ihre Zuneigung zu dem siegreichen Feldherrn, der die ungeheure Summe von 123 000 Pfund Silber an die Staatskasse abführte, gestärkt. An den Triumphzug schlossen sich glänzende Wettspiele und prächtige Feste an, die sich dank der Großzügigkeit von Scipio über viele Tage hinzogen. Diese von Scipio entfaltete Pracht wurde 167 v. Chr. von Lucius Aemilius Paullus, dem Sieger über den Makedonenkönig Perseus, noch übertroffen. Drei Tage waren nötig, um die Beute des Krieges im Triumphzug in die Stadt zu bringen. Hunderte von Wagen, beladen mit Statuen, Gemälden, silbernem Geschirr und kostbaren Waffen, wurden gezeigt. 3000 Männer trugen das erbeutete Silbergeld in 750 Gefäßen. In 77 Gefäßen befanden sich Goldmünzen. Nach besonderen Stücken aus dem Königsschatz musste schließlich der besiegte Perseus mit seiner Familie im Zug mitlaufen, was den Zuschauern noch einmal den tiefen Fall des mächtigen Gegners in Erinnerung rief. Zum Abschluss zog schließlich Aemilius Paullus in der purpurnen Tracht des Triumphators, auf einer Quadriga stehend, in die Stadt ein und opferte, wie es Sitte war, am Ende des Zuges im großen Tempel des Jupiter Optimus Maximus auf dem Kapitol dem höchsten römischen Gott, zum Dank für den verliehenen Sieg. Die immense Beute, die Aemilius Paullus mitbrachte, reichte aus, um in Rom die direkten Steuern abzuschaffen.

Belastungen durch die Kriege

Diese Euphorie sollte aber nicht vergessen machen, dass die Römer einen erheblichen Preis für ihren Aufstieg zur Weltmacht bezahlt hatten. Zehntausende Bürger mussten dafür ihr Leben lassen, und so sank ihre Zahl insbesondere nach dem Zweiten Punischen Krieg deutlich. Noch dramatischer war die Oberschicht betroffen, deren Angehörige in Kriegen nicht nur Führungspositionen fernab der Kampfhandlungen bekleideten, sondern zumeist im Zentrum mitkämpften. Ihr Vorbild in den Kämpfen und ihre nicht unerheblichen Verluste haben maßgeblich dazu beigetragen, dass die breiten Bevölkerungsschichten die Führungsrolle der Aristokratie im Gemeinwesen akzeptierten. Der Blutzoll für diese Anerkennung war aber erheblich. So war die Zahl der Senatoren nach den ersten zwei Jahren des Krieges gegen Hannibal von der Sollstärke 300 auf nur noch 123 gesunken. Nur durch eine außerordentliche Auffüllung seiner Reihen konnte der Senat handlungsfähig erhalten werden. Unter den Senatoren von mittlerem oder niederem Rang, die zum Beispiel nur die unteren Ämter erreicht hatten, müssen wir also in dieser Zeit mit einer beachtlichen personellen Fluktuation rechnen.

E

Die römischen Bundesgenossen

In der ersten Phase ihrer Expansion (bis 227 v. Chr.) verzichteten die Römer auf eine direkte Beherrschung der besiegten Gegner. Stattdessen wurden die Gemeinwesen Süd- und Mittelitaliens – zumeist nach Abtretung von Land – durch vertragliche Bindungen zu Bundesgenossen (*socii*) der Römer. Dabei behielten sie eine weitgehende politische Autonomie. Ihre inneren Angelegenheiten konnten sie eigenständig regeln und auch ihre kulturellen Traditionen, wie Sprache, Rechtssystem und politische Institutionen, wurden nicht angetastet. Nur in der Außenpolitik verloren sie ihre Selbständigkeit. Die Bundesgenossen durften untereinander keine Bündnisverträge schließen und waren verpflichtet, den Römern im Kriegsfall Truppen zu stellen. Kulturell und politisch bildeten die Bundesgenossen eine äußerst heterogene Gruppe, die bis zum ausgehenden 2. Jahrhundert v. Chr. keine gemeinsamen Interessen besaß. Formal gehörten auch die eigenständigen Wehrsiedlungen, die die Römer selber gegründet hatten (*coloniae latinae*) zu den Bundesgenossen. Durch die engen Bindungen an Rom nahmen diese Wehrsiedlungen jedoch eine besondere Position unter den *socii* ein.

Jenseits der eigenen Verluste war für die Römer aber auch schmerzlich gewesen, dass Teile der Bundesgenossen auf die Seite von Hannibal gewechselt hatten. Insbesondere der ,Verrat' der Stadt Capua, eines der ältesten und engsten Bundesgenossen Roms, traf die Römer empfindlich. Mit Capua zusammen liefen viele Gemeinwesen in Süditalien zu den Karthagern über. Hier wurden Risse in dem von Rom aufgebauten Bundesgenossensystem deutlich, die zeigten, dass Italien auch nach der Etablierung der Oberhoheit der Römer keineswegs ein homogener Block geworden war, sondern eine sehr heterogene politische Landschaft blieb, in der die einzelnen Gemeinwesen vielfach ihre eigenen Ziele verfolgten und die Unterordnung unter die römische Herrschaft noch nicht akzeptiert hatten.

Wehrsiedlungen

Die betreffenden Gemeinwesen wurden von den Römern nach dem Ende des Zweiten Punischen Krieges hart bestraft. Vor allem mussten sie große Teile ihres Territoriums an die Römer abtreten, die diese Gebiete als *ager publicus*, als römisches Staatsland, nutzten. Das Misstrauen der Römer gegenüber den untreu gewordenen Bundesgenossen aber blieb, zumal deren erzwungene Loyalität durch den erheblichen Umfang des Gebietsverlustes nicht gerade gestärkt worden sein dürfte. Aus dieser Konstellation erklärt sich, dass die Römer in diesen Gebieten wieder Wehrsiedlungen, *coloniae*, gründeten, wie sie es schon früher einmal gemacht hatten. Die Wehrsiedlungen hatten aus römischer Sicht eine doppelte Funktion. Einerseits dienten sie der Überwachung unsicherer Gebiete. Ihre Einwohner waren verpflichtet, im Umfeld ihrer Siedlung die römische Herrschaft sicherzustellen. Bei Problemfällen oder militärischen Konflikten konnten die Römer auf diese Weise in besonders gefährdeten Gebieten auf flexibel agierende Truppenverbände zurückgreifen, die zudem als Bewohner der Region mit dem Terrain bestens vertraut waren. Die Anlage derartiger Wehrsiedlungen hatte keinen geringen Anteil an den militärischen Erfolgen gehabt, die zur Etablierung der römischen Herrschaft über ganz Italien geführt hatten.

Neben der Sicherung des Herrschaftsbereiches hatten die Kolonien aber auch einen nicht unwesentlichen innenpolitischen Entlastungseffekt. Da die Neusiedler bei der Gründung von Kolonien Land erhielten und auch Hilfen für die Überbrückung der schwierigen Anfangsphase, war es für besitzlose römische Bürger nicht unattraktiv, sich in die Listen der Neusiedler eintragen zu lassen. Schon im ausgehenden vierten Jahrhundert v. Chr. hatten die Römer auf diese Weise die Sicherung ihrer Expansion in Italien ausgesprochen vorteilhaft mit der Lösung sozialer Probleme im Inneren verbunden. Diese Koppelung von außenpolitischem Erfolg und Entschärfung innenpolitischen Konfliktpotentials war eine wichtige Komponente für die soziale Stabilität der Republik gewesen.

Folgen des langen Wehrdienstes

Nach dem Zweiten Punischen Krieg gab es zwar keine ausgeprägten innenpolitischen Konflikte, die das römische Volk geteilt hätten, im Gegenteil, der tiefe Eindruck des gemeinsamen Sieges hatte die Geschlossenheit gefördert. Doch der lange Krieg war an großen Teilen der römischen Bevölkerung auch ökonomisch nicht spurlos vorübergegangen. Insbesondere für die kleinen Bauern, die sich keine abhängigen Arbeitskräfte leisten konnten, waren die Folgen des langen Wehrdienstes äußerst hart. Bei den langwierigen Kämpfen in den entfernteren Kriegsgebieten, wie Spanien, war es nicht mehr möglich, jedes Jahr rechtzeitig zur Ernte wieder nach Hause zurückzukehren. Besaß man in diesem Fall keine Kinder, die schon in der Lage waren, auf dem Feld mitzuhelfen, oder Freunde, die für den Abwesenden einsprangen, konnte angesichts der geringen Produktivität in der Landwirtschaft nach relativ kurzer Zeit die soziale Existenz ernsthaft bedroht sein. Diese negativen Effekte wurden durch die lange Kriegsführung in Italien während des Zweiten Punischen Krieges und durch die mit ihr verbundenen negativen Auswirkungen, wie zum Beispiel Verwüstungen und Plünderungen, verstärkt.

So hatten die Römer zwar den Krieg gegen Karthago am Ende glorreich gewonnen, doch ein nicht unerheblicher Teil der römischen Bevölkerung befand sich in einer prekären sozialen Situation. Diesen Problemen konnte durch die Ansiedlung von Bürgern in Kolonien abgeholfen werden. Zunächst wurden vor allem im Süden eine beträchtliche Anzahl von Kolonien neu angelegt beziehungsweise alte Kolonien aufgefüllt, dann aber zunehmend im Norden Italiens, wo sie der Sicherung des römischen Territoriums gegen die in der Poebene siedelnden Gallierstämme dienten, die den Römern in der Regel feindselig gegenüberstanden. Allein die überlieferten Quellen, die jedoch lückenhaft sind, geben uns Auskunft über mehr als 23 000 Siedlerfamilien, die in den Neugründungen Platz fanden. Darüber hinaus erhielten Veteranen unmittelbar nach Kriegsende in erheblicher Zahl als Einzelbauern Landzuweisungen in Samnium und Apulien. Diesen Siedlern dürfte der Anteil an der Beute nicht unwesentlich bei der Bewältigung der ersten schwierigen Jahre nach der Existenzneugründung geholfen haben. So wurden beträchtliche Anstrengungen unternommen, um die Verluste, die im Krieg entstanden waren, auszugleichen und gleichzeitig die Herrschaftsstrukturen Roms in Italien zu festigen. Vor diesem Hintergrund wird von Klaus Bringmann sogar die Auffassung vertreten, die Ansiedlungsvorhaben seien in den siebziger Jahren des zweiten Jahrhunderts v. Chr. nicht aus Landmangel, sondern aus Personalknappheit eingestellt worden. Die zur Ansiedlung bereite Bevölkerung wäre also vollkommen versorgt gewesen.

Ager publicus

Ob Bringmann mit dieser pointierten Einschätzung nicht zu weit geht, ist schwer zu klären. Fest steht jedenfalls, dass im Jahr 177 v. Chr. mit Luna die letzte Kolonie bis zur Zeit der Gracchen gegründet wurde. Die verbleibenden großen Territorien, die nicht zur Ansiedlung von Kolonien genutzt wurden, behielten den Status des *ager publicus*, öffentlichen Landes, das jeder Römer, der wollte, landwirtschaftlich nutzen konnte, solange vom Staat aus nicht anderweitig darüber verfügt wurde. Als Anerkennung des Eigentumsrechts der gesamten *res publica* an dem betreffenden Land waren die Nutzer verpflichtet, eine Pacht (*vectigal*) an die *Staatskasse* zu zahlen, deren Höhe aber eher symbolischer Natur war. Die Gebiete, die diesen Status besaßen, lagen vor allem im Süden Italiens.

Obwohl die Landokkupation rechtlich jedem Römer freistand, waren es in der Realität primär die Reicheren, die diese Möglichkeit nutzten. Diejenigen, die wenig besaßen und bereit waren, sich außerhalb der alten Heimat eine neue Existenz aufzubauen, wählten zumeist den Weg der Eintragung in die Siedlerlisten von Kolonien. Dort wurde ihnen über die Anfangsschwierigkeiten hinweggeholfen, und sie lebten in der neuen Heimat in der Sicherheit einer sozialen Gemeinschaft. Daher wurde der frei gebliebene *ager publicus* primär von Römern in Anspruch genommen, die schon an verschiedenen Standorten über landwirtschaftlichen Besitz verfügten und diesen durch die Anlage weiterer Betriebe vergrößern wollten. Die zunehmende Diversifizierung und Spezialisierung in der Landwirtschaft kam dieser Tendenz entgegen. So wurde auf den neuen Böden oft Oliven-, Obst- oder Weinanbau betrieben, der zwar hohe Renditen versprach, aber auch mit beträchtlichen Anfangsinvestitionen verbunden war. Hierbei entstanden zunächst nicht – wie die ältere Forschung oft annahm – riesige Großbesitzungen (*latifundia*), sondern mittelgroße Betriebe, die die Römer als *villae* bezeichneten und deren Größe zwischen 20 und 100 Hektar lag. Die Konzentration der Landflächen in Latifundien ist höchstwahrscheinlich erst Resultat der Entwicklung im ersten Jahrhundert v. Chr. Das heißt jedoch nicht, dass auch die Zahl der Eigentümer entsprechend hoch gewesen sein muss. Die Angehörigen der römischen Oberschicht besaßen in der Regel mehrere *villae* und nutzten darüber hinaus den *ager publicus* dazu, Viehherden unter der Aufsicht von Sklaven, zumeist in Gruppen von 10 bis 12 Mann, weiden zu lassen; dabei konnte die Weite des Territoriums für einen Wechsel von Winter- und Sommerweiden dienen. Zusammenfassend lässt sich sagen, dass sich zu Beginn des zweiten Jahrhunderts v. Chr. die Ansiedlung von Kleinbauern in den Koloniegründungen konzentrierte, während die reicheren Römer den verbleibenden *ager publicus* weitgehend besetzen konnten.

So vorteilhaft die Expansion zweifellos für große Teile der römischen Bevölkerung war, ergaben sich doch aus dem rasanten außenpolitischen Aufstieg langfristige Folgen für das Gemeinwesen, die die Strukturen der *res publica* allmählich verändern sollten. Diese Entwicklungen trafen insbesondere die Fundamente des politischen Lebens in Rom. Schon im Laufe des zweiten Jahrhunderts v. Chr. wurde deutlich, dass die Verwaltung eines Großreiches nicht unerhebliche Rückwirkungen auf das politische Zentrum hatte. Der Erfolg veränderte die Lebenswelt der Sieger, auch wenn diese den grundlegenden Wandel selbst oft nicht wahrnahmen bzw. seine Auswirkungen auf kurzfristige Ursachen oder individuelles Fehlverhalten einzelner Mitglieder der Gesellschaft zurückführten. Die politischen Bedingungen im Rom des Jahres 140 v. Chr. unterschieden sich nicht unwesentlich von denen am Ende des Zweiten Punischen Krieges (201 v. Chr.).

Geldzufluss

Einen wichtigen Faktor in dieser Entwicklung stellte der Zufluss riesiger Mengen von Vermögenswerten, insbesondere in Form von Edelmetall, dar, die als Beute nach Rom kamen. Schon unter den Zwängen der Kriegswirtschaft hatte Rom im Zweiten Punischen Krieg mit der Einführung des Denar eine grundlegende Münzreform durchgeführt. Durch die ungeheuren Mengen an Edelmetall, die den Römern in der ersten Hälfte des zweiten Jahrhunderts zur Verfügung standen, stieg dieses Münzgeld nun zur beherrschenden Währungseinheit im ganzen Mittelmeerraum auf.

Der enorme Anstieg der Geldmenge in den Kreisläufen des römischen Wirtschaftslebens dynamisierte die gesamte gesellschaftliche Ordnung. Zum einen waren die Besitzer der neuen Vermögen bestrebt, ihren Wohlstand durch die Investition in Landbesitz dauerhaft abzusichern. Neben der Stetigkeit der zu erwartenden Erträge und der Sicherheit der Anlageform selbst spielte dabei auch das höhere Prestige des Landbesitzes gegenüber rein monetären Vermögensformen eine wesentliche Rolle. Durch den Erwerb von Landgütern erhielt der neue Eigentümer auch eine einflussreiche Stellung im jeweiligen regionalen Umfeld. Zudem konnte er oft neue nachbarschaftliche Kontakte zu anderen Angehörigen der wohlhabenden Schicht knüpfen, die in der Nähe ebenfalls über Besitzungen verfügten. Durch Landbesitz erweiterte sich also das Spektrum der eigenen sozialen Beziehungen beachtlich.

Geldvermögen allein verliehen noch keinen hohen sozialen Status. Dies galt vor allem für die römische Oberschicht, die Nobilität, die sich durch die Ausübung der höchsten Staatsämter definierte und eine gemeinsame Leistungsethik entwickelt hatte, die auf das Wohlergehen des gesamten Gemeinwesens ausgerichtet war. Für die *nobiles* erhielt das Geld seine hohe Bedeutung primär durch den Einsatz im Rahmen der gesellschaftlichen Ordnung, durch den die Stellung der eigenen Familie in der sozialen Hierarchie gesichert wurde. Daher war für sie nicht die Anhäufung großer monetärer Vermögen das vorrangige Ziel, sondern deren ‚soziale Aktivierung' durch den Einsatz im öffentlichen Leben.

E

Ädile

Die Ädile waren für den ordnungsgemäßen Ablauf von Märkten und den Unterhalt von Gebäuden zuständig. Wichtig wurde das Amt aber vor allem durch die Aufgabe, öffentliche Spiele durchzuführen. Seit dem beginnenden zweiten Jahrhundert nutzten viele ehrgeizige Politiker diese Position dazu, sich durch die private Finanzierung prächtiger Spiele in der Öffentlichkeit zu profilieren und damit die eigenen Karrierechancen zu verbessern.

Konkurrenz im Adel

Der wachsende Wohlstand innerhalb der Oberschicht führte auf diese Weise zu einem drastischen Anstieg des Aufwandes, den die *nobiles* bei der öffentlichen Selbstdarstellung betrieben. Nicht nur die eigentlichen Wahlkämpfe wurden immer teurer und aufwendiger, sondern man versuchte durch die Inszenierung der eigenen Großzügigkeit eine Kandidatur für die höchsten Ämter schon lange im Vorfeld vorzubereiten, zum Beispiel als Ädil mit Hilfe der besonders prachtvollen Ausgestaltung der öffentlichen Spiele auf private Kosten. So ließen die Ädile Publius Scipio Nasica Corculum und Publius Cornelius Lentulus 169 v. Chr. bei den Spielen 63 Raubkatzen sowie 40 Bären und Elefanten auftreten. Im Jahr 182 v. Chr. hatte der Ädil Tiberius Sempronius Gracchus, der Vater der späteren Reformer, sogar in einem ganz ungewöhnlichen Maße Zwangsumlagen bei den Bundesgenossen und Provinzbewohnern zugunsten seiner Spiele in Rom eintreiben lassen. Doch wurde diese Vorgehensweise vom Senat später untersagt. Jenseits des spärlichen Zuschusses aus den öffentlichen Kassen, den der Senat jeweils festlegte, durften nur Mittel eingesetzt werden, über die man privat verfügte. Die steigenden privaten Vermögen vergrößerten aber trotz dieser Einschränkungen die Möglichkeiten bei der öffentlichen Profilierung. Auf diese Weise verschärfte sich die Konkurrenz unter den führenden Familien beachtlich, da die besonders erfolgreichen Familien einen hohen materiellen Einsatz aufbringen konnten, der dauerhaft neue Maßstäbe in der Wahrnehmung der Bevölkerung setzte. Jeder, der sich um die höchsten Ämter bewarb, wurde an dieser Vorgabe gemessen.

Q

Parteiungen in Rom
(Sallust, Der Krieg mit Jugurtha, 41,1–3)

„Übrigens ist das Unwesen der Parteiungen und Cliquen und hernach aller schlimmen Praktiken wenig vorher in Rom entstanden infolge der Untätigkeit und dem Überfluss an all dem, was die Sterblichen für das Wichtigste halten. Denn vor der Zerstörung Karthagos behandelten das Volk und der römische Senat friedlich und maßvoll das Gemeinwesen; es gab unter den Bürgern keinen Wettstreit weder um Ruhm noch um Herrschaft: Die Furcht vor dem Feinde hielt die Bürgerschaft in guten Eigenschaften. Als aber jener Schrecken aus den Gemütern gewichen war, brach offenbar das ein, was Glück mit sich zu bringen pflegt: Ausgelassenheit und Hochmut." (Übersetzung nach Karl Büchner)

Mit verschiedenen Maßnahmen versuchte die Oberschicht, diesen immer härter werdenden Wettbewerb zu begrenzen. Vor allem die demonstrative Zurschaustellung privaten Reichtums, die die Unterschiede in den Vermögensverhältnissen innerhalb der Oberschicht deutlich machte, sollte eingeschränkt werden. So begrenzte man zum Beispiel den überbetriebenen Tafelluxus bei Gastmählern durch ein Gesetz von 161 v. Chr. (*lex Fannia*).

Ämterlaufbahn

Demselben Zweck diente die Festlegung der Karriereschritte durch die *lex Villia annalis* von 180 v. Chr., die das Mindestalter für die Bewerbung um die einzelnen Ämter stärker regularisierte. Bewerber um die Ädilität sollten mindestens 37 Jahre, um die Prätur 40 Jahre und um den Konsulat 43 Jahre alt sein. Zwischen der Ausübung von zwei Ämtern sollte eine amtlose Phase liegen, in der die Betroffenen wieder zu Privatleuten wurden und auf diese Weise für ihre Amtstätigkeit zur Rechenschaft gezogen werden konnten. Durch diese Regelungen wurden Blitzkarrieren, wie die von Scipio Africanus oder von Titus Quinctius Flamininus, erheblich erschwert. Die Bewerber um höhere Positionen blieben länger in die Standessolidarität eingebunden, da für sie bis zur Wahl in die Obermagistraturen offene Konflikte mit dem Senat ein hohes Risiko für die eigenen Karrierechancen bedeuteten. 151 v. Chr. wurde sogar die wiederholte Übernahme des Konsulats verboten. Dies sollte einer möglichst großen Zahl von Bewerbern den Zugang zu den höchsten Ehren ermöglichen.

Die schwerwiegenden Folgen einer sich verstärkenden Binnendifferenzierung innerhalb der Oberschicht waren aber mit diesen gesetzlichen Bestimmungen allein nicht aufzuhalten. Dies zeigt schon die ungewöhnliche Karriere des Scipio Aemilianus, der 147 v. Chr. auf Druck des Volkes statt zum Aedil zum Konsul gewählt wurde und 134 v. Chr. entgegen den Bestimmungen zum zweiten Mal den Konsulat bekleidete: Zudem hielt der Einsatz hoher finanzieller Mittel in der politischen Konkurrenz unvermindert an. Die zunehmende Verquickung von Reichtum und Amtsausübung führte zu einem sich selbst erhitzenden Kreislauf: Aus den großen Feldzügen resultierten oft materielle Mittel, die nicht selten die traditionell ererbten Vermögen anderer Senatoren bei weitem übertrafen. Dieser Reichtum wurde in die eigene Karriere oder die der Söhne investiert, was die Kosten für den politischen Erfolg insgesamt stetig erhöhte. Mit der Zunahme der Kosten rückte wiederum eine mögliche Kompensierung der Anfangsinvestitionen im Rahmen einer späteren Amtsausübung stärker ins Blickfeld der Beteiligten. Glückte die Karriere, begann der Kreislauf von neuem.

E

Provincia
bezeichnet im Lateinischen eigentlich den speziellen Aufgabenbereich eines Magistrats während seines Amtsjahres, wie zum Beispiel die Übernahme eines Kriegsschauplatzes oder die Bekämpfung von Räuberbanden in einer Region. 227 v. Chr. hatte man beschlossen, Sardinien und große Teile Siziliens nicht als autonome Regionen in das Bundesgenossensystem zu integrieren, sondern sie durch Beamte verwalten zu lassen und die Bevölkerung zur Zahlung von Steuern zu verpflichten. So richtete man zwei neue Stellen von Oberbeamten (Prätoren) ein, deren *provincia* die Sicherung der römischen Herrschaft in diesen Territorien war. 197 v. Chr. kamen dann die spanischen Gebiete hinzu, die man von den Karthagern nach dem Zweiten Punischen Krieg übernommen hatte, und 146 v. Chr. das Gebiet des nun zerstörten Karthago in Nordafrika und Gebiete in Griechenland, die man nach Aufständen der direkten römischen Verwaltung unterstellte.

Provinzen

Diese Dynamisierung der politischen Sphäre wurde durch die Folgen einer grundlegenden Entscheidung aus dem dritten Jahrhundert wesentlich unterstützt: die Einrichtung von Provinzen, die die Römer direkt beherrschten und deren Bewohner steuerpflichtig waren. Das Steueraufkommen zogen aber nicht die römischen Beamten und ihr Stab ein, sondern man überließ dies Privatpersonen, die dem Staat die veranschlagten Steuereinnahmen vorschossen und dafür das Recht erhielten, eigenständig Abgaben in den jeweiligen Gebieten einzutreiben. Diese Pächter öffentlicher Einnahmen, die *publicani* (von *publicus* = ‚öffentlich'), gaben sich natürlich nicht mit der Eintreibung einer gleich hohen Summe zufrieden, sondern waren bestrebt, möglichst höhere Einnahmen und somit einen beachtlichen Profit zu erzielen. Aus diesem Interesse gingen sie zumeist äußerst rigoros bei der Eintreibung der Steuern vor. Bei den daraus entstehenden Konflikten zwischen *publicani* und Provinzbevölkerung kam dem jeweiligen Statthalter die entscheidende Position zu. War er bereit, sich für die Belange der *publicani* einzusetzen und ihnen auch den notwendigen militärischen Schutz bei der Durchsetzung ihrer Interessen zu gewähren, konnte er auf einen nicht unerheblichen Anteil an dem gesammelten Steueraufkommen rechnen. Darüber hinaus gab die fast absolute Machtstellung der Statthalter den Inhabern dieser Funktionen noch andere vielfältige Möglichkeiten, sich auf Kosten der Provinzbevölkerung zu bereichern. Die Grenzen dabei wurden eher durch die eigenen Skrupel als durch äußere Normen gesetzt. Erst 149 v. Chr. etablierten die Römer im politischen Zentrum einen ständigen Gerichtshof zur Aburteilung von Missbräuchen. Dabei ging es allerdings vor allem um die Belange von römischen Bürgern in den Provinzen, und zudem blieben die

Strafen zunächst sehr moderat. Die Statthalter mussten lediglich die zu Unrecht eingezogenen Gelder wieder erstatten. Da auf der Geschworenenbank nur Senatoren, also Standesgenossen, saßen, hielt sich das Risiko, verurteilt zu werden, zudem in engen Grenzen.

Von dieser Konstellation der Amtsausübung in den Provinzen und der Kontrolle im politischen Zentrum des Staates profitierten vor allem die Statthalter, die eng mit den Steuerpächtern zusammenarbeiteten. Auf Kosten der Provinzbevölkerung, die einer zunehmend rigiden Ausbeutung unterlag, verlor die magistratische Tätigkeit außerhalb Roms faktisch den Charakter der Ehrenamtlichkeit. Die Bereicherung durch eine Amtstätigkeit in den Randzonen des Reiches bekam eine steigende Bedeutung, zumal der Aufwand für eine politische Karriere im Zentrum parallel dazu immer stärker anwuchs.

Größer und verlockender als die Einnahmen aus der Tätigkeit eines Statthalters blieben jedoch die Bereicherungschancen als Kommandeur im Rahmen eines Feldzuges. Dazu kam, dass die militärischen Aktionen nicht nur materielle Vorteile versprachen, sondern auch das Prestige des Feldherrn vergrößern konnten. Insbesondere für die Beamten, die an den Randgebieten des römischen Herrschaftsbereiches eingesetzt waren, hatte die Sorge, aus dem Blickfeld der öffentlichen Wahrnehmung zu geraten, ein erhebliches Gewicht. Wenn man weit entfernt vom Zentrum agierte und im Winter oft über Monate von der Kommunikation mit der Heimat abgeschnitten war, war es wichtig, dass sich die Rückkehr nicht unauffällig und unbeachtet vollzog. Ein größerer militärischer Erfolg, für den von Senat und Volk das Recht auf einen Triumphzug verliehen wurde, stellte die beste Lösung für dieses Problem dar. Der triumphale Einzug in die Stadt war die ideale Präsentation der Leistungen, die man in der Ferne für das römische Gemeinwesen erbracht hatte.

Je größer das römische Herrschaftsgebiet wurde, um so intensiver wurde die Tätigkeit der hohen Beamten in den Provinzen durch die Aspekte des militärischen Erfolges, des materiellen Gewinns und einer möglichst pompösen Inszenierung der eigenen Rückkehr in den politischen Raum geprägt. Da alle drei Faktoren sich vor allem durch einen siegreichen Krieg bündeln ließen, kam es zu einer entsprechenden Politik insbesondere an den Randgebieten. Der Ausbruch militärischer Konflikte war den Kommandeuren vor Ort oft willkommen. Vielfältige Fälle von Dissonanzen zwischen den Befehlshabern und dem Senat zeigen die großen Schwierigkeiten, die das erlauchte Gremium im fernen Rom angesichts der schwierigen Kommunikationsverbindungen hatte, die eigenen Feldherren zu kontrollieren und die Lage vor Ort richtig einzuschätzen. Zum größeren Teil beruhte die römische Expansion so auf den persönlichen Interessen der einzelnen Befehlshaber und weniger auf einer umfassenden Strategie der führenden politischen Gremien.

Grenzen der Expansion

Nicht immer war die expansive Außenpolitik der Römer aber erfolgreich. Schon in der ersten Hälfte des zweiten Jahrhunderts wurde dies deutlich. Nachdem sich die Euphorie über die atemberaubenden Siege gegen die hellenistischen Mächte etwas gelegt hatte, rückten die großen Probleme der Römer insbesondere auf den spanischen Kriegsschauplätzen ins Blickfeld. Dort kämpften über Jahrzehnte römische Truppenverbände unter großen Verlusten gegen den hartnäckigen Widerstand der lusitanischen und keltiberischen

Bevölkerung im westlichen und nördlichen Spanien, die eine Eingliederung in das römische Reich unter keinen Umständen akzeptieren wollte. Dass sich die Römer in Spanien nicht mit den von Karthago übernommenen östlichen Regionen an der Mittelmeerküste zufrieden gaben, war auch dem Profilierungsdrang und dem Gewinnstreben der Feldherren zuzuschreiben.

Diejenigen, die den eigentlichen Preis für diese expansive Politik zu zahlen hatten, waren die einfachen römischen Bürger und die Bundesgenossen, die in den Heeren Dienst taten. Die hohen Verluste, die lange Dienstdauer, die sich aus der weiten Entfernung zum Kriegsschauplatz ergab, und die relativ geringe Aussicht auf Beute führten zu Belastungen, die selbst für die geduldigen Römer zu viel waren. So kam es im Jahre 151 v. Chr. zum ersten Mal zu Kriegsdienstverweigerungen, als neue Truppen für Spanien ausgehoben werden sollten. Auch wenn diese Verweigerungshaltung nicht dauerhaft wurde, zeigt sie doch, dass es eine wachsende Unzufriedenheit darüber gab, dass der Wehrdienst auf ‚unattraktiven Kriegsschauplätzen' für breitere Schichten zu einer überproportionalen Belastung geworden war. Die Zielsetzung der Angehörigen der Oberschicht, die als Kommandeure die militärische Profilierung suchten, und der Motivationshorizont der breiten Mittelschicht, die die Soldaten stellte, drohten auseinander zu driften.

Fazit

Die Beibehaltung stadtstaatlicher Strukturen trotz der territorialen Ausweitung des römischen Gemeinwesens hatte wesentlich zum Erfolg der *res publica* beigetragen. Auf diese Weise blieb eine besonders intensive Integration breiter Bevölkerungsschichten in das Gemeinwesen gewährleistet und es wurde die Basis für deren Engagement gelegt. So trug die religiöse Selbstüberhöhung des ganzen römischen Volkes nach den militärischen Siegen im Rahmen der Triumphalzeremonien erheblich zur Bereitschaft der breiten Bevölkerungsmehrheit bei, sich in neuen und oft noch größeren militärischen Konflikten zu engagieren. Auf dieser Grundlage kam es zu regelrechten Zyklen römischer Kraftentfaltung.

Im zweiten Jahrhundert v. Chr. traten jedoch die Probleme dieser Konstellation deutlich hervor. Die zunehmende Selbständigkeit der Kommandeure, die sich aus der wachsenden Größe des Herrschaftsbereiches ergab, die steigende materielle Konkurrenz innerhalb der Oberschicht aufgrund des gehobenen Wohlstandsniveaus sowie die höheren Anforderungen und stärkeren Rückwirkungen des Wehrdienstes für die Mittelschicht, all diese Faktoren könnte man als ‚Dehnungseffekte' bezeichnen, denen die stadtstaatlichen Gesellschaftsstrukturen Roms beim Aufstieg zum Weltreich unterlagen. Gerade die Erfolge zeitigten Wirkungen, die nur schwer mit den gering ausgebildeten staatlichen Organisationsformen der *res publica* zu bewältigen waren. Während die Leistungsfähigkeit des römischen Gemeinwesens nach außen kaum gefährdet blieb, offenbarten sich im Inneren Anzeichen einer Überbeanspruchung der alten gesellschaftlichen Ordnung, die in den Jahren nach 134 v. Chr. im Streit um die Reformversuche der Brüder Tiberius und Gaius Gracchus noch deutlicher zutage treten sollte.

III. Der Reformversuch von Tiberius Gracchus und das Scheitern der politischen Kommunikation (134–133 v. Chr.)

162	Tiberius Gracchus
147–146	Militärdienst von Tiberius im 3. Punischen Krieg
145 (oder 140)	Initiative für eine Agrarreform von Gaius Laelius
137	Kapitulation des römischen Heeres vor Numantia, in dem Tiberius als Quaestor dient
134	Scipio Aemilianus erhält den Oberbefehl in Spanien
133	Eroberung von Numantia Tiberius Gracchus ist Volkstribun: Initiative zur Verteilung von öffentlichem Land Konfrontation mit großen Teilen der senatorischen Oberschicht Eskalation und Tod von Tiberius Gracchus

1. Der familiäre Hintergrund der Gracchen

Tiberius und Gaius Sempronius Gracchus stammten aus einem hoch angesehenen Geschlecht. Als Erster hatte ihr Urgroßvater 238 v. Chr. den Konsulat bekleidet und war durch die Ausübung dieses höchsten Amtes der Republik in den inneren Kreis der römischen Führungsschicht aufgestiegen. Ein Großonkel der Gracchen gelangte während des Zweiten Punischen Krieges gleich zweimal (215 und 213 v. Chr.) zum Konsulat. Während ihr Großvater keine bedeutende Rolle spielte, übertraf ihr Vater, Tiberius Sempronius Gracchus (ca. 220–150 v. Chr.), ihren Großonkel sogar an politischem Erfolg. Er bekleidete nicht nur zweimal den Konsulat (177 und 163 v. Chr.), sondern durfte auch zweimal im Triumph nach Rom einziehen. 169 v. Chr. wurde er zudem in das Amt des Censors gewählt.

E

Censur
Die Censur war eine besonders ehrenvolle Tätigkeit, da den beiden Censoren neben der Überprüfung und Aktualisierung der Bürgerlisten auch die Erstellung der neuen Senatsliste oblag. Bei dieser Gelegenheit konnten die Amtsinhaber nicht nur neue Mitglieder in das Führungsgremium der Republik aufnehmen, sondern auch Senatoren, die sich in ihrem Verhalten der hohen Ehre nicht würdig gezeigt hatten, aus dem Senat entfernen. Da nur alle fünf Jahre ein Census durchgeführt wurde, konnten von zehn gewesenen Konsuln nur zwei dieses Amt erreichen. So entwickelte es sich im Laufe der Republik zwar nicht zu der mächtigsten, dafür aber zu der prestigereichsten Funktion im Staat. Die gewesenen Censoren bildeten die Spitze in der Rangfolge der Senatoren.

Der Vater der Gracchen gehörte mit Sicherheit zu den einflussreichsten Politikern in der ersten Hälfte des zweiten Jahrhunderts v. Chr. Seine Karriere war mustergültig und sein Verhalten in vieler Hinsicht beispielhaft. Doch fehlte im politischen Handeln des alten Gracchus nicht die Tendenz, wenn nötig auch in Grauzonen des Erlaubten vorzustoßen. Dies zeigte schon seine Vorgehensweise 182 v. Chr. als Aedil, als er die Bundesgenossen und Provinzialen in hohem Maße zur Finanzierung der unter seiner Ägide stattfindenden Spiele heranzog und damit staatliche Ressourcen für den Erwerb persönlichen Prestiges nutzte. Aber auch als Konsul scheute er nicht davor zurück, seine Kompetenzen weit auszulegen. So annullierte der Senat aufgrund seiner Intervention die Konsulatswahlen für das Jahr 162 v. Chr. aufgrund religiöser Bedenken hinsichtlich des Ablaufs. Dieses Recht stand ihm als Wahlleiter zu, doch erfolgte der entscheidende Hinweis durch den alten Gracchus erst mit einer ungewöhnlich langen zeitlichen Verzögerung. Offensichtlich passte ihm das Ergebnis der Wahl nicht in seine politische Planung, und er versuchte es auf diese Art und Weise zu revidieren.

Die familiären Verbindungen der Gracchen

Im fortgeschrittenen Alter heiratete er Cornelia, die Tochter des Hannibal-Siegers Publius Cornelius Scipio Africanus. Mit ihr hatte er zwölf Kinder, von denen allerdings nur drei überlebten: Tiberius, Gaius und deren Schwester Sempronia. Als Mutter der Gracchen, die sich besorgt und engagiert mit der Politik ihrer Söhne auseinandersetzte, wurde Cornelia eine der berühmtesten und geachtetsten Frauengestalten der römischen Republik. Der Vater starb am Ende der fünfziger Jahre des zweiten Jahrhunderts v. Chr., als seine Söhne gerade erst 12 bzw. 3 Jahre alt waren.

Tiberius und Gaius Gracchus gehörten also einer der führenden Familien Roms an. Sie waren nicht nur die Söhne eines mächtigen und einflussreichen Politikers, sondern auch die Enkel des legendären Scipio Africanus. Ihre Schwester heiratete später den Adoptivenkel von Scipio Africanus, Scipio Aemilianus. Auf diese Weise war Scipio Aemilianus, der einer der erfolgreichsten Politiker nach 150 v. Chr. wurde, nicht nur der Vetter der Gracchen, sondern auch ihr Schwager.

2. Die frühe Karriere des Tiberius Gracchus vor dem Volkstribunat

Die Abstammung und die familiären Beziehungen der Gracchen waren kaum zu überbieten. Von der Geburt her hatten die beiden Brüder die besten Voraussetzungen, einen herausragenden Platz in der Gesellschaft einzunehmen. Doch man darf nicht vergessen, dass die Römer in der klassischen Republik keinen Geburtsadel kannten. Auch wenn man in eine bedeutende Familie hineingeboren wurde, musste man sich doch dieser hohen Herkunft durch eigene Leistung in der Politik würdig erweisen. Zu einem *nobilis,* zu einem Angehörigen der Führungsspitze der Republik, wurde man erst durch die Wahl in die höheren Ämter, insbesondere durch die Bekleidung des Konsulats. Zweifelsohne hatten die Sprößlinge aus führenden Familien eine ungleich größere Chance, einen herausragenden Platz in der politischen Sphäre einzunehmen, doch auch sie unterlagen der harten Selektion im Rahmen der Ämterkarriere. Diejenigen von ihnen, die von der persönlichen oder physischen Veranlagung her den vielfältigen Anforderungen der politischen Laufbahn nicht gewachsen waren oder einfach keinen Drang dazu verspürten, waren zwar von hervorragender Herkunft, blieben aber ihr Leben lang einfache Bürger und fanden keinen Eingang in das kollektive Gedächtnis der Gesellschaft, wie zum Beispiel der Sohn von Scipio Africanus, über den wir fast gar nichts wissen.

Egal aus welcher Familie man stammte, jeder musste sich der Wahl durch das römische Volk stellen. Der Erfolg dabei basierte neben dem Hinweis auf die Verdienste der eigenen Vorfahren um die *res publica* ganz wesentlich auf den eigenen Leistungen für das Gemeinwesen. Diese Statusunsicherheit, der auch die Angehörigen der Oberschicht bis zur eigenen Wahl zum Konsul unterlagen, förderte die Leistungsbereitschaft in der römischen Aristokratie. Niemand konnte dauerhaft auf eine sichere gesellschaftliche Stellung verweisen, die ihm durch Geburt zukam und die ihm nicht zu nehmen war. Im Gegenteil, auch die jungen Aristokraten mussten sich bemühen, in ihrem Werdegang den Anforderungen der Gesellschaft gerecht zu werden, denn nur so konnten sie die Chance auf die Sicherung ihrer herausgehobenen gesellschaftlichen Position wahren. Der Vorteil einer hervorragenden Herkunft konnte so auch zu einer Bürde werden, da die Messlatte für die eigene Karriere sehr hoch lag und nicht wenige Söhne einflussreicher Aristokraten daran scheiterten.

Militärdienst

Mit diesen Anforderungen sah sich auch der junge Tiberius Gracchus, der 162 v. Chr. geboren wurde, konfrontiert, als er zu Beginn der vierziger Jahre zum ersten Mal für uns fassbar wird. Der Tradition entsprechend leistete er wie alle jungen Angehörigen der Oberschicht zunächst einmal einen längeren Militärdienst, bevor er sich politisch betätigen konnte. Schon im Alter von 15 Jahren finden wir ihn in der römischen Armee, die unter dem Kommando seines Schwagers Scipio Aemilianus in Nordafrika Karthago belagerte. Dieses auch für römische Verhältnisse ungewöhnlich frühe Eintrittsalter in die Armee dürfte sich aus der günstigen Gelegenheit ergeben haben, unter dem Kommando seines engen Verwandten zu dienen, der auf Druck des Volkes für das Jahr 147 v. Chr. zum Konsul gewählt worden war. Es war lang geübte Praxis innerhalb der Oberschicht, dass junge Männer unter verwandten oder befreundeten Befehlshabern dienten und auf diese Art und Weise gute Möglichkeiten bekamen, im Umfeld des jeweiligen Feldherrn Einblick in die taktische, aber auch strategische Militärplanung zu nehmen und sich so auf die spätere Übernahme eines eigenen Kommandos vorzubereiten. Dies bedeutete aber keineswegs, dass man vom sicheren Feldherrnhügel aus die Kampfhandlungen als Zuschauer beobachtete. Im Gegenteil, die Angehörigen der römischen Aristokratie kämpften an der vordersten Front mit, und der hohe Blutzoll, den sie dabei entrichteten, war ein nicht unwesentlicher Faktor für die Legitimation der herausragenden Stellung der Oberschicht im Staat. So war die Bewährung im Kampf eine wichtige Voraussetzung für eine erfolgreiche politische Zukunft. Der junge Tiberius wurde in dieser Hinsicht allen Erwartungen gerecht und übertraf sie noch. Bei der Erstürmung Karthagos stand er als einer der ersten auf der Mauer der Stadt und erhielt für dieses mutige Verhalten eine hohe militärische Auszeichnung.

E

Auguren
Die Auguren waren die Spezialisten für die Deutung der Vorzeichen, die die Götter den Römern schickten, um ihren Willen kundzutun. Da die römischen Beamten vor allen wichtigen Entscheidungen mit den Göttern kommunizierten und dabei von den Auguren beraten wurden, hatten diese Priester eine sehr einflussreiche Stellung im politischen Leben Roms.

Nach dem Sieg über Karthago nahm ihn das wichtige Priesterkollegium der Auguren in seine Reihen auf, das wichtige Expertise bei der Interpretation göttlicher Vorzeichen erstellte, und so trat er auch in dieser Hinsicht in die Tradition seines verstorbenen Vaters ein, der dieser Priesterschaft ebenfalls angehört hatte. Tiberius heiratete dann die Tochter des Appius Claudius Pulcher, eines Mannes aus altem patrizischem Adel, der 143 v. Chr. Konsul und 136 v. Chr. Censor war. Auch mit dieser Heiratsverbindung blieb Tiberius also im Umfeld der führenden Familien Roms. 137 v. Chr. wurde er vom Volk zu einem der Quaestoren gewählt und erreichte damit die unterste Stufen der Ämterlaufbahn. Als Dienstbereich erhielt Tiberius das Heer, das unter dem Konsul Gaius Hostilius Mancinus in Spanien Krieg führte.

E

Quaestur
Die Quaestur bildete den Einstieg in die römische Beamtenlaufbahn. Als untere Magistrate hatten die Quaestoren primär organisatorische Aufgaben, die sie zumeist unter der Aufsicht höherer Magistrate erledigten. Vor allem die Verwaltung von Finanzkassen und die Organisation von Nachschub für die Kampfverbände oblag ihnen.

Der Mancinus-Vertrag

Bis zu diesem Zeitpunkt war der Werdegang von Tiberius geradezu ideal für einen Aristokraten verlaufen und gab Anlass für die größten Hoffnungen. Der Umschwung kam bald im Laufe der militärischen Operationen in Spanien, ohne dass Tiberius dabei eine direkte Schuld traf. Der Feldzug mündete aufgrund von Fehlern des Feldherrn in einem Desaster. Am Ende wurden die römischen Truppen von ihren keltiberischen Gegnern in eine so ausweglose Lage gebracht, dass es nur noch die Alternative zwischen eigener Vernichtung oder Kapitulation gab. In dieser Situation entschloss sich der Konsul Mancinus einen Vertrag mit den Gegnern abzuschließen, der die Kapitulation der Römer gegen freien Abzug regelte. Die Verantwortung für diese katastrophale Entwicklung lag eindeutig beim kommandierenden Feldherrn.

Doch Tiberius wurde auch in diesem Fall vom langen Schatten der familiären Tradition eingeholt. Schon sein Vater hatte 180 bis 178 v. Chr. als Statthalter in Spanien gewirkt und am Ende seiner Tätigkeit einen ungewöhnlich fairen Vertrag mit den Gegnern geschlossen, der bis in die Mitte der fünfziger Jahre gültig blieb. Angesichts der vielfältigen römischen Aggressionen, aber auch der Rechtsbrüche misstrauten die Keltiberer den römischen Befehlshabern zutiefst und bestanden daher in Erinnerung an den alten Gracchus, der sie gerecht behandelt hatte, darauf, dass auch dessen Sohn Tiberius den Vertrag mit unterzeichnen solle, um diesem eine höhere Glaubwürdigkeit zu verleihen. So wurde der Name von Tiberius in die schmachvolle Episode mit hineingezogen.

In Rom war man über das Verhalten der Führungskräfte in Spanien entsetzt. Die Vehemenz der Ablehnung ist auf den ersten Blick überraschend. Immerhin hatte der Oberbefehlshaber das Leben der Soldaten gerettet und damit Zehntausende Römer vor dem Tod bewahrt. Doch diese Logik entsprach nicht den römischen Gedankengängen. Bevor die Römer ihre Kriege begannen, fragten sie die Götter, ob sie siegen würden, und nur wenn die Götter durch positive Vorzeichen den Sieg versprachen, begannen sie die Kämpfe. Kampfhandlungen können immer wechselvoll sein, das wussten die Römer sehr genau. Doch am Ende musste der Sieg der römischen Sache stehen, so wie die Götter es versprochen hatten. Dafür kämpften die Römer mit einer Zähigkeit und Vehemenz, die schon mehr als einen Feind im Mittelmeerraum böse überrascht hatte. Langfristig schlossen die Römer ihre Kriege immer mit einem Sieg ab. Dies gebot ihnen schon ihr tiefer Glaube, dass ihre Gemeinschaft in einem ganz besonderen Verhältnis zu den Göttern stand und diese sie nie täuschen würden. Gestand man nun eine Niederlage sogar schriftlich ein, so dass sie nicht als ein kurzfristiger Rückschlag zu interpretieren war, strafte man letztlich die Götter Lügen. Dies konnte nicht geduldet werden. Das Verhalten von Mancinus rüttelte tief am Selbstverständnis der römischen Gesellschaft und damit letztlich auch am Führungsanspruch der Oberschicht.

Ablehnung des Mancinus-Vertrags

Entsprechend harsch war die Reaktion des Senats. Die Senatoren beschlossen, den Vertrag nicht anzuerkennen. Da aber die Feldherren durchaus das Recht hatten, vor Ort Regelungen zu treffen, entschied man sich dafür, den Keltiberern als Entschädigung für die Nichteinhaltung des Abkommens den Feldherrn auszuliefern, der die Vereinbarung abgeschlossen hatte. So wurde Mancinus vor den Toren der gegnerischen Stadt Numantia, die das Zentrum des spanischen Widerstandes bildete, halbnackt angebunden. Die Keltiberer gingen allerdings auf dieses zweifelhafte Angebot nicht ein, sondern setzten lediglich ihren Widerstand gegen die römische Expansion konsequent fort.

In dieser Situation führte der Unmut des Volkes über das Versagen der Oberschicht auf dem spanischen Kriegsschauplatz dazu, dass Scipio Aemilianus entgegen den gesetzlichen Bestimmungen, die eine wiederholte Bekleidung des Oberamtes verboten, erneut zum Konsul gewählt wurde. Er sollte endlich Ruhe in Spanien schaffen und damit verhindern, dass immer aufs Neue römische Truppen in diese bei den Soldaten so verhasste Region geschickt werden mussten. Der Senat musste zähneknirschend das Votum des Volkes akzeptieren und konnte sich nur dadurch an dem erfolgreichen Politiker rächen, dass er ihm die finanziellen Mittel für die Aushebung neuer Truppen verweigerte. Begleitet von 4000 Freiwilligen, darunter vielen Freunden und Clienten, aber auch Truppen, die ihm befreundete Herrscher aus Kleinasien zur Verfügung gestellt hatten, brach Scipio nach Spanien auf. Dort gelang es ihm, die Truppen wesentlich besser zu disziplinieren und nach harten Kämpfen schließlich 133 v. Chr. Numantia zu erobern. Damit war der Widerstand in Spanien im Wesentlichen gebrochen.

3. Die Wahl von Tiberius zum Volkstribunen

Die Kapitulation von Mancinus blieb unangenehm und höchst peinlich für Tiberius. Durch die Tatsache, dass sein Name mit dieser Angelegenheit verbunden war, war aus dem Traumstart in die politische Karriere fast ein *worst-case-Szenario* geworden. Es war wohl dem Einfluss des Schwagers Scipio Aemilianus zu verdanken, dass der junge Tiberius nicht direkt für sein Verhalten vom Senat belangt wurde. Er konnte seine politische Karriere fortsetzen, war aber in seiner Reputation angeschlagen. 134 v. Chr. bewarb er sich um das Volkstribunat für das Jahr 133 v. Chr. und wurde auch vom Volk gewählt. Am 10. Dezember 134 v. Chr. trat er das neue Amt zusammen mit seinen neun Amtskollegen an.

E

Volkstribunat

Das Volkstribunat spielte eine Sonderrolle im institutionellen Aufbau der römischen Republik. Entstanden war es zu Beginn der Ständekämpfe im frühen fünften Jahrhundert v. Chr., als sich die sehr heterogene Bevölkerungsgruppe der Plebejer im Widerstand gegen die dominierenden Patrizier zusammengeschlossen hatte. Um der Macht der Patrizier effizient entgegentreten zu können, wählten die Plebejer zunächst zwei Vertreter aus ihren Reihen, die die Angehörigen der Plebs vor den Übergriffen der Patrizier schützen sollten. Später wurde ihre Zahl auf zehn erhöht. Diesen Volkstribunen (eigentlich: Tribunen der Plebs – *tribuni plebis*) oblag es, durch das wörtlich zu nehmende ‚Dazwischentreten' (*intercedere*) schutzbedürftige Plebejer vor dem Zugriff der Hilfskräfte der patrizischen Magistrate zu bewahren. Aus diesem Akt der Hilfeleistung entwickelte sich im weiteren Verlauf der Republik ein allgemeines Recht der Volkstribune, alle staatlichen Handlungen in der Stadt Rom durch ein Veto zu unterbinden. Gegen ihren Einspruch konnten also keine Maßnahmen in der politischen Sphäre der *res publica* durchgesetzt werden. In der Anfangsphase der Ständekämpfe war diese nicht ungefährliche Funktion von den Betreffenden aber nur zu erfüllen, wenn sie ihrerseits auf die volle Unterstützung der anderen Plebejer zählen konnten. Daher bedrohten die Plebejer gemeinschaftlich jeden, der die Volkstribune angriff, mit Lynchjustiz. Durch einen heiligen Eid, die *lex sacrata*, weihten die Plebejer jeden, der sich an der heiligen Unnahbarkeit der Volkstribune (der *sacrosanctitas*) verging, den Göttern, das heißt er sollte jedes Schutzes der menschlichen Gemeinschaft verlustig gehen. Aus diesen historischen Wurzeln erklärt sich, dass die Person der Volkstribune auch in der klassischen Republik eine sakrale Aura umgab, die von allen Seiten respektiert wurde. Nach dem Ausgleich der Stände, als die Organisationsformen der Patrizier und Plebejer zu einer neuen Einheit verschmolzen war, hatte das Amt aber jeden ‚revolutionären' Charakter verloren. Es richtete sich nicht mehr als Sonderfunktion gegen die anderen ordentlichen Magistrate, sondern war längst Bestandteil der regulären Ämterlaufbahn geworden. Für junge, ambitionierte Römer aus plebejischen Familien bildete es eine ‚normale' Stufe in ihrem politischen Werdegang.

Das Volkstribunat

Mit der Wahl zum Volkstribun wurde die politische Lage für Tiberius Gracchus nicht einfacher. Die Ausübung dieses Amtes brachte die jeweiligen Inhaber in eine nicht unkomplizierte Situation. Einerseits waren sie in der Regel mit 30 bis 35 Jahren nach den Maßstäben des politischen Lebens in Rom noch relativ jung und standen erst an der Schwelle zu den höheren Ämtern, die jeder ehrgeizige Römer erreichen wollte. Andererseits verlieh ihnen ihr Amt ungewöhnlich weitreichende Kompetenzen im politischen Alltag des Gemeinwesens. So konnten sie nicht nur alle staatlichen Handlungen verhindern, sondern sie besaßen auch das Recht, Volksversammlungen und sogar den Senat einzuberufen. Dieses Recht teilten sie nur mit den Obermagistraten, das heißt den Konsuln und Praetoren. Bedenkt man, dass diese Gremien nicht von sich aus aktiv werden konnten, sondern nur durch Beamte einberufen werden konnten, wird deutlich, wie wichtig diese Initiativrechte für die politischen Abläufe in Rom waren. Da die alte Heeresversammlung, die die Obermagistrate leiteten, in ihren Verfahrensformen äußerst kompliziert war, konzentrierte sich zudem die Gesetzgebung seit dem dritten Jahrhundert immer stärker auf die Versammlung der Plebs unter der Leitung der Volkstribune, deren Beschlüsse seit 287 v. Chr. für den gesamten Staat Rechtskraft besaßen. Der weitaus größte Teil der Gesetze in der klassischen Republik wurde daher von Volkstribunen eingebracht.

Die spannungsreiche Konstellation beim Volkstribunat, dass relativ junge Amtsinhaber weitreichende Kompetenzen besaßen, weckte die Begehrlichkeiten etablierter und einflussreicher Senatoren. Die ehemaligen Konsuln und Censoren, die aufgrund ihres persönlichen Prestiges den Senat beherrschten, konnten darauf zählen, unter den ehrgeizigen Volkstribunen ein offenes Ohr für ihre politischen Initiativen zu finden, da eine enge Kooperation mit führenden Senatoren die Karrierechancen der betreffenden Nachwuchspolitiker deutlich verbesserte. Die weitreichenden Rechte der zehn Volkstribune führten also dazu, dass nicht nur die Magistrate die Möglichkeiten besaßen, Gesetzesinitiativen anzustoßen, sondern faktisch alle einflussreichen Senatoren. Dies war ein wichtiges Element für die Vorherrschaft der ehemaligen Obermagistrate. Aber für eine Zusammenarbeit zwischen den führenden Senatoren und den Volkstribunen boten sich nicht nur die positiven Initiativrechte des Volkstribunats an. Gerade deren Möglichkeiten, die Handlungen der anderen Beamten zu unterbinden, waren ein hervorragendes Instrument für die Adelsschicht als Ganzes, unbotmäßige Amtsinhaber, die die Interessen der Führungsschicht missachteten, in ihre Schranken zu weisen. Es fand sich fast immer ein Volkstribun, der bereit war, die unbeliebte Handlung eines Konsuls oder Praetors durch sein Veto zu unterbinden. So besaßen die Oberbeamten in Rom zwar abstrakt gesehen ungewöhnlich weitreichende Kompetenzen, aber durch die Drohung mit dem Veto eines Volkstribuns blieben sie doch in die Solidarität der Führungsschicht eingebunden, da eine Konfrontation letztlich wenig Chancen auf Erfolg besaß. Das Volkstribunat hatte also eine erstaunliche Wandlung im Laufe der Republik mitgemacht: Von einem Kampfinstrument der Plebejer gegen die Willkür der patrizischen Magistrate war es zu einem wesentlichen Stützpfeiler bei der Sicherung der kollektiven Herrschaftsausübung durch die neue patrizisch-plebejische Oberschicht geworden.

4. Die Initiative für ein Ackergesetz

In einer wahrlich nicht leichten Phase seiner Karriere übernahm Tiberius Gracchus mit dem Volkstribunat also ein Amt, dessen großes Wirkungspotential weniger rechtlich eingeschränkt war als durch die Einbindung der jeweiligen Amtsinhaber in die Strukturen der Machtausübung und Solidarität innerhalb der Oberschicht. Gleich zu Beginn seiner Amtszeit wurde deutlich, dass Tiberius diese Funktion nicht in einer routinemäßigen Form auszufüllen gedachte. So legte er unmittelbar nach dem Amtsantritt einen Gesetzesentwurf vor, der die Nutzung des öffentlichen Landes durch einzelne Bürger begrenzte. Dieses öffentliche Land, den *ager publicus,* hatten die Römer ursprünglich im Zuge ihrer Expansion in Italien von den besiegten Gegnern annektiert. Die Gemeinschaft nutzte diese Territorien aber nur teilweise, indem sie dort geschlossene Wehrsiedlungen in Form von Kolonien anlegte. Auf dem verbleibenden Rest konnte sich jeder römische Bürger landwirtschaftlich betätigen, er musste dafür nur eine Abgabe zahlen, die primär dazu diente, den Status des Landes als öffentliches Eigentum anzuerkennen. Nachdem die Koloniegründungen nach 177 v. Chr. fast vollständig aufgehört hatten, waren auf diese Weise insbesondere in Süditalien große Flächen in die Hände einzelner Privatpersonen gefallen (siehe Kapitel I). Vor allem die römische Oberschicht besaß die ökonomische Potenz, die sich bietenden Freiflächen im großen Stil zu bewirtschaften, während Mittel- und Unterschicht nur wenig von den Nutzungsmöglichkeiten an öffentlichem Land profitierten.

Ziel des Ackergesetzes

Der Gesetzentwurf zielte nun darauf ab, diese Disparität zu beseitigen, indem er Obergrenzen für die Nutzung öffentlichen Landes festsetzte. Die Details der vorgeschlagenen Regelungen werden leider von den Quellen nicht ganz einheitlich wiedergegeben. Festzustehen scheint aber, dass Tiberius die Nutzung (*occupatio*) auf 500 *iugera* (‚Joch' = 125 Hektar) für jeden Römer beschränken wollte. Eine unserer wichtigsten Quellen, Appian, gibt an, dass jeder zudem berechtigt war, weitere 250 *iugera* für jedes seiner Kinder zu bearbeiten. Die Annahme, dass dieser Bonus höchstens für zwei Kinder galt und sich damit eine absolute Obergrenze von 1000 *iugera* ergab, ist ein modernes Konstrukt, das sich aus dem Bemühen ergibt, alle Angaben in den Quellen zu harmonisieren. Von der neueren Forschung wird diese willkürlich gesetzte Begrenzung auf zwei Kinder überwiegend abgelehnt.

In jedem Fall war es keine geringe Größenordnung an Besitz, die den bisherigen Nutzern verbleiben sollte. Da aber offensichtlich viele Nutzer diese Grenzen deutlich überschritten, blieben dennoch erhebliche Territorien, die verteilt werden konnten. Diese Ländereien sollten in einem zweiten Schritt Neusiedlern aus den besitzlosen Bevölkerungskreisen der römischen Bürgerschaft zugewiesen werden. Die Größe der neuen Höfe sollte vermutlich zwischen 20 und 30 *iugera* liegen, also zwischen 5 und 7,5 Hektar, und damit ausreichen, eine Familie zu ernähren. Auch die neuen Besitzer sollten eine Abgabe an den römischen Staat zahlen als Zeichen dafür, dass der Boden auch weiterhin der *res publica* gehörte und nicht von ihnen veräußert werden durfte.

Alte Bestimmungen

Der Gesetzentwurf von Tiberius Gracchus war eigentlich gar nicht so revolutionär. Obergrenzen für die Okkupation von *ager publicus* gab es schon länger. Ob sie tatsächlich bereits aus dem vierten Jahrhundert v. Chr. stammten, wie in den antiken Quellen behauptet wird, ist allerdings umstritten. Angesichts des noch relativ kleinen Territoriums des römischen Gemeinwesens in dieser Zeit wären die zugelassenen Obergrenzen für die Nutzung des öffentlichen Landes durch die einzelnen Bürger viel zu großzügig bemessen gewesen, als dass alle Bürger von diesem Recht hätten Gebrauch machen können. Eine sinnvolle Lösung für dieses Problem könnte die Überlegung von Gianfranco Tibiletti sein, dass ursprünglich nicht alle Römer zur Okkupation von öffentlichem Land berechtigt gewesen waren, sondern nur die Angehörigen des alten patrizischen Adels und dass dieses Recht erst später auf die übrigen Bürger ausgedehnt wurde. Nachweisen lassen sich die Obergrenzen jedoch erst für die erste Hälfte des zweiten Jahrhunderts v. Chr. Die Information verdanken wir einer Nebenbemerkung in einer Rede Catos des Älteren aus dem Jahr 167 v. Chr., die der Behandlung der Insel Rhodos nach dem dritten Makedonischen Krieg gewidmet ist. Dort führt der berühmte Politiker aus, dass die Rhodier nicht für den Wunsch, die Makedonen zu unterstützen, bestraft werden dürften, genauso wie die Menschen nicht nur für den Wunsch, mehr Grund und Boden vom *ager publicus* für Ackerbau und Viehzucht zu nutzen, als erlaubt ist, bestraft werden könnten.

Der Vorstoß von Tiberius Gracchus war also eine Wiederaufnahme von Regelungen, die eigentlich noch Bestand hatten, aber offensichtlich kaum mehr beachtet wurden. Auch für die Verteilung von Land an einzelne Siedler (*viritim*) gab es Vorbilder in der römischen Geschichte. Zudem wurde denjenigen, die das zulässige Höchstmaß überschritten hatten, keine Strafe angedroht. Im Gegenteil, der restliche Besitz, den sie weiterhin behalten durften, sollte in ihr volles Eigentum übergehen, also nicht mehr öffentliches Land sein. Ohne eine Strafmaßnahme fürchten zu müssen, hätten sie für ihren Verzicht auf das zu Unrecht besetzte Land auf Dauer Rechtssicherheit erhalten. Die Regelungen des Gesetzesentwurfs waren also eher moderat.

Der Reformversuch von Laelius

Der Vorstoß von Tiberius war auch nicht der erste Versuch, Verwerfungen bei der Nutzung öffentlichen Landes zu beseitigen. Das Problem stand zumindest in den vierziger Jahren schon einmal auf der Agenda. Damals hatte Gaius Laelius, ein enger Freund von Scipio Aemilianus, eine Initiative in die Richtung ergriffen, entweder als Prätor 145 v. Chr. oder 140 v. Chr. als Konsul. Doch hatte Laelius seinen Gesetzesentwurf aufgrund des vehementen Widerstandes aus der Oberschicht zurückgezogen und daraufhin den etwas zwiespältigen Beinamen der ‚Weise' (*sapiens*) bekommen. So schwierig die Quellenlage ist, zeigt diese Episode doch deutlich, dass Überlegungen hinsichtlich einer strikteren Regelung der Okkupation des *ager publicus* schon Eingang in die politische Diskussion gefunden hatte.

Q

Der Reformversuch von Laelius
(Plutarch, Biographie des Tiberius Gracchus, 8)

„Schon Scipios Freund Gaius Laelius hatte einen Reformversuch unternommen, aber aus Angst vor Unruhen wieder aufgegeben, als die Großgrundbesitzer sich dem Plane entgegenstemmten. Diese Vorsicht brachte ihm den Beinamen ‚der Weise' oder ‚der Kluge' ein, denn beides scheint das lateinische Wort ‚sapiens' zu bedeuten." (Übersetzung nach Konrat Ziegler)

Die Männer hinter Tiberius

Tiberius handelte denn auch, zumindest am Anfang, keineswegs allein. Seine Vorschläge wurden von namhaften Senatoren unterstützt, wenn nicht sogar ausgearbeitet. Die Quellen nennen hierbei ausdrücklich neben seinem Schwiegervater Appius Claudius Pulcher den führenden Juristen seiner Zeit, Publius Mucius Scaevola, und dessen leiblichen Bruder Publius Licinius Crassus Dives Mucianus, dessen Tochter später Gaius Gracchus heiraten sollte. Dies alles waren Schwergewichte in der römischen Politik. Es scheint, als ob eine ganze Gruppe von einflussreichen Senatoren hinter dem Gesetzesentwurf stand. Besonders günstig für diese Gruppierung war es, dass nicht nur Tiberius Gracchus eine politische Funktion bekleidete, sondern auch Publius Mucius Scaevola für das Jahr 133 v. Chr. zum Konsul gewählt worden war. Die politische Konstellation war also ausgesprochen vorteilhaft für das Projekt.

Die Stellung, die Tiberius in diesem Personenkreis einnahm, ist für uns nur schwer einzuschätzen. Aus den antiken Schilderungen geht nicht klar hervor, ob die konkrete Gesetzesinitiative eher auf das Drängen von Tiberius zurückging oder, was wahrscheinlicher ist, ihren Ursprung in Vorüberlegungen innerhalb dieser Gruppe einflussreicher Senatoren hatte. Die spätere dramatische Zuspitzung der Ereignisse und das tragische Ende von Tiberius führten in der antiken Literatur dazu, die Abläufe ganz auf die Person von Tiberius Gracchus zu konzentrieren und die anderen Persönlichkeiten als Randfiguren darzustellen. Dies dürfte aber nicht die Ausgangssituation gewesen sein. Die Eigendynamik der späteren Ereignisse verzerrte die Sicht auf die Ursprünge.

Rhetorik von Tiberius

Bedingt durch seine Funktion als Volkstribun, der den Gesetzesantrag einbrachte, profilierte sich natürlich Tiberius von Beginn an ganz besonders in der Öffentlichkeit. Die Intensität, mit der er für den Antrag warb und die durch sein großes rhetorisches Geschick wirksam zur Entfaltung gebracht wurde, überstieg von vornherein bei weitem das normale Engagement in einem Gesetzgebungsverfahren. Plutarch erklärt dies mit den tiefen persönlichen Eindrücken, die Tiberius als Quaestor auf seiner Reise nach Spanien aufgenommen hatte. Die Notlage der Bauern habe ihn so stark getroffen, dass er den festen Entschluss zum Handeln gefasst habe. Diesen Aspekt stellte er auch in das Zentrum seiner öffentlichen Argumentation. In einer berühmten Rede über die Nöte der römischen Bauern, die zu einer der klassischen Reden in der Republik wurde, wies er in eindringlichen Worten darauf hin, dass alle Tiere eine Höhle oder einen Ort hätten, wo sie nachts ihr Haupt betten könnten, nur die römischen Bauern, die Eroberer der Welt, wären ohne Obdach. Diese Ungerechtigkeit müsste unbedingt beseitigt werden.

Q

Rede des Tiberius
(Plutarch, Biographie des Tiberius Gracchus, 9)

„Die wilden Tiere, welche in Italien hausen, haben ihre Höhle, jedes weiß, wo es sich hinlegen, wo es sich verkriechen kann – die Männer aber, die für Italien kämpfen und sterben, sie haben nichts außer Luft und Licht. Heimatlos, gehetzt irren sie mit Weib und Kind durch das Land. Die Feldherrn lügen, wenn sie in der Schlacht die Soldaten aufrufen, für ihre Gräber und Heiligtümer sich zu wehren gegen den Feind, denn von all diesen Römern besitzt keiner einen Altar, den er vom Vater ererbt, keiner ein Grab, in dem seine Vorfahren ruhen, vielmehr kämpfen und sterben sie für anderer Wohlleben und Reichtum. Herren der Welt werden sie genannt und haben nicht eine Scholle Landes zu Eigen." (Übersetzung nach Konrat Ziegler)

In der Darstellung von Appian, unserer anderen Hauptquelle, nahm Tiberius vor allem Bezug auf die Probleme der Rekrutierung von Soldaten für die zahlreichen Kriegsschauplätze, die die Aufmerksamkeit der Römer verlangten. In Reaktion auf diese enormen Anforderungen hatte man schon seit dem Zweiten Punischen Krieg damit begonnen, die Vermögensanforderungen, die für den Wehrdienst notwendig waren, kontinuierlich abzusenken, um so mehr Soldaten zur Verfügung zu haben. Die ökonomische Situation dieser neuen Soldaten war aber besonders schwierig, da gerade für die ärmeren Römer die Belastungen durch einen langen Militärdienst weitab von der Heimat hart waren. Die Absenkung der Vermögensanforderungen, die eigentlich eine Antwort auf den enormen Bedarf an Soldaten in den zahlreichen Kriegen war, führte auf diese Weise dazu, dass viele der betroffenen Römer gerade durch den Wehrdienst ihre wirtschaftliche Grundlage verloren und endgültig nicht mehr rekrutierbar waren. Die kurzfristige Verbreiterung der Rekrutierungsbasis drohte also langfristig in deren strukturelle Schwächung umzuschlagen. Ein Ausbrechen aus diesem Kreislauf durch die Verteilung von Land an mittellose Römer, die dadurch wieder regulär wehrpflichtig wurden, konnte als eine vernünftige Lösung für das Problem erscheinen. So hingen die Probleme der Rekrutierung und die Lage der besitzlosen Römer aufgrund des Milizprinzips bei der Aushebung der Soldaten eng miteinander zusammen. Wer das eine Problem löste, verbesserte immer auch gleichzeitig die Lage in dem anderen Problemfeld. Insgesamt ließ sich in jedem Fall plausibel argumentieren, dass die gemeinschaftlich eroberten Ressourcen auch für die Sicherung des gemeinschaftlichen Wohlergehens und der kollektiven Verteidigungsfähigkeit verwandt werden sollten.

Tiberius begann mit der intensiven Agitation für sein Projekt schon im Frühjahr 133 v. Chr. Damit wurde die öffentliche Diskussion inhaltlich ungewöhnlich aufgeheizt, noch bevor es zu einer internen Konsensbildung in der Oberschicht gekommen war. Dies verstieß eindeutig gegen die ungeschriebenen Regeln des politischen Lebens in Rom. Die kollektive Herrschaftsausübung der römischen Nobilität beruhte zu einem großen Teil darauf, dass inhaltliche Differenzen bei politischen Fragen nicht in aller Öffentlichkeit ausgetragen wurden, sondern durch intensive Vorberatungen, insbesondere im

Senat, eine möglichst einheitliche Position der Oberschicht in den Volksversammlungen vertreten wurde.

Übergehung des Senats

Diesen traditionellen Weg, der auf eine breite Konsensfindung hinauslief, verließ Tiberius. Ohne Vorberatung im Senat wandte er sich mit seinem Gesetzesentwurf direkt an die Volksversammlung. Der Grund für dieses ungewöhnliche Verhalten kann nur darin gelegen haben, dass er der festen Überzeugung war, dass die Mehrheit der Senatoren dem Gesetz in keinem Fall zustimmte. Das Scheitern des Antrages von Laelius dürfte genauso zur Verfestigung dieser Meinung beigetragen haben, wie deutliche Zeichen der Ablehnung aus den führenden Kreisen des Senats bei der Vorstellung des Unterfangens. Tiberius und die ihn unterstützenden Senatoren saßen in der Zwickmühle. Den Senat nicht in die Vorentscheidung über die Aufnahme eines Gesetzgebungsverfahrens in der Volksversammlung einzubeziehen, musste auch unentschiedene beziehungsweise abwägende Senatoren zur Ablehnung treiben, da sie die entscheidenden Rechte des Gremiums missachtet sahen. Doch beinhaltete eine reguläre Vorlage im Senat das hohe Risiko einer Ablehnung des Projekts. Ein dezidiertes Nein durch den Senat erschwerte jedoch die Durchsetzung der Vorlage beim Volk erheblich. Diese Bedenken scheinen bei den Reformern überwogen zu haben, und so entschlossen sie sich, den Senat nicht zu befragen. Damit stand das ganze Projekt aber von Anfang an unter keinem guten Stern: Der erwartete Widerstand war so groß, dass eine massive Konfrontation mit großen Teilen der Oberschicht offensichtlich schon in der Frühphase des Projekts mit einkalkuliert wurde.

Die Gegner des Vorhabens verwiesen darauf, dass die aktuellen Nutzungsformen des *ager publicus* schließlich schon seit Jahrzehnten bestanden und damit ihrerseits die Kraft von Gewohnheitsrecht besaßen. Darüber hinaus hätten viele Nutzer hohe Investitionen auf den betreffenden Territorien getätigt, um sie zum Beispiel für Obst- oder Olivenanbau herzurichten. Diese erheblichen Eigenleistungen sollten nun ersatzlos enteignet werden. Dies verstieße gegen elementare Formen der Rechtssicherheit.

Zustimmung fanden die in Aussicht gestellten Landverteilungen vor allem bei der ärmeren Landbevölkerung, die davon persönlich zu profitieren hoffte. Viele der Römer auf dem Land lebten von relativ kleinen Ackerflächen und waren gezwungen, sich zusätzlich als Tagelöhner bei ihren reichen Nachbarn zu verdingen. Dieses harte und unsichere Dasein wäre durch die Zuweisung von öffentlichem Land beendet worden. Aber auch in der Stadtbevölkerung wurde die Initiative von Tiberius sehr positiv aufgenommen. Darin spiegelte sich vielleicht nicht nur die Hoffnung, selbst Land zu erhalten, wider, sondern auch die Genugtuung darüber, dass ein Angehöriger der Oberschicht so dezidiert das Votum des Volkes in das Zentrum seines politischen Handelns stellte.

Die Lockerung der sozialen Bindungen

Im Laufe des zweiten Jahrhunderts v. Chr. war die Stadtbevölkerung erheblich angestiegen. Die traditionellen Bindungen zwischen der Mittel- und Unterschicht auf der einen Seite und der Oberschicht auf der anderen Seite begannen sich unter den Bedingungen des Lebens in der Großstadt zu lockern. Viele Einwohner der Stadt besaßen nicht nur enge Bindungen an einen Patronus, sondern unterhielten Beziehungen zu mehreren. Diese Bindungen verloren dadurch den Aspekt der Dauerhaftigkeit und der persönlichen Nähe, die sie früher ausgezeichnet hatten.

E

Clientela
Die *clientela*, das heißt die Fürsorge für Menschen niederen Ranges (*clientes*) durch die Angehörigen der höheren Schichten (*patroni*), war in Rom eine der tragenden Säulen des sozialen Zusammenlebens. Diese Fürsorgepflicht war eine der wesentlichen Voraussetzungen für die äußerst weitgehende Bereitschaft zum Gehorsam der breiten Bevölkerung gegenüber der Oberschicht. Während die *patroni* ihren *clientes* in vielfältigen Lebenslagen halfen, waren die *clientes* ihrerseits verpflichtet, die politischen Ambitionen ihrer *patroni* zu unterstützen. Diese Bindungen blieben zumeist über Generationen stabil. Wer sich den daraus ergebenden Verpflichtungen demonstrativ entzog, hatte sein Ansehen in der Öffentlichkeit verspielt.

Die Lockerung der Bindungen zwischen den *patroni* und den *clientes* hatte zwei entscheidende Wirkungen für die Angehörigen der städtischen Mittel- und Unterschicht: Einerseits konnten sie freier und flexibler in politischen Fragen entscheiden, da sie nur noch bedingt durch das Votum eines *patronus* gebunden waren. Andererseits nahm die Identifikation mit den Vorgaben der Oberschicht ab, die sich früher aus der engen Bindung an einzelne Angehörige der führenden Kreise ergeben hatte. Diese neuen Grundbedingungen für das politische Handeln der stadtrömischen Bevölkerung ließen Tiberius Gracchus' Appell an ihre Eigenständigkeit auf fruchtbaren Boden fallen.

Das Veto von Octavius

In einer aufgeladenen Atmosphäre berief Tiberius im Frühjahr 133 v. Chr. eine Volksversammlung zur Abstimmung über seinen Gesetzesentwurf ein. Er hielt noch einmal eine flammende Rede zugunsten seines Vorhabens und befahl dann, den Text des zur Abstimmung anstehenden Gesetzes zu verlesen. In diesem Moment legte der Volkstribun Marcus Octavius sein Veto gegen die Verlesung ein und unterbrach damit die Prozedur. Plutarch betont nachdrücklich, dass Octavius eigentlich eng mit Tiberius verbunden gewesen sei, aber von großen Teilen der Oberschicht massiv gedrängt worden sei, sein Veto gegen diesen Gesetzesentwurf einzulegen. Diesem intensiven Drängen habe er nicht widerstehen können.

Nach dem Veto von Octavius wurde die Versammlung aufgelöst. Doch der Konflikt war dadurch natürlich nicht beendet, im Gegenteil, er griff nun auf das alltägliche politische Leben über. Tiberius verhinderte von nun an mit Hilfe seiner Kompetenz als Volkstribun alle staatlichen Handlungen. In Reaktion darauf legten die Senatoren in der Öffentlichkeit Trauerkleidung an, um zu zeigen, dass der gesamte Staat durch das Verhalten von Tiberius gefährdet sei und somit alle Bürger zu seiner Verteidigung aufgerufen seien. Tiberius seinerseits trug nun demonstrativ eine Waffe, obwohl er als Volkstribun eigentlich unter dem Schutz des Volkes und der Götter stand. Damit suggerierte er, dass sein Leben in Gefahr sei, seine politischen Gegner also bereit seien, die höchsten und wichtigsten Tabus des politischen Lebens zu brechen, indem sie einen Volkstribunen ermordeten.

In diesem aufgeheizten Klima wurde eine weitere Versammlung einberufen. Die Eskalation des Konfliktes lag in der Luft. In dieser verfahrenen Situation, die in eine Sackgasse zu münden drohte, ergriffen zwei hochrangige Angehörige der Nobilität die Initiative. Zwei gewesene Konsuln, von denen

Plutarch nur die Gentilnamen Manlius und Fulvius nennt, ergriffen unter Tränen vor den Augen des Volkes die Hände von Tiberius und baten ihn inständig um einen weiteren Versuch der Einigung. Wenn nun höherrangige Männer so intensiv in der Öffentlichkeit bitten, indem sie sich dem Niederrangigem in der Gestik und Symbolik demonstrativ unterwerfen, erhält ihre Bitte in der feingliedrigen öffentlichen Kommunikation Roms einen geradezu zwingenden Charakter. Eine solche Geste abzuschlagen bedeutet sich selbst ins Abseits zu stellen. Durch ihre Selbsterniedrigung vor dem Volkstribunen hatten die würdevollen Männer ihre gesamte *dignitas*, ihr gesellschaftliches Ansehen und ihre politische Autorität, in die Waagschale geworfen, um noch einmal die Kommunikation zwischen den beteiligten Seiten zu ermöglichen. Die Verhinderung von Eskalation durch Kommunikation, dieses Grundprinzip der politischen Kultur der römischen Republik, wollten sie wieder in Geltung setzen, so verhärtet die Fronten auch schienen.

Diese verantwortungsbewusste Handlungsweise öffentlich zu desavouieren hätte dem Ansehen von Tiberius auch beim Volk schweren Schaden zugefügt. So folgte er ihrem Ansinnen und ging von der Versammlung in den Senat, der in der Nähe tagte. Dort war man jedoch von jeder Kompromissbereitschaft weit entfernt und wiederholte nur starr die alten Positionen. Die durch das Engagement von Fulvius und Manlius ermöglichte Kommunikation wurde vollkommen verweigert. Nachdem Tiberius die Aussprache mit der Oberschicht im Vorfeld des Gesetzesentwurfes verweigert hatte, ließen ihn die Senatoren nun ihrerseits ‚auflaufen'. Tiberius stand nur vor der Wahl, durch ein totales Einlenken das Gesicht in der Öffentlichkeit zu verlieren oder den Konflikt auf die Spitze zu treiben.

Wutentbrannt ging er in die Volksversammlung zurück und fasste offensichtlich den Entschluss, mit dem Äußersten zu drohen. Er berief eine neue Versammlung ein, für die er ausdrücklich die Absetzung seines Kollegen als Tagesordnungspunkt ansetzte, um auf diese Art und Weise das Veto zu überwinden. In dieser dritten Versammlung stimmte tatsächlich das Volk mit großer Mehrheit für die Absetzung des Octavius, nachdem Tiberius erklärt hatte, ein Tribun habe im Auftrag des Volkes und in dessen Interesse zu handeln. Tue er dies nicht, müsse er seines Amtes verlustig gehen. Damit stellte er die abstrakte Idee des Volkswillens über die konkrete personelle Konstellation.

Die Absetzung von Octavius

Doch war es keineswegs so, dass Tiberius mit Macht auf die Absetzung von Octavius hinsteuerte. Er bemühte sich in der Versammlung vielmehr, Octavius durch intensives Bitten und den Appell an die enge freundschaftliche Beziehung von seinem Veto abzubringen. Immer wieder ließ er Zwischenresultate der Abstimmung verkünden, um so Octavius den Ernst der Lage deutlich zu machen. Dieser soll auch geschwankt haben, als 17 von 35 Stimmeinheiten gegen ihn gestimmt hatten und nur noch eine für seine Absetzung fehlte. Doch ein Blick auf die starren und unerbittlichen Mienen der Angehörigen der Oberschicht habe ihn zum Durchhalten bewogen. Vielleicht hatte Tiberius auch nur eine Drohkulisse aufbauen wollen. Doch nun konnte er nicht mehr zurück. Schließlich stand das Ergebnis fest und Octavius verlor sein Amt.

Der an seiner Stelle nachgewählte Volkstribun bereitete erwartungsgemäß keine Probleme mehr, und so konnte der Gesetzesentwurf die Volksversammlung ohne weiteren Widerstand passieren. Zur Umsetzung des Ackergesetzes wurde, wie von Tiberius beantragt, eine Kommission aus drei Männern eingesetzt. Als Mitglieder dieser Kommission wurden Tiberius selbst, sein neun Jahre jüngerer Bruder Gaius, der gerade in Spanien seinen Militärdienst leistete, und Appius Claudius Pulcher, der Schwiegervater von Tiberius, eingesetzt. Angeblich habe das Volk auf dieser familiären Zusammensetzung bestanden, um zu verhindern, dass die Nobilität die Umsetzung des Projektes torpedierte.

Es war ein schwer errungener Sieg in einer Auseinandersetzung, in der sich die Fronten immer weiter verhärtet hatten. Was die Absetzung des Octavius anbelangt, bleibt es bis heute strittig, wer das Recht auf seiner Seite hatte. Einerseits war die Absetzung eines Magistrats innerhalb seiner Amtszeit noch nie vorgekommen, wenn man einmal von den legendenumwobenen ersten Jahren der Republik absieht, als ein Nachkomme des vertriebenen Königs abgesetzt worden sein soll. Mit dem ganzen Verfahren und auch der demütigenden Art und Weise, wie Octavius aus der Versammlung entfernt wurde, hatte zudem unzweifelhaft die Idee der *sacrosanctitas* der Volkstribunen schweren Schaden genommen – eine Idee, auf der auch die Stellung von Tiberius selbst nicht unwesentlich aufbaute. Andererseits sprach für Tiberius' Vorgehensweise die Tatsache, dass es seit dem Ausgleich der Stände nicht mehr üblich war, dass ein Volkstribun gegen Abstimmungen in der Volksversammlung interzedierte. Zudem hatte Octavius sein Veto schon vor der Verlesung des Gesetzesentwurfes eingelegt und damit das Volk daran gehindert, sich zumindest über den konkreten Inhalt des Vorschlages zu informieren. Auch das entsprach nicht der gewohnheitlichen Norm. So bewegte sich auch Octavius mit seinem Verhalten rechtlich auf sehr dünnem Eis.

Die Verhärtung der Fronten

Das Grundproblem für die Verhärtung der Fronten war aber mit Sicherheit kein rechtliches. Es bestand vielmehr in dem Versagen von beiden Seiten, die Kommunikation über grundlegende Fragen des Gemeinwesens trotz ihrer gegensätzlichen Positionen zu gewährleisten. Alle Versuche, den Gesprächsfaden wieder aufzunehmen, scheiterten an der Starrheit der Haltung der Betroffenen. So wurden die am öffentlichen Geschehen Beteiligten immer mehr zu Interessenvertretern einer Seite. Für diese Konstellation waren aber die Strukturprinzipien der Republik nicht gemacht. Die starken Möglichkeiten der gegenseitigen Blockade sollten eigentlich die Austragung von Konflikten bis zum bitteren Ende sinnlos machen und damit die Kommunikation unter den Beteiligten erzwingen.

Dies galt im besonderen Maße für die Oberschicht, die so im Vorfeld wichtiger politischer Entscheidungen dazu bewogen werden sollte, sich auf eine gemeinsame Vorgehensweise zu einigen, die dann möglichst alle nach außen mittragen sollten beziehungsweise gegen die zumindest auf öffentliche Protestäußerungen verzichtet werden sollte. Dies war die Basis für den Konsens der Oberschicht vor dem Volk, das sich daher auch bis auf ganz wenige Ausnahmen immer diesen Vorentscheidungen gefügt hatte.

Nach der spektakulären Absetzung von Octavius und der Verabschiedung des Agrargesetzes gab es von beiden Seiten keine Anzeichen zur Überwindung der Blockade. Die Kommunikation war offensichtlich vollkommen abgerissen, und gerade die institutionellen Mechanismen, die sie eigentlich erzwingen sollten, trugen nun zur Verschärfung des Konflikts bei. So nutzte der Senat, wie in solchen Fällen üblich, seine Finanzhoheit, um den unbotmäßigen Magistrat zu disziplinieren, und bewilligte kein Geld für die Arbeit der Kommission. Die drei Angehörigen der Ackerkommission mussten daher mit einer provokant geringen Ausstattung ihre Arbeit beginnen.

Probleme bei der Landverteilung

Doch dies störte die Umsetzung des Gesetzes weniger als die unerwartet großen Probleme bei der Klärung der Eigentumsverhältnisse, die nach der Aufnahme der Tätigkeit immer deutlicher wurden. Da das republikanische Gemeinwesen keine umfangreiche Bürokratie besaß und auch keine genauen Kataster der betreffenden Gebiete existierten, erwies es sich als viel schwieriger, als ursprünglich angenommen, das öffentliche Land exakt vom privaten zu unterscheiden. Oft waren die Grenzsteine entfernt worden und es war auf diese Weise zu einer Vermischung zwischen Land von unterschiedlichem Besitzstatus gekommen. Häufig genug war dieses Land auch verkauft worden, und die neuen Eigentümer, die dafür bezahlt hatten, waren nicht bereit, den alten Status als Staatsland zu akzeptieren. In Folge dieser komplizierten Eigentumsverhältnisse kam es zu einer beträchtlichen Zahl von Klagen gegen das Vorgehen der Ackerkommission.

Damit drohten langwierige Prozesse, die die Arbeit der Kommission erheblich verzögert hätten. In dieser Situation entschloss sich Tiberius Gracchus, ein ergänzendes Gesetz einzubringen, das der Kommission auch die Entscheidungskompetenz bei Streitfällen übertrug. Die Kommission wurde damit Untersuchungsbehörde und Gericht in einem. Dies bedeutete eine Zusammenballung von staatlicher Macht, wie sie für die Republik äußerst ungewöhnlich war. Viele römische Bürger, insbesondere aus der Oberschicht, mussten massive Eingriffe in ihre Besitzverhältnisse hinnehmen, ohne über eine Einspruchsmöglichkeit zu verfügen.

Ein weiteres Problem wurde durch die Blockadehaltung des Senats bei der Finanzierung der Reformen immer drängender: Die besitzlosen Römer, die angesiedelt werden sollten, brauchten dringend eine Starthilfe, um sich die notwendigen Geräte anzuschaffen und die Anfangszeit auf dem neuen Land bis zur ersten eigenen Ernte zu überbrücken. Um diese unabdingbare Anschubhilfe bereitstellen zu können, bedurfte es großer finanzieller Anstrengungen, die der Senat selbstverständlich aus den regulären Einnahmen des Staates verweigerte.

Das Erbe von Attalos III.

In dieser Situation nutzte Tiberius Gracchus eine Chance, die sich zufälligerweise durch Veränderungen in der politischen Landschaft Kleinasiens ergab. Im Jahr 133 v. Chr. war Attalos III. von Pergamon gestorben. Für sein Königreich, das große Teile des westlichen Kleinasiens umfasste, sah der König am Ende seines Lebens kaum mehr die Möglichkeit, auf Dauer eigenständig weiter zu existieren. Statt dessen nahm er wohl an, dass die Römer diese wohlhabende Region langfristig direkt in ihren Herrschaftsbereich integrieren würden. Um seinem Reich die Verheerungen durch einen militärischen Konflikt zu ersparen, vermachte er den Römern in seinem Testament die Herrschaft über sein Reich. Diese ungewöhnliche Nachfolgeregelung zeigt in aller Deutlichkeit, welchen dominanten Einfluss Rom im östlichen Mittelmeer ausübte, auch wenn es in vielen Regionen noch keine Provinzen eingerichtet hatte. Allerdings sollte sich die Übernahme des pergamenischen Reiches nicht als reibungslos erweisen, da unter der Führung von Aristonikos, einem Halbbruder von Attalos aus illegitimer Linie, ein Aufstand gegen Rom ausbrach. Für seinen Widerstand mobilisierte Aristonikos vor allem die zahlreichen Sklaven, die es in dem Königreich gab und unter denen es höchstwahrscheinlich schon länger gärte. Die Aussicht für viele von ihnen, nun in den kollektiven Besitz der Römer überzugehen, war alles andere als verlockend. Möglicherweise haben auch die seit der Mitte der dreißiger Jahre ausgebrochenen Sklavenaufstände in Italien und Sizilien das Ihre dazu beigetragen, die Bereitschaft zum offenen Aufstand zu erhöhen. In jedem Fall erwies sich der Aristonikos-Aufstand als äußerst unangenehm für die Römer. Seine Niederschlagung zog sich bis 129 v. Chr. hin.

Ungeachtet der römischen Schwierigkeiten bei der konkreten Herrschaftsetablierung im pergamenischen Reich nutzte Tiberius 133 v. Chr. die unerwartete Gelegenheit beherzt und brachte ein Gesetz ein, das die finanziellen Vorteile aus dem Erbe von Attalos für die Umsetzung des Agrargesetzes sicherte. Der sich aus dieser Vorlage ergebende Volksbeschluss stellte unzweifelhaft eine tiefgreifende Verletzung der Kompetenzen des Senats im Bereich der Außenpolitik und der staatlichen Finanzen dar. Damit wurde sein Führungsanspruch in ganz zentralen Bereichen seiner gewohnheitsrechtlichen Position herausgefordert. Viele Senatoren werden sich zu Recht die Frage gestellt haben, welche unabhängigen Kompetenzen dem Gremium überhaupt blieben, wenn es einem Volkstribun möglich war, den Senat in einer so weitreichenden außen- und finanzpolitischen Entscheidung zu übergehen. Langfristig drohte der Senat zu einem Unterausschuss einer Volksversammlung zu werden, die alle wichtigen Fragen in letzter Instanz selbst entschied. Dieser Eingriff in das Gleichgewicht der Kräfte war in der republikanischen Ordnung ohne Vorbild.

5. Die Eskalation

Spätestens jetzt kam es zum endgültigen Bruch zwischen Tiberius Gracchus und der überwiegenden Mehrheit der Senatsaristokratie. Die Eskalation war kaum mehr zu vermeiden. Tiberius wusste genau, dass ihn nur die Immunität während seiner Amtszeit vor einer Anklage vor Gericht schützte. Dabei durfte er wahrlich nicht auf die sonst übliche Solidarität innerhalb der Oberschicht rechnen. Die Tatsache, dass die Geschworenenbänke in den Prozessen mit Senatoren besetzt waren, schlug für ihn im Gegensatz zu vielen anderen angeklagten Senatoren nicht zum Vorteil aus. Im Gegenteil, er musste für den Fall juristischer Konsequenzen mit der ganzen aufgestauten Wut seiner Standesgenossen rechnen. Eine Aussicht, die ihm eine reguläre Rückkehr in den Status eines Privatmannes nach dem Ende seiner Amtszeit verwehrte. Diese Problematik, über die sich auch die anderen Senatoren im Klaren waren, erzeugte eine zusätzliche Spannung in der politischen Atmosphäre. Die Mischung aus dem missmutigen Erstaunen über die Ungeheuerlichkeiten im bisherigen Vorgehen von Tiberius und aus dem Bewusstsein für die Schwierigkeiten, die ihn in Zukunft erwarteten, schürte die Vermutungen, dass er zum Äußersten bereit sei. So machten Gerüchte die Runde, er hätte von Gesandten aus Kleinasien schon ein Diadem als Zeichen der von ihm angestrebten Königswürde erhalten. Damit wurde ihm nichts Geringeres als ein Staatsstreich unterstellt.

Bewerbung um eine 2. Amtszeit

In dieser Situation musste die Ankündigung von Tiberius, er werde sich um eine zweite Amtszeit als Volkstribun bewerben, unmittelbar im Anschluss an die erste, eine fatale Signalwirkung haben. Für Tiberius verband sich damit die Hoffnung, die Umsetzung der Reformen entscheidend vorantreiben zu können und damit auch seine politische Situation zu festigen. Vielleicht glaubte er, dadurch auch schwerer vor Gericht angreifbar zu sein, da die Prozesse zwar durch Geschworene entschieden, aber in aller Öffentlichkeit stattfanden und damit immer auch unter dem Einfluss der öffentlichen Stimmung standen. Der Preis, den er für diese Option einer verlängerten Wirkungsmöglichkeit als Volkstribun zahlen musste, war allerdings hoch: Es war der Bruch mit einem der wichtigsten Grundsätze zur Begrenzung der Machtausübung römischer Beamter, dem Verbot der Kontinuation, das heißt der direkt anschließenden Bekleidung eines zweiten Amtes. Gerade die Möglichkeit für die politischen Gegner, einen ehemaligen Amtsinhaber zwischen der Ausübung zweier Funktionen als Privatmann zur Rechenschaft ziehen zu können, sollte die dauerhafte Zusammenballung von Macht in einer Hand verhindern. So musste man schon weit in der Geschichte der Republik bis zu den legendären Aufständen der Plebs gegen die Patrizier zurückgehen, um Beispiele für eine Wiederholung des Volkstribunats zu finden.

Im Grunde blieb Tiberius aber wahrscheinlich angesichts der unverhohlenen Drohung von Teilen der Nobilität, ihn rigoros vor Gericht zu belangen, kaum ein anderer Weg offen. Die Drohungen gegen ihn zielten letztlich auf die Vernichtung seines sozialen Status. Der Erfolg des politischen Systems in der römischen Republik hatte über Jahrhunderte darauf beruht, gerade eine derartige Sackgasse zu vermeiden. Immer wieder war durch Nachgeben, ‚Aussitzen' oder situative Zugeständnisse die Eskalation von Konflikten vermieden worden. Die Aussicht für die Beteiligten, selbst nach schwierigen Situationen langfristig wieder in die Oberschicht reintegriert zu werden, hatte Konflikte im beherrschbaren Rahmen gehalten. Dieser Ausweg bestand für Tiberius Gracchus offensichtlich nicht mehr. Er hatte sich ihn durch sein Verhalten selbst verbaut, und seine Gegner waren auch nicht bereit, ihn zu gewähren.

Die Ereignisse, die dann zur Katastrophe führten, werden in unseren Quellen unterschiedlich dargestellt. Während Appian berichtet, er habe direkt die erneute Kandidatur zum Volkstribunat angestrebt, berichtet Plutarch noch von weiteren Gesetzesvorhaben, die er auf den Weg bringen wollte, um sich erst danach auf der Grundlage einer breiteren Popularität zur Wiederwahl zu stellen. So bleibt die Frage, ob es sich bei der Versammlung, in der es schließlich zum Ausbruch der Gewalttätigkeiten kam, um eine gesetzgebende Versammlung oder um eine Wahlversammlung handelte, bis heute umstritten. Einhellig betonen die Quellen jedoch, dass Tiberius dadurch

Schwierigkeiten bekam, dass viele seiner Anhänger vom Lande zum Zeitpunkt der Wahlen, im Spätsommer, mit der Ernte beschäftigt waren und daher nicht zur Versammlung in die Stadt kommen konnten. Dass er in dieser Situation eine breitere Agitation unter der Stadtbevölkerung begann, indem er neue Projekte propagierte, erscheint durchaus plausibel. Insofern unterscheiden sich die Darstellungen von Appian und Plutarch im Grunde genommen gar nicht so stark. In beiden Szenarien war die Abstimmung für ihn von elementarer Bedeutung: Scheiterte er bei der Wahl, wurde er in absehbarer Zeit zum Privatmann und damit angreifbar. Scheiterten seine neuen Gesetzesvorhaben, war dies ein deutliches Signal dafür, dass das Volk auch einer zweiten Amtszeit als Volkstribun nicht zustimmte.

Am Tag der Abstimmung tagten Senat und Volksversammlung parallel. Durch eine Reihe von Missverständnissen, hinter denen vielleicht aber auch bewusste Provokation standen, wurde die Atmosphäre immer spannungsgeladener. Die Situation nutzten die Hardliner in der Nobilität, um das Gerücht zu verbreiten, Tiberius wolle sich in der Versammlung zum König erheben lassen. Der Konsul Mucius Scaevola, ein Befürworter der Reformen, der die Senatssitzung leitete, versuchte, die Gemüter zu beruhigen, indem er betonte, er werde eingreifen, wenn Beweise für ein Verbrechen von Tiberius vorlägen.

Der Tod von Tiberius Gracchus

Diese besonnene Reaktion von Scaevola reichte aber vielen Senatoren nicht. Insbesondere Publius Cornelius Scipio Nasica drängte auf ein hartes Durchgreifen. Als er sah, dass der Konsul dazu nicht bereit war, rief er seinerseits die anderen Senatoren dazu auf, obwohl er zu diesem Zeitpunkt keine Magistratur bekleidete, also Privatmann war. In völliger Erregung sprangen viele Senatoren auf, bewaffneten sich provisorisch und stürmten auf das Kapitol, wo die Volksversammlung stattfand. Begleitet wurden sie von bewaffneten Gefolgsleuten, deren Anwesenheit schon vorher sichergestellt worden war. Ein deutliches Indiz dafür, dass die Eskalation nicht ganz so spontan erfolgte. Als die einfachen Teilnehmer der Versammlung die hohen Herren wutentbrannt auf sie zustürmen sahen, wagten sie es nicht, Widerstand zu leisten. In einem blutigen Handgemenge wurden Tiberius' Leibwache und viele andere erschlagen. Insgesamt gab es ca. 200 Opfer. Die übrigen Teilnehmer der Versammlung zerstreuten sich in offener Panik. Ausgerechnet zwei andere Volkstribune waren es, die Tiberius Gracchus in dieser chaotischen Situation erschlugen. Seine Leiche wurde in den Tiber geworfen, damit sie nicht Gegenstand der Verehrung durch das Volk werden konnte. An die unmittelbare Tötung von Tiberius Gracchus und seiner engeren Gefolgschaft schloss sich im folgenden Jahr 132 v. Chr. eine harte gerichtliche Untersuchung durch die Konsuln Publius Popillius Laenas und Publius Rupilius an. Dabei wurden zahlreiche Anhänger von Tiberius, vor allem aus dem einfachen Volk, streng bestraft.

6. Das Ende der Kommunikation: Die Ursachen für die Verhärtung des Konflikts

Der politische Mord auf offener Bühne mitten im streng befriedeten politischen Binnenraum der römischen Republik: Dies war eine neue Dimension, die die Auseinandersetzungen von 133 v. Chr. dauerhaft von anderen innenpolitischen Konflikten früherer Zeit unterschied. Das Vorgehen von Nasica stellte einen bis dahin beispiellosen Tabubruch gegenüber elementaren Grundsätzen der römischen Politik dar. Als Vorbilder konnten sich Nasica und seine Anhänger nur auf die Maßnahmen gegen einzelne Angehörige der Oberschicht in der frühen Phase der Republik berufen, die, wie die Aufrührer Spurius Cassius und Spurius Maelius, versucht haben sollen, das Volk aufzuwiegeln und sich dadurch zum König aufzuwerfen.

Strebte Tiberius nach der Monarchie?

War aber der Vorwurf an Tiberius, er strebe eine monarchische Position an, nichts als ein polemischer Vorwand, um radikal gegen ihn vorgehen zu können, oder konnte das Verhalten von Tiberius den Zeitgenossen durchaus von dieser Tradition bestimmt erscheinen, so dass eine derart vehemente Reaktion gerechtfertigt war? Von heute aus ist die Frage nicht leicht zu entscheiden. Einerseits thematisierte er im Rahmen seiner Gesetzesvorhaben wichtige Probleme, deren Relevanz für den Staat kaum zu leugnen war. Zudem waren sowohl die Absetzung von Octavius als auch sein Bestreben, als Tribun wieder gewählt zu werden, rechtlich nicht eindeutig verboten, wenngleich auch schwere Verstöße gegen die gültige politische Praxis. Andererseits aber schuf er sich im Verlauf des Konfliktes eine persönliche Machtbasis, die vielen, auch Reformen aufgeschlossenen Senatoren beängstigend vorkommen konnte. Dabei ergab sich die Bedrohlichkeit für das politische System weniger aus den Einzelaspekten als aus dem Zusammenwirken der verschiedenen Komponenten. Er hatte nicht nur das Veto seines Kollegen übergangen und diesen sogar absetzen lassen, sondern er war auch Mitglied einer Kommission mit weit reichenden Kompetenzen, deren gesetzliche Grundlage er selbst geschaffen hatte. Als Mitglied dieser Kommission konnte er Bürger enteignen, ohne dass es dagegen eine Berufung gab. Darüber hinaus hatte er durch die Verfügungen über das attalidische Erbe massiv in die politischen Domänen des Senats eingegriffen. Wenn schon der Senat und damit die Machtausübung der Nobilität in so massiver Form beschränkt werden konnte, wer sollte dann noch sicher vor den Ambitionen des Tiberius sein?

War dies alles schon sehr bedenklich, so stärkte seine Ankündigung, sich zur Wiederwahl zu stellen, die Befürchtung, dass er diese Machtzusammenballung dauerhaft festigen wollte. Wer wollte und konnte sicher sein, dass er nicht ein drittes oder auch viertes Mal kandidieren würde? Näherte man sich damit nicht bedenklich der Monarchie?

In der Tat werden viele Römer sich diese Fragen gestellt haben und das Vorgehen von Tiberius mit großer Sorge betrachtet haben. Doch rechtfertigte dessen Verhalten es wirklich, dass die Senatoren mit ihren Schlägertrupps Hunderte von römischen Bürgern auf den bloßen Verdacht hin erschlugen und dann noch im folgenden Jahr mit Hilfe der Magistrate Prozesse gegen die übrigen Anhänger durchführten, bei denen trotz der verhängten Todesstrafe keine Berufung möglich war? Wurden der Senat beziehungsweise die Senatoren, die dieses Vorgehen unterstützten, dadurch nicht zu ‚kollektiven Tyrannen', gegen die sich freie Bürger wehren mussten?

Eine eindeutige Antwort war nicht leicht zu finden. Die gewalttätige Eskalation ließ in jedem Fall Fragen konkret werden, die vorher einfach nicht gestellt worden waren. Hätte man 140 v. Chr. einen Römer gefragt, was darf das römische Volk, der *populus Romanus*, beschließen, hätte er sehr wahrscheinlich geantwortet: Alles, was es für richtig hält. Auf die Frage, was das Volk beschließen sollte, hätte es im nächsten Atemzug geheißen, das, was der Senat für richtig hält. Es war eine lang geübte Gewohnheit der Römer, mit diesem Spannungsverhältnis zwischen theoretischer Norm und praktischer Politik zu leben. Nach 133 v. Chr. wurde dieser Spagat immer schwieriger.

Der Tod von Tiberius Gracchus war ein Fanal dafür, dass die bemerkenswerte Fähigkeit der römischen Gesellschaft, politische Konflikte durch komplizierte Kommunikationsprozesse friedlich beizulegen, grundlegend gefährdet war. Das Ende der Kommunikation war ein entscheidendes Symptom für eine Krise des politischen Systems. Im Folgenden sollen die Ursachen dafür in drei Schritten anhand der Motive der beteiligten Gruppen beleuchtet werden.

a) Das Auseinanderdriften der Interessen von Oberschicht und Unterschichten

Die absolut unnachgiebige Haltung der Oberschicht ist besonders auffällig und eine Erklärung dafür zu finden nicht leicht. In den griechischen Quellen wird fast immer schematisch von den Reichen gesprochen. Ein Topos, der aus den Bürgerkriegssituationen in griechischen Stadtstaaten (*staseis*) entlehnt ist, doch eher ungewöhnlich für die römischen Verhältnisse ist, bei denen ökonomische Kriterien in der politischen Ordnung nicht dominierten. Handelte es sich dabei nur um eine schematische Übertragung griechischer Strukturen auf die Wirklichkeit, oder aber hatten diese Angaben einen realen Hintergrund?

Ökonomische Motive der Oberschicht

In der Tat ist in diesem Fall der ökonomische Hintergrund des Widerstandes der Oberschicht gegen die Vorschläge von Tiberius Gracchus ganz deutlich. Nach der Anlage von Kolonien in den neunziger Jahren hatten sich die Aktivitäten zur Ansiedlung von Bürgern aus dem Süden in den norditalischen Raum verlagert. Im Süden konzentrierten sich offensichtlich zunehmend Besitzungen von Angehörigen der Oberschicht, die die nötigen Mittel besaßen, diese Gebiete individuell für sich nutzbar zu machen. Diese Tendenz wurde noch wesentlich durch den enormen Geldzustrom im Laufe des Jahrhunderts gesteigert, der sich vor allem aus den Eroberungen im Osten ergab. Das immer weiter steigende Wohlstandspotential ließ die Vergrößerung des Besitzes immer wichtiger werden, um so den Status der Familie innerhalb der gesellschaftlichen Konkurrenz auf Dauer abzusichern. Ein Stillstand bedeutete in dieser dynamischen Phase einen gefährlichen Rückschritt. So wurden nicht nur große Territorien des *ager publicus* von der Oberschicht okkupiert und damit die Höchstgrenzen bei der Nutzung überschritten, sondern darüber hinaus auch der Besitz von Verkaufswilligen aufgekauft. An diesem Punkt traf sich die expansive Tendenz in der Oberschicht mit den ökonomischen Problemen der Mittel- und Unterschicht. Zwar wird in der neueren Forschung das Bild einer flächendeckenden Verarmung der bäuerlichen Mittelschicht aufgrund der steigenden Belastungen des Wehrdienstes abgelehnt, doch kann nicht bezweifelt werden, dass nicht wenige Bauern, deren Besitzungen nur eine prekäre Existenzsicherung zuließen, ihre ökonomische Unabhängigkeit nicht mehr behaupten konnten und ihr Land verkaufen mussten.

Der zunehmende Konkurrenzdruck innerhalb der Oberschicht, der sich gerade aus dem atemberaubenden Erfolg des Gemeinwesens ergab, führte andererseits dazu, dass die Ansiedlungsaktivitäten nach 177 v. Chr. zum Erliegen kamen. Offensichtlich waren die Angehörigen der Oberschicht nicht mehr bereit, die immer knapper werdenden Landressourcen in Italien, die nicht mehr durch eine expansive Außenpolitik vermehrt werden konnten, mit der Mittel- und Unterschicht zu teilen. Als Konsequenz daraus stieg der Problemdruck in diesen Bevölkerungskreisen in der Folgezeit langsam, aber stetig an. Seit der Mitte der Fünfziger wurde er durch die Wiederaufnahme der verlustreichen und ökonomisch unattraktiven Kriege in Spanien zusätzlich verstärkt.

Entscheidend war nicht, dass die Oberschicht überproportional von Annektierungen in Italien profitierte. Derartige Formen von Ungleichheit gehörten zu den Grundstrukturen der römischen Gesellschaft und wurden auch von breiten Bevölkerungskreisen akzeptiert, da die Oberschicht immer klug genug war, eine möglichst breite Schicht von Bürgern an den Vorteilen der Expansion zu beteiligen. Dieses eherne Prinzip hatte sie jedoch nun in Italien aufgegeben. Die weitgehend exklusive Nutzung des frei gebliebenen *ager publicus* durch die Oberschicht bedeutete letztlich die Aufkündigung der ‚alten Beutegemeinschaft' innerhalb der römischen Bürgerschaft.

Verfestigung der Gruppeninteressen

Aus dieser Konstellation ergab sich nun eine ungewöhnliche Homogenisierung von Partikularinteressen innerhalb einzelner Bevölkerungsschichten. So waren einerseits große Teile der Oberschicht geschlossen gegen die Neuverteilung von *ager publicus*. In der bestehenden Konkurrenzsituation konnten sie auch kaum mehr von diesem Standpunkt abrücken. In anderen Bevölkerungsteilen vermochten sich andererseits Menschen in der ablehnenden Haltung gegen diese Aneignung öffentlichen Landes zusammenfinden, die ansonsten in einer gesellschaftlichen Ordnung, die auf persönlichen Beziehungen zwischen Angehörigen aus verschiedenen Schichten beruhte, kaum Gemeinsamkeiten kannten. Das allgemeine Gefühl, benachteiligt zu werden, auch wenn der einzelne vielleicht gar kein konkretes Interesse an der Nutzung dieser Böden hatte, konnte somit zu einem negativen Integrationseffekt in der restlichen Bevölkerung werden, der sich gegen die Herrschaftsausübung der Nobilität richtete. Dies war ein hoher Preis, den die Oberschicht für die weitgehend exklusive Nutzung dieser Territorien zahlte.

b) Die Ziele der Gruppierung einflussreicher Senatoren hinter Tiberius Gracchus

Die latente Unzufriedenheit mit dem Verhalten der Oberschicht könnte der Ansatzpunkt für das Engagement der einflussreichen Senatoren gewesen sein, die anfänglich hinter Tiberius standen. Diese Männer sahen sich in ihren politischen Ambitionen mit keinen leichten Zeitumständen konfrontiert. Die Expansion Roms kam allmählich an ihre Grenzen, und damit nahm auch die Möglichkeit zu glänzenden Feldzügen ab. Gleichzeitig hatte aber die Phase des ungeheuren Erfolges in der ersten Hälfte des zweiten Jahrhunderts Maßstäbe an Glanz- und Machtentfaltung im Amt gesetzt, hinter die man nur noch schwer zurückgehen konnte.

Das Beispiel von Scipio Aemilianus

In dieser komplizierten Situation hatte der Schwager der Gracchen, Scipio Aemilianus, neue Wege bei der Erlangung und Festigung einer politischen Ausnahmestellung beschritten. Zweimal war er zum Konsul gewählt worden (für 147 und 134 v. Chr.), und beide Male wurde diese Wahl vom Volk gegen bestehende Gesetze durchgesetzt. In beiden Fällen bildeten militärische Krisengebiete, in Karthago und in Spanien, die zumindest in der Empfindung des Volkes eine besondere Aufmerksamkeit verdienten, den Hintergrund für dieses ungewöhnliche Wahlverhalten. Es war jeweils die Popularität gewesen, die Scipio Aemilianus aufgrund seiner engen Verwandtschaft zum legendären Hannibalbezwinger Scipio Africanus, aber vor allem auch aufgrund der hohen Wertschätzung seiner militärischen Fähigkeit beim Volk besaß, die ihm die Wahlerfolge sicherte. Im Werdegang von Scipio zeigte sich, dass die Macht dieser Popularität eine Erfolg versprechende Alternative zur permanenten Überbietung der Konkurrenten in materieller Hinsicht sein konnte, die nach dem Ende der großen Kriege im Osten immer schwieriger geworden war.

Diese ‚militärische Popularität' war jedoch nicht beliebig vermehrbar. Es gab dafür nicht genügend Kriegsschauplätze, und nicht jeder Kandidat hatte so herausragende Fähigkeiten auf diesem Gebiet, dass das Volk seinetwegen auf Ausnahmen von institutionellen Regelungen bestand. Hatte erst einmal ein Mitglied der Oberschicht eine derartige Ausnahmeposition erreicht, war es für die anderen Vertreter seiner Generation schwer, ebenfalls in den Genuss eines massiven Votums des Volkes zu gelangen.

Diese Schwierigkeiten hatte gerade der Schwiegervater von Tiberius, Appius Claudius Pulcher, in seiner Karriere immer wieder zu spüren bekommen. Als er 143 v. Chr. als Konsul einen nur bescheidenen militärischen Erfolg erzielte, scheute er sich nicht, bis zum Äußersten zu gehen, um den Triumph, der ihm vom Senat verweigert wurde, doch noch durchzusetzen. Diese Ehrung war ihm zu wichtig. Selbst als ihm ein Volkstribun entgegentrat und sein Veto gegen den Triumphzug einlegte, gab er nicht nach. Statt dessen stellte er seine Tochter, die eine Vestalische Jungfrau war und damit zu den heiligsten Priestern und hochgeehrtesten Personen des Gemeinwesens zählte, mit auf den Triumphwagen. Das enorme sakrale Prestige der Vestalischen Jungfrau setzte er damit gegen die Unantastbarkeit (*sacrosanctitas*) des Volkstribunen. Mit dieser zweifelhaften Strategie erreichte er zwar, dass er seinen Triumph durchführen konnte, im folgenden Jahr unterlag er jedoch

Scipio Aemilianus bei den Censorenwahlen und musste so bis 136 v. Chr. warten, bis er dieses Amt bekleiden konnte. Für den brennenden Ehrgeiz dieses Mannes ist es bezeichnend, dass er sich dann als Censor selbst an die erste, sehr prestigereiche Stelle auf der Senatsliste setzte und sich damit zum *princeps senatus* machte.

,Popularität durch Inhalt'

Es ist sehr gut möglich, dass im Umfeld dieses Mannes eine völlig neue und für römische Verhältnisse fast revolutionäre politische Strategie entwickelt wurde: Popularität nicht mehr nur durch militärische Erfolge zu suchen, um damit eine außergewöhnliche Karriere auch gegen den Willen der anderen Senatoren durchzusetzen, sondern Popularität durch die gezielte Aufnahme von aktuellen Problemstellungen zu erlangen. So sollte es möglich werden, Menschen als Unterstützer der eigenen Ambitionen zu gewinnen, zu denen man vorher keine persönliche Beziehung hatte, nur weil sie der inhaltlichen Ausrichtung der eigenen Vorschläge zustimmten. Diese Strategie ,Popularität durch Inhalt' bildete einen extremen Kontrast zu dem rein auf persönliche Bindungen ausgerichteten Verhalten, das bis dahin die politische Sphäre dominiert und die kollektive Machtsausübung der Nobilität gewährleistet hatte.

Für diese inhaltliche Aufladung der Politik gab es sehr günstige Voraussetzungen. Die Sicherung exklusiver Besitzstrukturen auf dem *ager publicus* durch die Oberschicht und der dadurch erzeugte Unwillen in breiteren Bevölkerungskreisen gegen diese Partikularinteressen boten einen guten Nährboden für die neue Strategie. Zudem konnte zweifellos auf reale Probleme im militärischen Bereich verwiesen werden, deren Lösung für alle von Vorteil war. Vielleicht hatte sich schon Scipio Aemilianus angesichts dieser Problemstellungen mit Hilfe seines engen Freundes Laelius bemüht, militärische und inhaltliche Popularität dadurch miteinander zu verknüpfen, dass er Landverteilungen, wohl vor allem für seine eigenen Veteranen, anstrebte. Doch war er offensichtlich nicht konsequent genug gewesen und vor dem massiven Widerstand der Oberschicht zurückgewichen. Die Reformergruppe am Ende der dreißiger Jahre scheute diese Konfrontation nicht, sondern nahm sie von Anfang an in Kauf. Die deutliche Abgrenzung zu den übrigen *nobiles* war vielleicht sogar ein integrierter Bestandteil ihrer Strategie.

c) Die persönliche Motivation von Tiberius Gracchus

Es gibt nur wenige Themen, über die in der althistorischen Forschung so intensiv und kontrovers diskutiert wurde wie über die Motivation von Tiberius Gracchus. Die Vielzahl der vertretenen Meinungen lässt sich im Wesentlichen in zwei Hauptvarianten aufteilen: Die einen sehen in Tiberius primär den Idealisten, der die in die Krise geratene Republik durch seine Reformen retten wollte. Die anderen glauben hingegen, dass er vor allem aus eigensüchtigen Motiven gehandelt habe und nur seinen persönlichen Vorteil im Sinn gehabt habe. Ein abschließendes Urteil darüber ist jedoch angesichts der Quellenlage kaum möglich, da Tiberius Gracchus ein Mann war, der schon in der Antike die Gemüter polarisierte. Dies prägte auch die Berichte, auf die wir uns stützen. Aus den unterschiedlichen Informationen, die wir über seine Absichten besitzen, die ‚wahren' Motive von Tiberius herausdestillieren zu wollen, wird wohl illusorisch bleiben. Die Faszination, die von Tiberius bis heute ausgeht, beruht zu einem nicht geringen Teil gerade auf dieser Unergründbarkeit seiner Motivation.

Risikobereitschaft

Von diesen Schwierigkeiten unberührt bleibt die Tatsache, dass die spezifischen Hintergründe seines eigenen Werdeganges den konkreten Ablauf der Ereignisse wesentlich beeinflussten. Der hohe Prestigeverlust, den die Kapitulation in Spanien mit sich brachte, lastete zweifellos schwer auf Tiberius. Gerade diese Last dürfte ihn bei seinem politischen Handeln deutlich risikobereiter gemacht haben als andere Aristokraten in seinem Alter, da für ihn die traditionelle Fortsetzung der Karriere nur ungewisse Erfolgschancen bot. Die Synthese aus seiner hervorragenden Abstammung und dieser Risikobereitschaft ließ ihn als Volkstribun zu einem geradezu idealen Partner bei der Umsetzung einer neuen politischen Strategie werden. Diese Konstellation könnte der Ausgangspunkt für die Zusammenarbeit mit Claudius Pulcher, Mucius Scaevola und Licinius Crassus gewesen sein, wobei letztlich nicht zu erklären ist, von wem die Initiative ausging.

Die Bereitschaft in dieser Gruppe, die Reformvorschläge auch gegen den massiven Widerstand anderer Aristokraten durchzusetzen, musste aber nicht die billigende Inkaufnahme einer völligen Eskalation der Auseinandersetzung bedeuten. Diese war wohl kaum geplant, auch nicht von Tiberius Gracchus. Doch nachdem dieser sich so stark in der Öffentlichkeit exponiert hatte, konnte er das Projekt nicht mehr aufgeben, ohne sein Gesicht endgültig zu verlieren. Nach dem Scheitern in Spanien konnte er sich keine zweite Niederlage erlauben. Sein politisches Überleben hing vom Erfolg der Reformen ab. Je weiter der Streit ausuferte, umso bestimmender wurde diese Logik und umso höher wurde wiederum seine Risikobereitschaft. Es ist gut möglich, dass die Drohung mit der Absetzung von Octavius eigentlich gar nicht ernst gemeint war, sondern nur dazu dienen sollte, diesen zum Einlenken zu bewegen. Die dramatischen Szenen, die sich in der betreffenden Volksversammlung abspielten, legen dies nahe. Vielleicht wurde Tiberius Gracchus erst, als Octavius auch angesichts seiner unmittelbar bevorstehenden Abwahl seine ablehnende Haltung bekräftigte, bewusst, dass es kein Zurück mehr gab. Von da an musste er eine Position anstreben, die es an Macht und Einfluss mit fast der gesamten Nobilität aufnehmen konnte. Ein Unterfangen, das in den Grenzen der traditionellen Republik kaum zu realisieren war. Die Dynamik seiner eigenen Risikobereitschaft führte ihn ins Abseits.

d) Fazit

Die Entwicklung hin zu der Katastrophe von 133 v. Chr. entstand aus einer langen Kette von strukturellen und situativen Faktoren: Die dauerhafte Verfestigung von gesonderten Interessen großer Teile der Oberschicht bei der Okkupation von öffentlichem Land ließ die Option entstehen, durch die Aufnahme von Gegenströmungen und die öffentliche Artikulation von entsprechenden Forderungen inhaltliche Popularität zu gewinnen. In einer Zeit, in der der Wettbewerb innerhalb der Oberschicht immer härter wurde, aber die Ressourcen sich durch die langsam an ihre Grenzen stoßende Expansion nicht beliebig vermehren ließen, musste dies eine verlockende Perspektive gerade für Aristokraten sein, die militärisch nur bedingt erfolgreich waren. Begünstigt wurde die konkrete Umsetzung dieser neuen Strategie durch die persönliche Situation des Volkstribuns Tiberius Gracchus, die ihn besonders risikobereit machte. Doch gerade die sich daraus ergebende individuelle Unmöglichkeit zum Nachgeben führte, gepaart mit der immer ostentativeren Vertretung der Gegenposition, in die unheilvolle Eskalation.

IV. Gaius Gracchus: Die Fortsetzung der Reformen und die Verfestigung von Gruppeninteressen (132–121 v. Chr.)

132–131	Verfolgung der Anhänger von Tiberius Gracchus
129	Tod von Scipio Aemilianus
126–124	Gaius Gracchus als Quaestor auf Sardinien
125	Initiative des Konsuls Marcus Fulvius Fimbria für eine großzügige Verleihung des Bürgerrechts an Nichtrömer
123–122	Gaius Gracchus ist in beiden Jahren Volkstribun – vielfältige Gesetzesinitiativen, die auf die Interessen einzelner Bevölkerungsgruppen abzielen
122	Gründung der Kolonie Iunonia im Gebiet des zerstörten Karthago durch Gaius Gracchus ‚Konkurrenzdemagogie' des Volkstribunen Marcus Livius Drusus
121	Straßenkämpfe in Rom; der Senat erklärt zum ersten Mal den ‚Notstand'; Tod von Gaius Gracchus und Hinrichtung mehrerer tausend seiner Anhänger

1. Warten auf Gaius Gracchus: Rom in den Jahren 132 bis 124 v. Chr.

Der Tod von Tiberius Gracchus und die Verfolgung seiner Anhänger sollten sich langfristig als schwere Hypothek für die römische Politik erweisen. Die Person von Tiberius erhielt durch sein brutales Ende eine märtyrerhafte Überhöhung. So zahlten die Gegner für den kurzfristigen Erfolg einen hohen Preis. Die Gewalttat rief geradezu zwingend nach Akten der Vergeltung und dies um so mehr, als mit dem jüngeren Bruder Gaius Gracchus ein naher Verwandter am Leben war, der seine politische Zukunft noch vor sich hatte und dessen Leben von nun an unter der Suggestion seines Namens stand. Die brutale Niederschlagung der Reformbewegung führte also nicht zu einer dauerhaften Befriedung des Gemeinwesens, sondern verurteilte dieses im Gegenteil dazu, unter dem Damoklesschwert neuer Konflikte zu stehen.

Q

Wahrsagung
(Cicero, Über die Wahrsagung, 1,56)

„C. Gracchus hinwiederum erzählte vielen – gemäß dem Bericht desselben Coelius –, ihm sei im Traum, als er sich um die Quästur bewarb, sein Bruder Tiberius erschienen und habe verkündet: Wie sehr er auch zögere, so müsse er trotzdem des gleichen Todes sterben, den er selbst erlitten habe. Dies habe er vernommen, schreibt Coelius, bevor C. Gracchus Volkstribun geworden sei, und der habe es vielen erzählt." (Übersetzung nach Christoph Schäublin)

Neue Mitglieder der Ackerkommission

Bis Gaius alt genug für eine eigene politische Karriere war, kam es zu einer eigenwilligen Zwischenzeit. Zunächst schien unmittelbar nach dem Ende von Tiberius wieder Ruhe einzukehren. Allerdings blieb die Situation sehr unübersichtlich. Einerseits wurden die Anhänger von Tiberius 132 v. Chr. im Rahmen außerordentlicher Gerichtshöfe verfolgt, andererseits behielten die von Tiberius durchgebrachten Gesetze, trotz ihres umstrittenen Zustandekommens, ihre Gültigkeit. Offenbar wagte man es nicht, sie gleich wieder aufzuheben, aus Angst, das Volk zu stark zu provozieren. So wurde auch nach dem Tod von Tiberius dessen Stelle in der Ackerkommission regulär wiederbesetzt und für ihn Publius Licinius Crassus Mucianus nachgewählt. Nach dem Tod von Crassus Mucianus und dem des Schwiegervaters von Tiberius, Appius Claudius Pulcher, im Jahr 130 v. Chr. wurden diese beiden Positionen durch Marcus Fulvius Flaccus und Gaius Papirius Carbo besetzt. Beide kamen zwar aus angesehenen Familien, doch waren sie genau wie das dritte Mitglied der Kommission, Gaius Gracchus, noch sehr jung. In diesem Gremium befand sich also kein politisches Schwergewicht mehr.

Initiative der Bundesgenossen

In dieser Situation, in der die Mitglieder der Kommission nur über wenig eigenen politischen Einfluss verfügten, bemühten sich die Bundesgenossen, die zunehmend unzufrieden mit den Folgen der Landverteilung waren, die Aktivitäten der Kommission einzuschränken. Nachdem man in der ersten Zeit vor allem den eindeutig zuzuordnenden Besitz verteilt hatte, war die Kommission zur Verteilung von Grundstücken geschritten, deren rechtliche Einschätzung umstrittener war. Im Verlauf ihrer Untersuchungen hatte sich dabei gezeigt, dass ein nicht unerheblicher Teil des römischen Staatslandes von Angehörigen der bundesgenössischen Gemeinwesen bewirtschaftet wurde. Sei es, dass die betreffenden Bundesgenossen trotz Enteignung durch die Römer einfach weiterhin auf ihrem Land geblieben waren und dies nun schon seit Jahrzehnten. Oder sei es, dass die Betreffenden nicht genutztes Land genau, wie es auch Römer taten, okkupiert hatten und seitdem nutzten. Über lange Zeit ist in jedem Fall gegen diese Praxis nicht vorgegangen worden, und die jeweiligen Nutzer hatten die feste Überzeugung, das Recht zur Bearbeitung der Böden in all den Jahren erworben zu haben. Als Nichtrömer galt für sie noch nicht einmal die Regelung, dass das Land bis zu einer Höchstgrenze von 500 *iugera*, also 125 Hektar, in das Eigentum der alten Nutzer übergehen sollte. Als Nichtrömer hatten sie überhaupt keinen Anspruch auf römischen Boden und sollten diesen vollständig räumen. Die nun erfolgende Revision der bestehenden Nutzungsverhältnisse traf sie also besonders hart. Zudem profitierten ihre Mitbürger selbstverständlich auch nicht von den anschließend anstehenden Landverteilungen, die ebenfalls nur Römern vorbehalten waren. Die Bundesgenossen verloren also nur durch die Reformen, und selbst wenn sich ihr persönlicher Verlust in Grenzen hielt oder sie gar nicht davon betroffen waren, so wurde ihnen ihr untergeordneter Status gegenüber den Römern doch schmerzlich bewusst.

Um Abhilfe gegen diese in ihren Augen ungerechten Zustände zu schaffen, wandten sich die Bundesgenossen allesamt 129 v. Chr. an Scipio Aemilianus mit der Bitte, ihre Interessen in Rom wahrzunehmen. Scipio war erst nach dem Tod seines Schwagers Tiberius Gracchus, wahrscheinlich 132 v. Chr. siegreich aus Spanien zurückgekehrt. Sein Triumph über die Numantiner blieb aber eher unspektakulär. Zwar genoss er in der Öffentlichkeit ein großes Ansehen, stieß in der Nobilität aufgrund der mit seiner Karriere verbundenen Extravaganzen aber auf erhebliche Vorbehalte. Andererseits hatte er sich von den Aktivitäten seines Schwagers im Nachhinein eindeutig distanziert. So befand er sich trotz seiner ungewöhnlich erfolgreichen Laufbahn in einer komplizierten Situation. Die Chance, durch die Wahrnehmung der Interessen der Bundesgenossen sich die Oberschicht in diesen Gemeinwesen persönlich zu verpflichten und damit sein politisches Gewicht in Rom erheblich zu vergrößern, wird ihm sehr gelegen gekommen sein.

Übertragung der richterlichen Kompetenz auf die Konsuln

Tatsächlich erreichte Scipio durch seinen Einsatz eine Lösung, die aus der Sicht des Senats und der Bundesgenossen sehr elegant war. Die Ackerkommission verlor ihre richterlichen Kompetenzen bei Streitfragen. Diese wurden auf die Konsuln übertragen. Angesichts der vielfältigen Aufgaben, besonders im militärischen Bereich, konnten sich die Konsuln jedoch kaum um die Details einzelner Rechtsstreitigkeiten zwischen der Kommission und den Nutzern des *ager publicus* widmen. Sie besaßen in der Regel auch nicht die Neigung dazu, wie das Verhalten des amtierenden Konsuls von 129 v. Chr. deutlich zeigt. Gaius Sempronius Tuditanus, der in Rom verblieben war, während sein Kollege Manius Aquillius in Kleinasien gegen Aristonikos kämpfte, verließ ebenfalls relativ schnell die Stadt, um in Illyrien Krieg zu führen. Die Tätigkeit als Richter in Agrarstreitigkeiten war ihm sichtlich zu heikel. Mit diesem geschickten Schachzug hatte Scipio Aemilianus unter dem Aspekt der Rechtssicherheit und der Auflösung unzulässiger Machtkonzentration in den Händen der Kommissionsmitglieder die faktische Lahmlegung von deren Arbeit erreicht. Die Rechtsfälle blieben liegen, und bis zu einer Entscheidung galten die alten Verhältnisse.

Als Scipio Aemilianus kurze Zeit später überraschend starb, kursierten sofort Gerüchte über eine mögliche Ermordung durch die Anhänger der Gracchen. Dies zeigt, dass die Grundstimmung in Rom sehr nervös blieb. Ein entscheidendes Problem war, dass es auf beiden Seiten keine Persönlichkeit gab, deren Autorität gruppenübergreifend anerkannt worden wäre und die damit eine Ankerfunktion in der politischen Sphäre hätte erfüllen können.

Marcus Fulvius Flaccus

Die Wahlen und innenpolitischen Abläufe in den nächsten Jahren folgen keiner klaren Linie. Dabei war es keineswegs so, dass die Anhänger der Reformen ohne Chance bei der Bewerbung um die höheren Ämter gewesen wären. So wurde Marcus Fulvius Flaccus für das Jahr 125 v. Chr. zum Konsul gewählt, der seit 130 v. Chr. Mitglied in der Ackerkommission war und sich immer wieder als besonders vehementer Vertreter der Reformen profiliert hatte. Da in den Wahlversammlungen im Gegensatz zu den gesetzgebenden Versammlungen die wohlhabenden Römer wesentlich mehr Einfluss besaßen als ihre ärmeren Mitbürger, muss Flaccus auch in den Kreisen der vermögenden Römer auf eine breite Akzeptanz gestoßen sein. Dies macht schon deutlich, dass die Spaltungen in der Innenpolitik nicht mehr einfach zwischen Reich und Arm verliefen, sondern immer komplizierter wurden.

Das Verhältnis zu den Bundesgenossen

Als Konsul wandte sich Flaccus dem Problem der Bundesgenossen zu, die sich so erfolgreich gegen die Umsetzung des Ackergesetzes gewehrt hatten. Er brachte ein Gesetz ein, das diesen nach eigener Wahl die Möglichkeit einräumte, entweder das römische Bürgerrecht anzunehmen oder aber das Provokationsrecht zu erhalten. Appian berichtet, dass die Erwartungshaltung bestand, die Bundesgenossen gäben im Gegenzug ihren Widerstand gegen die Landverteilung auf. Diese Annahme war nicht unbegründet, da der Gesetzesentwurf sich bei näherer Analyse durchaus als eine differenzierte Lösung für die Einwohner der verbündeten Gemeinwesen erweist. Die ‚Bundesgenossen' als homogene Gemeinschaft gab es eben nicht. Im Gegenteil, die Verbündeten Roms bildeten eine äußerst vielschichtige Gruppe von Staaten. Zudem besaßen die Einwohner der einzelnen Gemeinwesen nicht immer gemeinsame Interessen, sondern oft verfolgten unterschiedliche Gruppierungen innerhalb der bundesgenössischen Staaten ganz spezielle Ziele.

In der älteren historischen Forschung geht man fast durchgängig davon aus, dass alle Bundesgenossen in dieser Zeit vehement das römische Bürgerrecht anstrebten. Die Vorteile, die sie sich davon erhofften, seien die Verbesserung bei der Behandlung im Rahmen des Militärdienstes gewesen sowie Vorteile bei der Wahrnehmung geschäftlicher Interessen in den Provinzen und langfristig für die Elite die Chance, in Rom politisch aktiv zu werden. Bei näherer Prüfung wird jedoch fraglich, ob sich in den genannten Lebensbereichen die Stellung der Bundesgenossen durch die Annahme des römischen Bürgerrechts wesentlich verbessert hätte. Gerade der politische Aufstieg in Rom wurde durch die bloße Übernahme des Bürgerrechts noch nicht garantiert. Die Angehörigen aus den Führungskreisen der Bundesgenossen hätten dafür nach Rom übersiedeln müssen, wo sie nur Neuankömmlinge unter vielen anderen gewesen wären. Es war schon für etablierte Familien aus der oberen Mittelschicht nicht einfach, in die Reihen der Senatoren aufzusteigen. Für auswärtige Familien, gerade wenn alle Bundesgenossen gleichzeitig das Bürgerrecht erhalten hätten, wäre dies um so schwieriger gewesen. Analoges galt für die bessere Verwirklichung eigener Geschäftsinteressen im römischen Machtbereich. Dazu hätte man sich gegenüber den etablierten Geschäftskreisen in Rom durchsetzen müssen, die über gute Beziehungen in die politischen Führungskreise verfügten. Freiwillig hätten die römischen Geschäftsleute wohl kaum das Feld für die Neubürger geräumt. So wundert es nicht, dass es nicht wenige Beispiele in der Geschichte der Republik dafür gibt, dass treue Bundesgenossen das römische Bürgerrecht, das ihnen für besondere Verdienste angeboten wurde, ablehnten und statt dessen lieber Bürger ihrer Heimatgemeinden blieben.

In der neueren Forschung wird insbesondere von Henrik Mouritsen darauf hingewiesen, dass die Bundesgenossen für die Annahme des römischen Bürgerrechts einen hohen Preis zu zahlen gehabt hätten: Er bestand in der Aufgabe der eigenen staatlichen Existenz und damit verbunden in der Angleichung an das römische Gemeinwesen. Letztlich ging es um die eigene staatliche und in vieler Hinsicht auch kulturelle Identität der Gemeinwesen. Angesichts der jahrhundertelangen Traditionen, auf die viele Gemeinwesen der Bundesgenossen voll Stolz zurückblicken konnten, war dies kein geringer Verzicht. Einfach zu unterstellen, dass es ein ‚natürliches' Bedürfnis der Bundesgenossen gegeben habe, das eigene Bürgerrecht gegen das römische einzutauschen und dass die Verbündeten dafür auch bereit gewesen wären, erhebliche Konzessionen im Streit um den *ager publicus* zu machen, dürfte also kaum der historischen Wirklichkeit entsprochen haben.

E

Provokationsrecht
Das Provokationsrecht gab den römischen Bürgern die Möglichkeit, bei der Verurteilung zu Kapitalstrafen, aber auch bei der Androhung von schweren Zwangsmaßnahmen durch die Magistrate an die Volksversammlung als die höchste Gerichtsinstanz zu appellieren. Im normalen Leben hatte dieses Recht eher eine symbolische Funktion. Es unterstrich den Status als Bürger.

Für eine differenzierte Interessenlage spricht auch der Gesetzesentwurf von Flaccus. Denjenigen Bundesgenossen, denen eine Übernahme des römischen Bürgerrechts und die vollständige Integration in den römischen Staat nicht erstrebenswert erschienen, bot Flaccus das Provokationsrecht an, das bis dahin nur die römischen Bürger besaßen. Für die Bundesgenossen, die nicht römische Bürger werden wollten, war aber mit der Wahl des Provokationsrechts höchstwahrscheinlich nicht nur die Berufung gegen die Kapitalstrafen, also Todesurteile oder Verurteilungen zu körperlicher Züchtigung, gemeint, sondern wohl auch ein Einspruchsrecht gegen Urteile bei Rechtsstreitigkeiten über Besitzfragen. Letztlich wäre die Verleihung des Provokationsrechtes eine Anerkennung ihres gleichberechtigten Status neben den römischen Bürgern gewesen. Damit war wohl auch verbunden, dass sie berechtigt waren, ihren Besitz auf dem *ager publicus* bis zur festgesetzten Höchstgrenze zu behalten. Ohne Aufgabe ihrer eigenen Identität wäre ihre rechtliche Benachteiligung in der Landfrage beseitigt worden.

E

Latinisches Gemeinwesen
Bei den latinischen Gemeinwesen handelte es sich entweder um alte latinische Städte, die schon früh in das römische Bündnissystem integriert worden waren, jedoch aufgrund der alten kulturellen Verbundenheit zwischen Rom und den Latinern einen besonderen Status erhalten hatten. Oder aber es waren Wehrsiedlungen, die die Römer selber angelegt hatten und deren Einwohnern sie dabei den rechtlichen Status der alten Latinergemeinden gegeben hatten. Formal waren diese Wehrsiedlungen, die Rom große Dienste bei der Eroberung Italiens geleistet hatten, vollkommen autonom und besaßen sogar ein eigenes Bürgerrecht.

Die Latiner

Es gab aber auch Bundesgenossen, die aufgrund der engen Bindungen zu Rom einen besonderen Status besaßen und daher sehr wohl das römische Bürgerrecht vehement anstrebten: Dies waren die so genannten ‚latinischen' Gemeinden. Diese waren auf das engste mit Rom verbunden und genossen besondere Privilegien, die einen problemlosen Kontakt mit den Römern ermöglichten, wie zum Beispiel das Recht, bei einer dauerhaften Übersiedlung nach Rom das römische Bürgerrecht zu erhalten. Dieses Privileg führte dazu, dass viele ärmere Latiner in die Großstadt abwanderten. Dabei wird die Illusion eines besseren Lebens in der Großstadt, die auch heute noch in den Entwicklungsländern die urbanen Zentren anschwellen lässt, genauso eine Rolle gespielt haben wie die Tatsache, dass die stadtrömische Bevölkerung faktisch vom Militärdienst befreit war, da die Einwohner der Hauptstadt kaum mehr eingezogen wurden. Offensichtlich zweifelte man an der Kampfkraft und -moral der städtischen Bevölkerung, so dass man sie bei den Aushebungen kaum mehr berücksichtigte. Diese faktische Freistellung vom Militärdienst war für die Einwohner der Latinergemeinden umso verlockender, als die Belastungen durch den Wehrdienst in ihren Heimatgemeinden besonders drückend waren.

Die Größe der Kontingente, die Rom von jeder einzelnen Latinergemeinde im Bedarfsfall anfordern konnte, blieb konstant. Die tatsächliche Einwohnerzahl der Gemeinden schwankte jedoch erheblich. Neben den erheblichen Verlusten in den vielen Kriegen schwächte die Abwanderung nach Rom die Wehrkraft der latinischen Gemeinwesen zusätzlich. Doch wurde im Gegenzug der Umfang der Kontingente nicht gesenkt. Mehrfach hatten die betreffenden Gemeinden im ausgehenden dritten und im zweiten Jahrhundert v. Chr. auf diesen Missstand hingewiesen. Doch Rom entwickelte keine wirkliche Lösung. Es fanden nur kurzfristige Überprüfungen der Einwohner der Hauptstadt statt, um diejenigen aufzuspüren, die sich unberechtigterweise in Rom aufhielten. Zudem wurde verfügt, dass diejenigen Latiner, die nach Rom übersiedeln wollten, einen männlichen Nachkommen in ihrer Heimatgemeinde zurücklassen mussten. Schließlich wurde die Übersiedlung generell nur noch mit Zustimmung der Heimatgemeinde erlaubt.

All diese Regelungen wurden in der Wirklichkeit vielfach unterlaufen und entschärften das Problem kaum. Die Schwierigkeiten der Latinergemeinden blieben. Die sinnvollste Lösung war es, den Latinern, deren Gemeinwesen sich ganz nach Rom orientierten, das römische Bürgerrecht zu verleihen. Dadurch entfielen wesentliche Anreize für die Abwanderung nach Rom. Zudem hätten die Gemeinden nicht mehr feste Kontingente für das römische Militär zu stellen gehabt, die unabhängig vom Bevölkerungsumfang waren. Wie bei allen anderen Römern wäre dann nur noch ein Anteil der tatsächlich wehrfähigen Bevölkerung eingezogen worden, den der Senat zu Beginn eines Feldzuges festgelegt hatte. Die gemeinsame Aushebung im Rahmen der römischen Bürgerschaft wäre für die Latiner also eine bedeutende Entlastung von den militärischen Verpflichtungen gewesen.

Da die latinischen Gemeinden zumeist als Wehrsiedlungen von den Römern ‚künstlich' neu gegründet worden waren, war ihre eigene Identität schwächer ausgeprägt als bei anderen Bundesgenossen. Ihre Oberschichten orientierten sich traditionell stark nach Rom. Für ihre Karrierechancen in Rom wäre ein Anstieg der Wählerschaft aus den Latinergemeinden ein großer Vorteil gewesen, der ihre Chance auf die Erreichung wichtiger Ämter deutlich erhöht hätte. Im Kontrast zu vielen anderen Bundesgenossen kann man also davon ausgehen, dass die Latinergemeinden das römische Bürgerrecht sehr begehrten.

Dieser Tendenz kam der Gesetzesentwurf von Flaccus entgegen. Bei dieser Initiative werden aber nicht nur philanthropische Gesichtspunkte ausschlaggebend gewesen sein. Eine Verwirklichung hätte auch dem Initiator große Vorteile gebracht. Im Falle eines Erfolges wären ihm die Einwohner der Latinergemeinden zu Dank verpflichtet gewesen und hätten ihn als römische Bürger politisch unterstützt. Dies galt einerseits für die Oberschicht der Latiner, deren Gewicht in den nach Vermögen gegliederten Wahlversammlungen zum Tragen gekommen wäre. Andererseits gab es aber auch eine bedeutende Zahl von Latinern, die im zweiten Jahrhundert v. Chr. trotz der Beschränkungen nach Rom abgewandert waren. Diese Menschen lebten in der Hauptstadt in einem sehr prekären rechtlichen Status. Um dagegen vorzugehen, hatte man kurz zuvor (126 oder 125 v. Chr.) auf Initiative des Volkstribunen Pennus ein Gesetz verabschiedet, das die Niederlassung von Nichtbürgern in Rom verbot. Diese Maßnahme änderte wenig an der Realität, musste aber die in Rom lebenden Latiner weiter verunsichern. Durch den Gesetzesentwurf von Flaccus wurde der Status dieser Zuwanderer mit einem Schlag legalisiert. Als rechtmäßige römische Bürger hätten diese Menschen Flaccus mit Sicherheit massiv unterstützt.

Der Antrag von Flaccus scheiterte jedoch. Römer aus allen Schichten waren nicht bereit, eine so große Zahl von Neubürgern in ihre Reihen aufzunehmen. Insbesondere die römischen Bürger in der Hauptstadt fürchteten um ihren politischen Einfluss. Nach dieser politischen Niederlage wurde Flaccus die Aufgabe zugewiesen, gegen die gallischen Stämme in der Poebene und Südfrankreich militärisch vorzugehen. Faktisch wurde er in den Norden abgeschoben, damit in Rom weitere Probleme vermieden wurden.

Fregellae

Das Scheitern des Antrags von Flaccus rief jedoch Reaktionen hervor, die auf den ersten Blick geradezu tragisch skurrile Züge hatten. Die auf einem Hügel gelegene latinische Kolonie Fregellae erhob sich gegen Rom und musste von den Römern regelrecht militärisch bekämpft werden. Nach einer Belagerung wurde sie zerstört und ihre Einwohner in der Ebene angesiedelt. Angesichts des Kräftegefälles zwischen der Weltmacht Rom und der Stadt Fregellae erscheint der Aufstand der Kolonie völlig absurd. Erklärlich wird er nur, wenn die Einwohner von Fregellae gehofft hätten, dass sie mit ihrem Verhalten ein Fanal setzten, dem sich andere anschlössen. Höchstwahrscheinlich plante man keinen regelrechten Aufstand, sondern wollte nur den Druck auf Rom erhöhen. Auch wenn die Aktion scheiterte, zeigt sie doch in großer Deutlichkeit, dass unter den latinischen Gemeinden große Unzufriedenheit herrschte. Allerdings hatten die Einwohner von Fregellae die Bereitschaft der anderen Latiner, den Römern zur Erreichung ihrer Ziele notfalls auch mit Gewalt zu drohen, weit überschätzt und mussten dafür büßen.

Unter den übrigen Bundesgenossen wird vielen das Scheitern der Initiative von Flaccus gar nicht so negativ erschienen sein. Die Besitzstrukturen auf dem römischen *ager publicus* blieben dadurch in der alten Form bestehen. Diejenigen, die römisches Land nutzten, mussten sich in einer engen Interessengemeinschaft mit der römischen Oberschicht sehen, deren erklärtes Ziel es war, die bestehenden Besitzverhältnisse fortzuschreiben.

2. Gaius Gracchus wird aktiv (124 v. Chr.)

126 v. Chr. war es so weit. Gaius Gracchus trat in die römische Politik ein. Für dieses Jahr wurde er zum Quaestor gewählt. In dieser Funktion wurde er dem Statthalter von Sardinien zugeteilt. Genau wie sein älterer Bruder Tiberius in Spanien setzte Gaius damit eine Familientradition fort, da schon sein Vater und sein Urgroßvater dort tätig waren. Während dies sich in die gängige römische Praxis einreihte, die familiären Kompetenzen in einzelnen Regionen für die staatliche Verwaltung zu nutzen, war es sehr ungewöhnlich, dass Gaius nicht nach einem Jahr abgelöst wurde, sondern ein zweites Jahr dort den Dienst versehen musste.

Prozess gegen Gaius Gracchus

Diese außergewöhnliche Verlängerung seiner Dienstzeit entsprang dem Wunsch der Oberschicht, seinen Eintritt in die gehobene politische Sphäre in Rom möglichst lange hinauszuzögern. Diese Taktik konnte auf Dauer nicht gut aufgehen. Als Gaius nach zwei Jahren immer noch nicht abgelöst wurde, kehrte er 124 v. Chr. eigenmächtig nach Rom zurück. Vielleicht hatten seine Gegner nur auf diese Reaktion gewartet, um ihn durch eine gerichtliche Verurteilung politisch zu beschädigen. Gaius durchkreuzte aber diese Strategie durch zwei glänzende Reden, in denen er in brillanter Form nachwies, dass er schon weit mehr geleistet hatte, als üblich war: zwölf Jahre Militärdienst statt zehn und zwei Jahre als Quaestor statt einem Jahr. So wurde er nicht nur ohne Beanstandung freigesprochen, sondern hatte sich auch noch in der Öffentlichkeit als herausragender Redner profiliert, der zudem ein ausgeprägtes Pflichtbewusstsein bei der Aufgabenerfüllung für die römische Gesellschaft an den Tag legte. In der äußerst geschickten Umkehrung der Konstellation zeigte sich, dass die Gegner von Gaius es mit einem Mann zu tun hatten, der ein ungewöhnliches rhetorisches Geschick mit politischer Taktik zu verbinden wusste. Eine Kombination, die seinen innenpolitischen Bestrebungen eine zusätzliche Dynamik verlieh.

Q

Giaus Gracchus als Redner
(Cicero, Brutus, 125–126)

„Nun aber: Hier begegnet uns ein Mann, hervorragend begabt, voll brennenden Eifers, schon von frühester Jugend an gut geschult: Gaius Gracchus. Glaube mir, Brutus: Nie war jemand zum Reden umfassender oder reicher gerüstet!"
„Das glaube ich auch", entgegnete er. „Von den früheren Rednern ist er fast der einzige, den ich lese."
„Ja, Brutus!" rief ich. „Lies ihn nur, sage ich dir! Sein vorzeitiger Tod hat für den römischen Staat ebenso wie für die lateinische Literatur einen herben Verlust bedeutet. Hätte er sich nur bereit gefunden, nicht so sehr dem Bruder als dem Vaterland seine Pietät zu beweisen! Wie leicht würde er bei solcher Begabung, hätte er nur länger gelebt, den Ruhm des Vaters oder des Großvaters erreicht haben!"
(Übersetzung nach Bernhard Kytzler)

Nach seinem ersten öffentlichen Erfolg bewarb sich Gaius um das Volkstribunat von 123 v. Chr. Er erhielt aber nicht wie erhofft die meisten Stimmen, sondern wurde erst an vierter Stelle gewählt. Dies war aber weniger ein Beleg für seine mangelnde Popularität als mehr das Resultat einer massiven Mobilisierung der Gefolgsleute der Nobilität. Mit aller Macht versuchte die Oberschicht, die Wahl von Gaius zu verhindern. Anders als bei Tiberius waren diesmal beide Seiten von vornherein auf eine harte Konfrontation eingestellt und rüsteten sich früh für den Konflikt. So dürfte es auch niemanden verwundert haben, dass Gaius gleich nach seiner Wahl umfangreiche Gesetzesinitiativen vorlegte. Seine Projekte gingen dabei wesentlich weiter als die seines Bruders.

3. Die inhaltliche Aufladung der römischen Politik: Die Gesetzgebung von Gaius Gracchus (123–122 v. Chr.)

Die genaue Rekonstruktion der Gesetzesvorhaben von Gaius Gracchus ist nicht leicht, da unsere Hauptquellen, Plutarch und Appian, in ihren fortlaufenden Darstellungen dieser Zeit nicht alle Initiativen von Gaius aufführen, so dass wir für diese Teile seiner Reformbemühungen meist auf relativ kurze Hinweise aus anderen Quellen angewiesen sind, die oft keine genaue zeitliche Einordnung oder andere Angaben zum historischen Kontext geben. So sind die genaue Reihenfolge, die zeitliche Zuordnung, aber auch der Inhalt einzelner Gesetze umstritten. Diese Probleme werden noch dadurch vergrößert, dass es Gaius gelang, für 122 v. Chr. erneut zum Volkstribun gewählt zu werden, und seine Aktivitäten sich damit über einen Zeitraum von zwei Jahren erstrecken. Trotz dieser Schwierigkeiten lassen sich doch wesentliche Kernaspekte seiner Reformtätigkeit mit hoher Sicherheit rekonstruieren.

lex de abactis

Gleich zu Beginn seiner ersten Amtszeit als Volkstribun stellte Gaius einen Gesetzentwurf in der Öffentlichkeit vor, demzufolge einem Politiker, dem das Volk das Amt entzogen hatte, verboten werden sollte, andere Ämter zu übernehmen (*lex de abactis*). Dieses Gesetz bedrohte also die Betroffenen mit einer dauerhaften Vernichtung ihres gesellschaftlichen Status. Nach einer Abwahl durch das Volk sollte jede weitere politische Karriere unmöglich werden. In der Überlieferung wird berichtet, dass dieser Vorstoß gegen Marcus Octavius zielte, der sich so hartnäckig Tiberius widersetzt hatte und nun die Rache des jüngeren Bruders zu spüren bekommen sollte. Ausgerechnet die Mutter der beiden Gracchen hätte sich aber intensiv bei ihrem Sohn für Octavius eingesetzt, so dass dieser das Gesetz zurückgezogen habe. Der Wahrheitsgehalt dieser Darstellung ist oft in Frage gestellt worden. Möglich ist auch, dass das Ganze eine gute inszenierte ‚PR-Aktion' von Gaius war, die ein doppeltes Ziel verfolgte. Einerseits sollten seine Gegner durch den bloßen Entwurf des umstrittenen Gesetzes davon abgeschreckt werden, sich ihm in ähnlicher Weise entgegenzustellen, wie es Octavius zehn Jahre zuvor gegenüber Tiberius getan hatte. Andererseits sollte die demonstrativ gezeigte *pietas* gegenüber den Wünschen der Mutter das Bild von Gaius als gutem Römer in der Öffentlichkeit festigen und auch signalisieren, dass hinter seinen Reformbemühungen nicht nur blindwütige Rachegedanken steckten.

Ausweitung des Provokationsrechts

Durchgebracht wurde von Gaius hingegen ein anderes Gesetz, das eine ähnliche Zielrichtung hatte. Die *lex de provocatione* verbot die Hinrichtung römischer Bürger ohne Gerichtsverfahren. Das Provokationsrecht, also die Möglichkeit für römische Bürger, vor allem bei einer drohenden Todesstrafe die Entscheidung der Volksversammlung anzurufen, gehörte schon vorher zu den elementaren Bestandteilen des römischen Bürgerrechts. Offensichtlich wurde dieses Grundrecht aber bis dahin bei der Einsetzung von Sondergerichten durch den Senat, die auf bedrohlich empfundene Zustände schnell reagieren sollten, nicht angewandt. Dies war offensichtlich gängige und allgemein akzeptierte Praxis, da wir auch in Zusammenhang mit den Sondergerichten gegen die Anhänger von Tiberius Gracchus nichts davon hören, dass die Vorgehensweise dieser Gerichte als illegal angesehen wurde. Auch Gaius behauptete nicht, dass das Vorgehen der Konsuln von 132 v. Chr. gegen gültiges Recht verstoßen habe. Der Senat konnte in der klassischen Republik in Problemsituationen ein hartes Durchgreifen anordnen und sich dabei auf das Vertrauen des Volkes in seine Maßnahmen stützen. Doch dieses Vertrauen war durch den brutalen Einsatz der Sondergerichte für die innenpolitische Säuberungsaktion nach der Ermordung von Tiberius Gracchus erschüttert worden, und Gaius nahm diese Stimmung auf. In Zukunft sollte es für den Senat nicht mehr möglich sein, das Leben römischer Bürger in die Hände von Richtern an außerordentlichen Gerichtshöfen zu legen. Ein deutliches Zeichen dafür, dass die Krise von 133 v. Chr. und ihre Folgen den elementaren Konsens zwischen Senat und Volk dauerhaft beschädigt hatten. Der Konsul von 132 v. Chr., Popilius Laenas, wartete die Verabschiedung des Gesetzes gar nicht erst ab, sondern ging schon vorher ins Exil. Er fürchtete sichtlich, dass die rigiden Strafen, die das Gesetz bei Zuwiderhandlung androhte, auch rückwirkend angewandt werden sollten.

Nachdem Gaius mit diesen Initiativen seinen Gegnern drastisch vor Augen geführt hatte, was sie im Falle eines vehementen Widerstandes erwartete, brachte er die Kernvorhaben ein. Es handelte sich dabei um drei entscheidende Gesetze: ein Ackergesetz (*lex agraria*), ein Gesetz über die Getreideversorgung der Stadt Rom (*lex frumentaria*) und ein Gesetz über die Herkunft der Geschworenen an den Gerichtshöfen (*lex iudiciaria*). Diese grundlegenden Projekte sind höchstwahrscheinlich alle 123 v. Chr. eingebracht worden und bildeten in der politischen Konstellation eine gewisse Einheit.

Das Ackergesetz

Das Ackergesetz zielte zum einen auf die Wiederaufnahme einer effizienten Landverteilung, die seit 129 v. Chr. faktisch zum Erliegen gekommen war. Ob dafür die Rückgabe der Richterkompetenzen an die Ackerkommission erfolgte, ist aufgrund des Schweigens unserer Quellen nicht definitiv zu sagen, aber doch sehr wahrscheinlich. Doch Gaius begnügte sich nicht nur mit der Restauration der Maßnahmen seines Bruders, sondern ging weit darüber hinaus. Insbesondere die Anlage von Kolonien wurde von ihm vorangetrieben. Dazu musste der Kommission die Kompetenz zugestanden werden, die notwendigen geschlossenen Territorien durch Landtausch oder Enteignung bereitzustellen. Auf diese Weise wurden die Kolonien Minervia in Scolacium und Neptunia in Tarent geschaffen.

Trotzdem blieb das Kernproblem bestehen, dass der verfügbare Boden in Italien immer knapper wurde und jeder Versuch, ihn in nennenswerter Weise zur Verteilung heranzuziehen, äußerst konfliktträchtige Situationen heraufbeschwören musste. Daher ging Gaius noch einen Schritt weiter. Über einen mit ihm verbundenen Volkstribun ließ er ein Gesetz einbringen, das zum ersten Mal in der römischen Geschichte eine Koloniegründung in einer Provinz vorsah. Durch die *lex Rubria* wurde die Gründung einer Kolonie ausgerechnet im Gebiet von Karthago, dem alten Angstgegner Roms, beschlossen. In der Region von Karthago, das 146 v. Chr. vollkommen zerstört worden war, sollte nun die Kolonie Iunonia gegründet werden, deren Siedler reichlich mit Land versehen werden sollten (200 *iugera* = 50 Hektar pro Siedler). Insgesamt 6000 Siedler sollten sich dort unter diesen komfortablen Bedingungen niederlassen.

Bis dahin hatte man nie dauerhafte Ansiedlungen römischer Bürger außerhalb Italiens vorgenommen. Die geringe Nutzung des schier unbegrenzt in den Provinzen zur Verfügung stehenden Grund und Bodens ist eines der auffälligsten Phänomene in der Republik. Vielleicht wollte man bewusst eine Zersplitterung der Siedlungsgebiete römischer Bürger vermeiden, um nicht der Ausbildung regionaler Differenzen Vorschub zu leisten, die die Homogenität der Bürgerschaft bedroht hätten. Zudem hätte man diesen Ansiedlungen ein hohes Maß an Selbstverwaltung zugestehen müssen. Langfristig wären Forderungen nach einer repräsentativen Vertretung der weit entfernt liegenden Gemeinden in Rom kaum zu vermeiden gewesen, und es wäre damit das ganze politische System unter Druck geraten, das auf Anwesenheit und direkter Kommunikation in Rom beruhte. Oder aber man hätte die Stellung der Statthalter durch die Oberaufsicht über römische Gemeinden aufwerten müssen. Die Statthalter in den Provinzen hätten sich auf diese Weise dem Status der Magistrate in Rom angenähert. In beiden Fällen wäre also die Peripherie auf Kosten des Zentrums gestärkt worden. Die römische Republik beruhte aber darauf, dass der Übergang vom Stadtstaat mit seiner hohen direkten Integrationskraft hin zum Territorialstaat mit einer flächendeckenden Verwaltung nie vollzogen wurde.

Mit all diesen Traditionen brach nun Gaius Gracchus und eröffnete damit der Ansiedlungspolitik eine ganz neue Dimension. Im Grunde genommen stand nun das ganze römische Herrschaftsgebiet langfristig zur Disposition. So verlockend die Möglichkeit einer fast unbegrenzten Landverteilung ohne Rechtsstreitigkeiten in den Provinzen auch war, hatte sie doch einen erheblichen Nachteil. Die auf diese Weise angesiedelten Bürger mochten dem Urheber der Verteilungspolitik sehr dankbar sein, aber in den gegebenen stadtstaatlichen Strukturen, in denen nur die Stimmen der Anwesenden zählten, wog dies politisch nicht schwer, da die Entfernungen zwischen dem politischen Zentrum und dem Ort der jeweiligen Siedlung viel zu groß waren, als dass die Kolonisten zu Wahlen oder Abstimmungen nach Rom hätten kommen können.

Daher blieb auch Gaius darauf angewiesen, in Italien selbst eine möglichst große Anhängerschaft zu suchen. So nahm er neben der Gründung von Kolonien eine weitere Form der Ansiedlung auf, die der Senat schon seit einigen Jahren mit beachtlichem Erfolg betrieben hatte: den Straßenbau. Zunächst waren für den Bau der Straßen erhebliche Mittel und eine beachtliche Zahl an Arbeitskräften notwendig, was vielen besitzlosen Römern zumindest ein temporäres Einkommen sicherte. Am Rande der fertiggestellten Straßen wurden zudem Menschen angesiedelt, die für den Unterhalt eines Straßenabschnitts zuständig waren. Diese Form der Landzuweisung scheint offensichtlich auch auf wenig organisatorische oder rechtliche Probleme gestoßen zu sein. Ein weiterer Vorteil dieser Förderung der Infrastruktur war die Tatsache, dass es Gaius nur recht sein konnte, wenn die Verkehrswege nach Rom ausgebaut wurden, da dadurch die Anreise seiner Anhänger vom Lande zu politischen Ereignissen im Zentrum erleichtert wurde.

Die Getreideversorgung

Eine wichtige Lehre aus dem Schicksal seines Bruders war für Gaius Gracchus jedoch die Erkenntnis, dass die alleinige Konzentration auf die Interessen der Landbewohner auf Dauer für die Sicherung der notwendigen Unterstützung nicht ausreichte. In der Konsequenz propagierte Gaius nun auch Projekte, die der stadtrömischen Bevölkerung, aus deren Reihen viele Versammlungsteilnehmer stammten, direkt zugute kamen. So brachte er ein Gesetz ein, das die Versorgung der Stadt Rom mit Getreide zu einem angemessenen Preis sicherstellen sollte (*lex frumentaria*). Das Gesetz zielte dabei weniger auf eine starke Absenkung des Preises als vielmehr auf seine Stabilisierung bei einem mittleren und erschwinglichen Niveau.

Der ärmeren Stadtbevölkerung machten vor allem die erheblichen Preisschwankungen zu schaffen, die es aufgrund der jeweiligen Versorgungslage beziehungsweise auch jahreszeitlich gab. Oft genug wurden diese Schwankungen durch gezielte Spekulationen angefacht oder doch zumindest verstärkt. Eine Stadt von der Größe Roms war unter den wirtschaftlichen Bedingungen der Antike nur sehr schwer zu versorgen. Diese großen Schwierigkeiten eröffneten weite Spielräume für Manipulationen mit den entsprechenden Gewinnen. Gegen diese Manipulationen, die gerade das Leben der unteren Schichten erschwerten, ging Gracchus mit seinem Gesetz vor, ohne damit eine kostenlose Versorgung einführen zu wollen.

Organisatorische Probleme

Das Problem bestand darin, dass die Preise sich nur unter der Bedingung regulieren ließen, dass der Staat eine weitreichende Organisationsstruktur schuf. Es musste ein umfangreiches, weitreichendes Netz an staatlichen Aufkaufstellen eingerichtet werden, und vor allem mussten große Getreidespeicher gebaut werden, die die Grundlage dafür boten, dass bei Engpässen so viel Getreide wie nötig auf den Markt kam, um den Preis stabil zu halten. So kam es in der Folge des Gesetzes zu einem größeren Bauprogramm, in dessen Rahmen die ‚sempronischen Speicher' (*Sempronia horrea*) errichtet wurden. Dass auch von diesen Maßnahmen primär die ärmeren Stadtbewohner als Arbeitskräfte profitierten, dürfte Gracchus zusätzlich gelegen gekommen sein. Darüber hinaus mussten der Aufkauf und der Transport von Getreide im großen Stil organisiert werden. Bei der Bereitstellung der notwendigen Infrastruktur an Verkehrswegen ergab sich eine sinnvolle Ergänzung zu den Vorhaben im Straßenbau. Für die erheblichen Kosten, die die Getreideversorgung insgesamt verursachte, wurden die Steuern aus der Provinz Asia verwandt.

Folgen der Getreideversorgung

Die Garantie einer Mindestversorgung für alle als Aufgabe der Gemeinschaft ist als politische Verpflichtung in der Antike an sich nicht ungewöhnlich. Auf diese Weise wurden die Reichen für die Sicherung der elementaren Existenz der Armen mit herangezogen, die ihrerseits wiederum im Gegenzug den größeren politischen und gesellschaftlichen Einfluss der Wohlhabenden akzeptierten. Das Problem bei den Maßnahmen im Zuge der *lex frumentaria* bestand darin, dass sie nur einem Teil der römischen Bevölkerung, nämlich den Stadtbewohnern, exklusiv zugute kamen. Auf diese Weise wurde die Attraktivität des städtischen Lebens für die ländlichen Unterschichten zusätzlich erhöht und damit die Abwanderungstendenzen nach Rom verstärkt. Dies vergrößerte wiederum die Schwierigkeiten, die die Römer mit dieser Großstadt hatten, die gleichzeitig das politische Zentrum war. Für das politische System war es in dieser Konstellation nicht nur sehr bedenklich, dass sich Gaius Gracchus durch dieses Gesetz als Patronus der einflussreichen Stadtbevölkerung profilierte, sondern vor allem auch, dass er seine Wohltaten mit dem Geld des Staates finanzierte. Er nutzte also, wie sein Bruder, die Ressourcen der Gemeinschaft für die Festigung seiner persönlichen Position. Darüber hinaus förderte das Projekt die Aufspaltung der römischen Gesellschaft in Gruppen mit separaten Interessen und animierte diese Gruppierungen sogar dazu, diese Interessen zu einem wesentlichen Maßstab ihres politischen Verhaltens zu machen. Langfristig musste diese Entwicklung schwer wiegende Folgen für die politische Kultur der Republik haben.

Das Richtergesetz

Gerade diese Aufspaltung der Gesellschaft durch die Propagierung von Sonderinteressen trieb Gaius jedoch immer weiter voran. So legte er ein weiteres Gesetz vor, das den Einfluss der Senatoren auf die Gerichtshöfe zumindest stark einschränkte, wenn nicht ganz aufhob (*lex iudiciaria*). Es ging dabei vor allem um die Besetzung der Geschworenenbänke bei den Gerichten. Über die genauen Regelungen existieren in der antiken Überlieferung zwei grundlegende Versionen: Während Plutarch angibt, dass zusätzlich zu den 300 Senatoren noch 300 Ritter als Geschworene berufen werden sollten, also eine Teilung dieser einflussreichen Positionen in der Justiz vorgesehen war, berichten andere Autoren übereinstimmend, dass alle Geschworenen aus den Reihen der Ritter kommen sollten und die Senatoren vollkommen ausgeschlossen wurden. Da in der Folgezeit, insbesondere bei den wichtigen Repetundengerichten, die über den Amtsmissbrauch von Statthaltern entschieden, uns ausschließlich Ritter als Geschworene begegnen, tendiert der überwiegende Teil der Forschung dazu, eine gänzliche Übertragung der Geschworenensitze an die Ritter als die wahrscheinlichere Variante anzunehmen.

E

Die römischen Ritter (*equites*)
Die römischen Ritter trugen ihren Namen nach dem Privileg mit einem Pferd auf Staatskosten im Militär zu dienen. Vor den Gracchen waren die Ritter von den Senatoren nicht klar getrennt. Die Angehörigen beider Gruppen mussten über ein Mindestvermögen von 400 000 Sesterzen verfügen und stimmten in den nach Vermögen gegliederten Wahlversammlungen in denselben Stimmeinheiten der ersten Klasse ab. Vor der Wahl zum Quaestor, also der niedrigsten Magistratur, die zur Aufnahme in den Senat führte, unterschieden sich die Sprösslinge aus senatorischen und ritterlichen Familien in keiner Weise.

Bis dahin hatten die Senatoren ein Monopol auf die Besetzung der Geschworenenbänke gehabt, und ihre oft von Standesinteressen geleiteten Urteile, insbesondere die Freisprüche für andere Senatoren, hatten für Unmut gesorgt. Hier bietet sich eine ähnliche Konstellation wie bei der Problematik der Landverteilung. Die senatorische Oberschicht hatte zu offensichtlich ihre eigenen Interessen im Geflecht der gesellschaftlichen Ordnung vertreten und damit die Akzeptanz für ihren Führungsanspruch untergraben. Der sich allmählich ausbildende Unmut wurde von den Gracchen aufgenommen und in eine feste institutionelle Form überführt. Doch dieser Institutionalisierungsprozess hatte nicht nur eine formale Bedeutung, sondern er förderte auch massiv durch die Bewusstwerdung von Unterschieden die Ausbildung einer eigenen Identität in den einzelnen Bevölkerungsgruppen.

Dies zeigt das Beispiel der Ritter sehr deutlich. In der klassischen Republik bildeten die Senatoren und die Ritter gemeinsam die erweiterte römische Oberschicht. Den Söhnen aus angesehenen Ritterfamilien standen zumindest die unteren Ämter ohne allzu große Probleme offen, und so waren die Übergänge zwischen den Rittern und den niederrangigen Senatoren eher fließend. Wichtiger war letztlich die Abgrenzung zu den besonders einflussreichen senatorischen Familien, die die Besetzung der höchsten Staatsämter im Wesentlichen monopolisiert hatten. Im Laufe des zweiten Jahrhunderts bildete sich aber auch innerhalb der Ritter eine besondere Gruppe heraus, die sich auf die Wahrnehmung staatlicher Aufgaben und die Einziehung der Steuern spezialisierte. Da die ökonomischen Interessen dieser reichen Geschäftsleute nicht immer im Einklang mit den Interessen der Senatoren standen, kam es hier zu ersten Bruchlinien, die Gaius Gracchus gezielt nutzte und vertiefte. Im Wesentlichen war es diese Gruppe von reichen Geschäftsleuten, die von der Übertragung der Geschworenensitze an die Ritter profitierte. Als Folge davon sahen sich ausgerechnet senatorische Statthalter, die in den Provinzen die ansässige Bevölkerung gegen die Übergriffe der führenden Geschäftsleute aus dem Ritterstand, der *publicani,* schützten, mit dem Problem konfrontiert, dass sie in Rom wegen Erpressung und Amtsmissbrauch vor Gerichten angeklagt wurden, deren Geschworene die Interessen der in ihre Grenzen verwiesenen Geschäftsleute vertraten.

Vorteilhaft für die *publicani* war auch der Vorstoß von Gaius, die Verpachtungen der Steuern in der reichen Provinz Asia nicht mehr vor Ort vornehmen zu lassen, sondern durch die Censoren in Rom. Das hatte für die gut organisierten Geschäftsleute, die in Rom präsent waren, den Vorteil, dass sie die Vergabeverfahren leichter dominieren konnten. Gaius förderte mit dieser Regelung den Einfluss der großen Pachtgesellschaften, der *societates.*

Die Ritter

Die Tatsache, dass sich neben den Senatoren nun eine neue Gruppe einflussreicher Ritter festigte und diese zudem von Gaius Gracchus mit erheblichen Machtmitteln in der politischen Auseinandersetzung versorgt wurde, führte zu zunehmenden Gegensätzen innerhalb der Oberschicht. Nicht umsonst soll Gaius selbst gesagt haben, mit dem Gesetz über die Geschworenen habe er die Dolche auf den Marktplatz geworfen, mit denen sich Senatoren und Ritter gegenseitig bekämpfen sollten (Cicero, Über die Gesetze 3,20). Er selbst hoffte wohl von dieser Spaltung dadurch zu profitieren, dass die vermögenden Ritter ihn und seine Anhänger bei den Wahlen unterstützten beziehungsweise ihre Klienten dazu aufriefen, seinen weiteren Gesetzesprojekten in der Öffentlichkeit den notwendigen Rückhalt zu geben. Mit dem grundlegenden Zwiespalt in der Oberschicht sollte er recht behalten. Die breite Unterstützung durch die Ritter erhielt er aber nicht, als diese erst einmal die eigenen Vorteile gesichert wussten.

Eines der wesentlichen Charakteristika der Politik von Gaius Gracchus war es aber auch, dass seine Gesetzesinitiativen in vielen Fällen die Stärkung der eigenen Position mit der Durchführung objektiv sinnvoller Maßnahmen verbanden. So ließ er gesetzlich festlegen, dass noch vor den Wahlen die späteren Aufgabenbereiche der neuen Konsuln bestimmt werden sollten (*lex Sempronia de provinciis consularibus*). Auf diese Weise sollten politische Manipulationen bei der Zuteilung der Aufgaben an die Obermagistrate durch den Senat verhindert werden. Diese Objektivierung des Verfahrens musste den Einfluss der führenden Senatoren auf die aktuelle Politik deutlich einschränken.

Einschränkung der Strafen beim Militärdienst

Für den militärischen Bereich setzte Gracchus durch, dass unzumutbare Härten beim Wehrdienst abgeschafft wurden. So wurde das Mindestalter auf 17 Jahre festgesetzt. Zudem wurde die Ausrüstung von nun an vom Staat übernommen und die Kosten dafür nicht mehr wie vorher üblich vom Sold abgezogen. Damit reagierte Gaius auf die Absenkung der Mindestanforderung an das Vermögen, durch die zunehmend ärmere Bürger wehrpflichtig wurden, für die der Grundsatz der Selbstausrüstung nicht mehr zumutbar war. Auch in diesen Fällen dürfte Gaius die Dankbarkeit, die ihm die Betroffenen entgegenbrachten, nicht ungern gesehen haben.

Im Gegensatz zu seinem Bruder Tiberius begnügte sich Gaius Gracchus nicht mit einem Reformansatz, der sich auf einen Bereich konzentrierte. Die zufällige persönliche Konstellation, dass er neun Jahre jünger war als sein Bruder und daher mit einer wesentlichen Verzögerung in die Politik eintrat, gab ihm genügend Zeit, die Sachprobleme, aber auch mögliche innenpolitische Schwierigkeiten im Vorhinein ausgiebig zu durchdenken. Dies dürfte kein unwichtiger Grund für seinen umfassenden Ansatz gewesen sein. Das Schicksal seines Bruders musste ihm klargemacht haben, dass er nur durch strukturelle Eingriffe in die politische und gesellschaftliche Ordnung eine Chance hatte, sich auch langfristig durchzusetzen. So durchdrangen sich schließlich bei seinen Projekten der Wille, praktikable Lösungen für offensichtliche Sachprobleme zu finden, auf der einen Seite und politischer Selbstschutz und Machtwille auf der anderen Seite fast unauflösbar.

In seinem ersten Jahr als Tribun muss der Rückhalt von Gaius in der Bevölkerung ganz erheblich gewesen sein. So gelang es ihm, sich für das nächste Jahr wieder zum Volkstribun wählen zu lassen. Ein Antrag, die Wiederwahl eines Volkstribuns generell zu legalisieren, den 131 oder 130 v. Chr. der Volkstribun Papirius Carbo eingebracht hatte, war in der Volksversammlung vor allem aufgrund des Widerstandes von Scipio Aemilianus gescheitert. Es gab also keine eindeutige gesetzliche Grundlage für die Wiederwahl. Offensichtlich gab es aber nicht genügend Kandidaten beziehungsweise nicht genügend Kandidaten erhielten die erforderliche Mehrheit. In diesem Fall soll es rechtlich dem Volk erlaubt gewesen sein, zu wählen, wen immer es wolle. Auf diese Weise soll sich Gaius das zweite Volkstribunat gesichert haben. Ob Gaius in diesen etwas undurchsichtigen Ablauf der Wahl involviert war, ihn gar plante, ist unklar.

Gaius stand auf dem Höhepunkt seiner Popularität. Die Aussichten, in diesem Jahr die römische Politik noch stärker zu dominieren als im abgelaufenen, standen sehr gut. Auch für andere Schlüsselpositionen hatte Gaius befreundete Politiker durchgesetzt. So verdankte Gaius Fannius seine Wahl zum Konsul großenteils der massiven Unterstützung durch Gaius Gracchus. Zudem war mit Marcus Fulvius Flaccus ein enger Vertrauter von Gracchus ebenfalls ins Volkstribunat gewählt worden. Diese Wahl war höchst ungewöhnlich, da Flaccus schon drei Jahre zuvor, 125 v. Chr., den Konsulat bekleidet hatte. Ein derartiger ‚Rückschritt' in der Karriereleiter war eigentlich nicht üblich. Dass Flaccus trotzdem das formal niederrangigere Amt übernahm, macht die neue Qualität, die das Volkstribunat als machtvolle Institution in diesen Jahren besaß, deutlich.

Stimmrecht für die Bundesgenossen

Wahrscheinlich ging es auf eine Initiative von Flaccus zurück, dass das Problem der Bundesgenossen und ihrer Rechtsstellung erneut aufgegriffen wurde. Schon als Konsul hatte er in dieser Frage Vorschläge vorgebracht, war damit aber in der Volksversammlung gescheitert. Angesichts der starken innenpolitischen Stellung von Gaius konnte diese Thematik nun unter wesentlich günstigeren Voraussetzungen wieder auf die Tagesordnung gesetzt werden. Die ursprünglichen Entwürfe wurden allerdings in einem wesentlichen Punkt verändert: Während die Verleihung des Bürgerrechts an die Latiner beibehalten wurde, sollten die übrigen Bundesgenossen in der neuen Version nicht das Provokationsrecht, sondern das volle Stimmrecht in den Versammlungen bekommen. Damit wurde ihnen in dem neuen Entwurf das volle Mitspracherecht bei den wichtigen Entscheidungen im Zentrum der *res publica* zugestanden, ohne dass sie dafür ihre eigene politische Identität durch die Aufgabe ihres Bürgerrechts hätten preisgeben müssen. Dieses weitreichende Zugeständnis zielte auf eine ganz neue Form der Symbiose zwischen Rom und seinen Bundesgenossen, die die politische Landschaft in Italien grundlegend verändert hätte. Die tiefe Dankbarkeit der neuen Versammlungsteilnehmer, die aufgrund ihrer vollen Stimmberechtigung großen Einfluss bekommen hätten, wäre den Antragstellern sicher gewesen. Dies hätte eine ohne jeden Zweifel dauerhafte Festigung ihrer innenpolitischen Vorherrschaft bedeutet. In dieser Konstellation ist das Motiv für den Vorstoß zu sehen. Gaius Gracchus war offenbar entschlossen, seine enorme Popularität, die er in dieser Phase besaß, langfristig durch strukturelle Veränderungen zu manifestieren.

Scheitern des Vorhabens

Diese Popularität brauchte er, wenn das Projekt auch nur eine geringe Chance auf Verwirklichung haben sollte. Denn beliebt war es bei den römischen Bürgern wahrlich nicht. Diese besaßen keine ausgeprägte Neigung, ihre politischen Privilegien mit den Bundesgenossen zu teilen. Faktisch sollten sie freiwillig der Beschränkung ihrer eigenen politischen Macht zustimmen. Dies konnte kaum gutgehen. So verlockend die Vorteile für Gracchus und seine Anhänger langfristig waren, sie setzten damit ihre politischen Bindungen zum Volk einer enormen Belastungsprobe aus. In dieser Situation erwies sich der von Gracchus unterstützte Konsul Gaius Fannius als ein unsicherer Verbündeter. Der Nobilität gelang es, Fannius auf ihre Seite zu ziehen. Der Konsul, der eine tiefe Abneigung gegen die angestrebte Stärkung der Bundesgenossen besaß, begann eine sehr emotionalisierte Kampagne gegen das Projekt, die unter den Bürgern große Resonanz fand. Die Atmosphäre war so aufgeheizt, dass man sich genötigt sah, als der Abstimmungstermin näher rückte, alle, die nicht abstimmungsberechtigt waren, für einige Zeit aus der Stadt zu weisen. Eine tiefe Demütigung für viele Latiner und Italiker. Bei der Abstimmung selbst unterlag Gaius zum ersten Mal mit einem Vorhaben. In diesem Fall waren ihm die Bürger nicht gefolgt. Es war eine herbe Niederlage für ihn, die zeigte, dass seine Position angreifbar war.

Konkurrenzdemagogie von Livius Drusus

In dieser Schwächephase von Gaius entfaltete eine neue Gegenstrategie der Nobilität ihre volle Wirkung. Statt sich auf den Widerstand in der politischen Diskussion zu versteifen und damit eine Eskalation des Konfliktes immer wahrscheinlicher zu machen, setzte die senatorische Oberschicht ihre Hoffnung auf einen Amtskollegen von Gracchus, Marcus Livius Drusus. Wie

Gracchus stammte auch Livius Drusus aus der Oberschicht und verfügte über ein beachtliches rhetorisches Talent. Mit demonstrativem Rückhalt des Senats nahm Livius Drusus die von Gracchus angegangenen Problemfelder auf und kritisierte dabei die Lösungsvorschläge von Gaius als viel zu zögerlich. In einer Art Konkurrenzdemagogie propagierte Livius Drusus wesentlich weitergehende Projekte. Statt neue Kolonien in den Provinzen zu gründen, schlug er vor, 12 Kolonien zu je 3000 Siedlern in Italien anzulegen. Den Pächtern des *ager publicus* sollten die Pachtzahlungen an den Staat erlassen werden. Für die latinischen Bundesgenossen brachte er die Neuerung ins Spiel, diese den Römern beim Militär gleichzustellen und auch für sie die Anwendung der Prügelstrafen einzuschränken.

Immer wieder betonte er dabei, dass er mit vollem Einverständnis des Senats handelte, und machte damit deutlich, dass für eine Realisierung der Reformprojekte ein Konflikt mit der Oberschicht gar nicht nötig sei. So suggerierte er der Öffentlichkeit, dass die heftigen Auseinandersetzungen, die es immer wieder um die Reformvorschläge der Gracchen gegeben hatte, nicht so sehr in der Sache, sondern eher in den Personen und ihrem Vorgehen begründet gewesen waren. In Wirklichkeit war eine Realisierung der von Livius Drusus propagierten Projekte wohl nie geplant. Die Oberschicht trocknete nur auf diese Art und Weise das Popularitätspotential von Gaius Gracchus aus. Langfristig war dieses Spiel mit nicht zu erfüllenden Erwartungen gefährlich. Da es aber neu war und die dahinterstehenden politischen Motive für die Masse der Bürger nicht erkennbar waren, hatte es kurzfristig enormen Erfolg.

Die große Wirkung von Livius Drusus wurde vor allem auch dadurch möglich, dass Gaius Gracchus für längere Zeit nicht in Rom anwesend war und damit seinem Konkurrenten das Feld überlassen blieb. Diese ungewöhnliche Situation für einen Volkstribun ergab sich daraus, dass er auch der Kommission angehörte, die mit der Gründung der neuen Kolonie Iunonia in Nordafrika betraut war. Zum Abschluss der Koloniegründung in Afrika brauchte er trotz großer Eile 70 Tage, in denen er Drusus in Rom nicht entgegentreten konnte. Als er aus Afrika zurückkam, musste er feststellen, dass sich die politische Lage grundlegend gewandelt hatte. Sein Einfluss in der Bevölkerung war dramatisch gesunken.

4. Der Untergang (121 v. Chr.)

Bei seiner Bewerbung um ein drittes Volkstribunat für das Jahr 121 v. Chr. fiel er durch. Mit dem 10. Dezember 122 v. Chr. war er wieder ein Privatmann. Zudem wurden für 121 v. Chr. mit Quintus Fabius Maximus und Lucius Opimius besonders strikte Gegner der Reformpolitik zu Konsuln gewählt. Der politische Einfluss von Gaius drohte vollkommen marginalisiert zu werden. Da traf es ihn besonders hart, dass seine Gegner durch den Volkstribun Minucius Rufus sogar noch ein Gesetz einbrachten, das die Gründung der Kolonie in Afrika rückgängig machen sollte. Gezielt wurden

Nachrichten in Rom verbreitet, dass die von der Gründungskommission gesetzten Markierungen von wilden Tieren umgeworfen worden seien; ein ungewöhnlich schlechtes Omen aus der Sicht der Römer, das den Unwillen der Götter über das ganze Unterfangen ausdrückte. Ob dies nur Propaganda war, lässt sich kaum mehr beurteilen, doch verlieh die Hast, mit der Gaius seine Tätigkeit in Afrika durchgeführt hatte, den Gerüchten einen plausiblen Hintergrund. Die Annullierung der Koloniegründung hätte das letzte große Projekt, an dem Gaius in einer öffentlichen Funktion beteiligt war, aufgehoben.

E

Liktoren

Die Liktoren waren die ständigen Begleiter der römischen Obermagistrate. Vor jedem Konsul gingen 12 Liktoren im Gänsemarsch her, die in der Stadt Rom als Zeichen der großen Kompetenz der Obermagistrate Rutenbündeln (*fasces*) in den Händen hielten. Bei Überschreiten der Stadtgrenzen wurden sogar Beile in die Bündel gesteckt, da außerhalb der Stadt die Magistrate im Kriegsfall auch Todesurteile fällen durften. Die Liktoren waren aber keine normalen Amtsdiener oder ‚Bodyguards' der Oberbeamten, sondern sie bildeten mit den Magistraten zusammen eine symbolische Einheit und sollten vor allem den römischen Imperiumsträgern ein besonders würdevolles Auftreten ermöglichen.

Die Erklärung des Notstandes

Am Tag der Abstimmung herrschten eine allgemeine Anspannung und eine nervöse Grundstimmung. Das arrogante Verhalten eines der Liktoren des Konsuls Opimius, reizte die Anhänger von Gaius angeblich so, dass sie ihn auf der Stelle erschlugen. In der ausbrechenden Hysterie löste sich die Versammlung auf. Der Senat beschloss mit einem völlig neuartigen Notstandsbeschluss, einem *senatus consultum ultimum,* dem Konsul Lucius Opimius die Vollmacht zu erteilen, das Gemeinwesen mit allen notwendigen Mitteln zu verteidigen. Opimius ordnete daraufhin an, dass die Senatoren am nächsten Tag bewaffnet zu erscheinen hätten, und auch die Ritter wurden mobilisiert. Jeder von ihnen sollte mit zwei bewaffneten Sklaven kommen. Auch die Anhänger von Gracchus und Flaccus organisierten sich.

Tod des Gaius Gracchus

Am folgenden Tag wurden die beiden aufgefordert, vor dem Senat zu erscheinen. Doch kamen sie dieser Order nicht nach, sondern besetzten mit ihren Anhängern den Aventin, einen Berg, der eine hohe symbolische Bedeutung für die frühen Aufstandsbewegungen der Plebs gegen die Patrizier hatte. In ihrer Not riefen sie sogar die Sklaven zum Aufstand auf, doch fanden sie in dieser Bevölkerungsschicht keine Resonanz. Zu eindeutig waren die Kräfteverhältnisse. Nach nur kurzer Belagerung, während derer auch kretische Bogenschützen durch den Konsul eingesetzt wurden, waren die Gefechte vorbei. 250 Anhänger von Gracchus wurden vor Ort erschlagen. Gaius gelang zunächst die Flucht, doch ließ er sich von einem treuen Sklaven töten, als die Situation aussichtslos wurde. Auch Flaccus wurde ergriffen und getötet. Mehrere tausend Menschen sollen später noch hingerichtet worden sein. Den Kopf von Gaius ließ Opimius mit Gold aufwiegen und öffentlich ausstellen. Die Häuser der beiden Anführer wurden niedergerissen, um so ihre Präsenz im politischen Binnenraum vollständig auszulöschen

Die Eskalation des innenpolitischen Konfliktes und der Tod von Gaius Gracchus weisen deutliche Unterschiede zu den tragischen Ereignissen von

133 v. Chr. auf. Während sein Bruder mitten in einer Phase offensiver Agitation um neue Projekte beziehungsweise neue Ämter durch die Aktion eines besonders aktiven Teils seiner Gegner den Tod fand, war die politische Kraft von Gaius Gracchus zum Zeitpunkt seines Unterganges erkennbar unterhöhlt. Er hatte mit seiner Wahlniederlage die wichtige institutionelle Basis für seine Aktivitäten verloren und war auf den Status eines Privatmannes reduziert worden. Es waren nicht seine Gegner im Senat, die diese Statusreduzierung mit illegalen Mitteln erreicht hatten. Das römische Volk, auf dessen Entscheidungsfreiheit sich die staatsrechtliche Rechtfertigung der Gracchen immer wieder berufen hatte, hatte ihm die Wiederwahl verwehrt. Der Imageverlust für Gaius dürfte beträchtlich gewesen sein. Kein Zweifel, die politische Stellung von Gaius Gracchus war angeschlagen.

In dieser Situation musste die Aufhebung des Karthagogesetzes wie eine gezielte Provokation wirken. Es ging nicht mehr darum, den kometenhaften Aufstieg eines Volkshelden zum populistischen Monarchen aufzuhalten, sondern um die endgültige Statusvernichtung des politischen Gegners. Die Senatoren hätten auch die Option gehabt, die Kolonie im fernen Afrika hinzunehmen, genauso wie man wenige Jahre später die Gründung einer ungeliebten Kolonie in Südfrankreich akzeptierte, ohne dadurch den Staat in Gefahr zu glauben. Dass man dies nicht tat, sondern stattdessen eine erneute Eskalation der Situation heraufbeschwor, lässt sich nur dadurch erklären, dass kaum einer mehr glaubte, dass Gaius Gracchus als ‚normaler Bürger' in die politische Ordnung zu reintegrieren war. Trotz aller Schwierigkeiten, die ihm das Jahr 122 v. Chr. gebracht hatte, blieben ihm aufgrund seiner umfangreichen Gesetzgebung und seines hohen Einsatzes für die Interessen einzelner Bevölkerungsteile sehr viele Römer zu Dank verpflichtet. Dieser große Fundus an Loyalitäten war in der Ordnung der römischen Republik gleichbedeutend mit einer beachtlichen Machtbasis. Nach seinem institutionellen Scheitern sammelten sich diese Einflussfaktoren gleichsam neben der politischen Ordnung und wirkten von außen auf sie ein. Dies konnte auf Dauer nicht gut gehen. Die Oberschicht wollte es nicht zulassen, dass große Teile der Bevölkerung ihre politische Loyalität nicht mehr auf die überkommene Ordnung ausrichteten, sondern sie einem in der hohen Aristokratie weitgehend isolierten Privatmann zukommen ließen. Aus Furcht vor einer dauerhaften Spaltung der politischen Sphäre und aus Angst, der sich daraus ergebende Spannungszustand könne die Herrschaft der Nobilität im Kern schwächen, entschloss man sich zum Handeln.

Dadurch, dass Gaius Gracchus gleich zu Beginn seiner Gesetzgebung die Einsetzung von Sondergerichten faktisch unmöglich gemacht hatte, sah sich der Senat nun gezwungen, noch weiter zu gehen und einen Notstandsbeschluss zu fassen, der in dieser Form völlig neu war und dessen Legitimität höchst umstritten blieb. Es ist schwer vorstellbar, dass die Idee zu diesem Beschluss spontan gefasst wurde und nicht von wichtigen Entscheidungsträgern im Vorfeld zumindest einkalkuliert worden war. Die schnelle Bereitstellung von kretischen Bogenschützen durch den Konsul Lucius Opimius spricht in jedem Fall für eine lang geplante Aktion. Mit dem Beschluss und seiner Durchsetzung mit militärischen Mitteln war ein Tabu gebrochen worden: Im streng befriedeten Binnenraum der Politik kam es zum ersten Mal zum Einsatz regulärer Truppen, und die Gewaltausübung wurde sogar durch einen Senatsbeschluss legitimiert. Gerade dieser Entschluss, der die Spaltung der Gesellschaft durch ein konsequentes Vorgehen zu vermeiden suchte, sollte diese endgültig zementieren und damit das politische Leben der römischen Republik grundlegend verändern.

V. Marius und Saturninus: Der verpasste Weg in die Alternative? (121–100 v. Chr)

113–101	Kämpfe gegen Kimbern und Teutonen
113	Niederlage des Konsuls Gnaeus Papirius Carbo bei Noreia
109	Niederlage des Konsuls Marcus Iunius Silanus
105	Katastrophale Niederlage von Gnaeus Mallius und Quintus Servilius Caepio bei Arausio
112–105	Krieg gegen den numidischen Fürsten Jugurtha – Bestechungsvorwürfe gegen wichtige Senatoren
107	Gaius Marius ist Konsul und erhält den Oberbefehl gegen Jugurtha
105	Beendigung des Jugurthinischen Krieges durch Marius
104–100	Jährliches Konsulat von Marius – bis 101 aufgrund der Gefahr durch die Kimbern und Teutonen
102	Sieg von Marius über die Teutonen bei Aquae Sextiae
101	Sieg von Marius über die Kimbern bei Vercellae
103–100	Agitation von Lucius Appuleius Saturninus für umfangreiche Gesetzesinitiativen – zeitweise enge Zusammenarbeit mit Marius
100	Gewaltsames Ende von Saturninus und seines politischen Verbündeten Gaius Servilius Glaucia

1. Die Situation nach den Gracchen: Trügerische Ruhe im Inneren und außenpolitische Probleme (121–108 v. Chr.)

a) Die Innenpolitik

Ende der Landverteilung

Nach dem mit Gewalt errungenen Sieg über die Anhänger von Gaius Gracchus weihte der Konsul Lucius Opimius der Göttin Concordia, der Eintracht, einen Tempel. Dies war vielleicht weniger zynisch gemeint, als es auf den ersten Blick aussieht. Es schwang neben dem Triumph nämlich die Auffassung mit, dass die inneren Probleme, die die römische Gesellschaft seit mehr als zehn Jahren erschüttert hatten, nun tatsächlich gelöst wären. Diese Überzeugung wurde zunächst durch die Beruhigung der Innenpolitik, die in den Folgejahren eintrat, gestärkt. Nach dem drastischen Vorgehen gegen Gaius Gracchus und seine Anhänger trauten sich die Protagonisten von Reformen nicht mehr, sich öffentlich zu profilieren. Zudem wurden die Aktivitäten zur Landverteilung durch gesetzliche Regelungen immer weiter eingeschränkt, bis sie schließlich nach 111 v. Chr. gänzlich zum Erliegen kamen. Die Koloniegründung in Afrika wurde aufgehoben und die von Livius Drusus versprochenen Kolonien natürlich nie realisiert. Die von der Ackerkommission zugeteilten Parzellen gingen kurz nach dem Tod von Gaius in das volle Eigentum der Nutzer über, die sie auch verkaufen durften. Damit wurde der Tendenz Vorschub geleistet, den Besitz wieder aufzugeben. Damit wurde der Kern der gracchischen Regelung torpediert. Die Besitzkonzentration in den betroffenen Gebieten in den Händen der Oberschicht konnte fortgesetzt werden. 111 v. Chr. wurden durch eine *lex agraria,* welche inschriftlich erhalten ist, die seit 133 v. Chr. eingetretenen Änderungen in den Besitzverhältnissen festgeschrieben, aber auch Kleinbauern von den Abgaben auf dem *ager publicus* generell befreit. Durch diese Regelungen wurde dem Staat faktisch der Zugriff auf den *ager publicus* entzogen und damit die Möglichkeit zur Landverteilung weitgehend aufgehoben. Andere Neugründungen in dieser Zeit, wie zum Beispiel die Anlage einer Bürgerkolonie in Narbo Martius, dem heutigen Narbonne in Südfrankreich, oder aber die Gründung von Siedlungen auf den Balearen dienten auch der Sicherung von Kommunikationswegen beziehungsweise strategischen Zwecken und können daher nur bedingt als Fortsetzung der gracchischen Landverteilung angesehen werden.

Q

Das Ende der Agrarreform nach dem Tod von Gaius Gracchus
(Appian, Die Bürgerkriege, 1,27)

„Damit fand der Aufruhr des jüngeren Gracchus sein Ende, und es währte nicht lange, dass ein Gesetz durchging, demzufolge die Grundbesitzer das strittige Land verkaufen durften; war doch auch dies nach dem Gesetz des älteren Gracchus untersagt. Und sofort begannen die Reichen, die den Armen im Rahmen der Ansiedlung zugewiesenen Landabschnitte aufzukaufen, oder zwangen die Armen unter verschiedenen Vorwänden dazu, sie zu verkaufen. Dadurch erging es den Armen noch schlimmer als zuvor, bis endlich der Volkstribun Spurius Thorius ein Gesetz einbrachte, nach dem die Aufteilung von Staatsgrund beendet werden und das Land den Inhabern gehören solle." (Übersetzung nach Otto Veh)

Die Metelli

Trotz dieser scheinbar ruhigen Lage war die Stellung der Senatsaristokratie nicht so gefestigt, wie man denken könnte. Die Option, mit dem Volk eine eigenständige Politik zu betreiben, blieb erhalten. Sie ‚schlief' sozusagen nur. Einen wichtigen Hinweis dafür, dass das politische Leben nicht mehr in den gleichen Bahnen verlief wie in den Anfangsjahren des zweiten Jahrhunderts v. Chr., gibt uns die Tatsache, dass eine Familie in dieser Zeit eine geradezu beherrschende Position aufbauen konnte. Die Metelli beziehungsweise enge Freunde von ihnen bekleideten in der Zeit von 119 bis 109 v. Chr. fast ununterbrochen eine der beiden Konsulatsstellen. Damit wurde diese Familie so mächtig wie kaum eine andere Familie vor ihr in der Republik. Diese dominierende Stellung der Metelli dürfte auch dem Versuch zuzuschreiben sein, durch einen Rückgriff auf bewährte Kräfte die Stabilität in der Politik zu garantieren.

Allerdings bewirkten diese Stabilisierungsversuche auch eine Verengung der Karrierekanäle für andere ambitionierte Politiker, die sich des öfteren mit einer Niederlage bei den Wahlen abfinden mussten. Die Reaktionen konnten unterschiedlich sein: entweder höherer Anpassungsdruck oder aber die Bereitschaft, die etablierten Karrierewege erneut zu verlassen, wie die Gracchen es getan hatten. So kam es 112 v. Chr. zu mehreren Initiativen jüngerer

Politiker, die wieder die Position des Volkes stärker betonten und die Vorherrschaft der einflussreichen Senatoren in Frage stellten.

Römische Misserfolge

Die Tatsache, dass sie damit auf breitere Resonanz in der Öffentlichkeit hoffen konnten, lag auch darin begründet, dass in dieser Zeit große äußere Erfolge ausblieben und damit die Herrschaft der Nobilität nicht in größerem Stil durch die Zelebrierung von Siegen legitimiert werden konnte. Nach den grandiosen Erfolgen der Römer in der Mittelmeerwelt fehlte es an bedeutenden Gegnern, deren Überwindung wirklich beeindruckend war. Und in den verbleibenden Konflikten mit eher nachrangigen Feinden machten die römischen Feldherren auch noch keine sonderlich gute Figur, wie zum Beispiel Gaius Porcius Cato, der 114 v. Chr. gegen das Volk der Scordiscer auf dem Balkan eine schwere Niederlage hinnehmen musste. Nachdem sich der Senat mit der Verhängung des Notstandes 121 v. Chr. so direkt als innenpolitisches Machtzentrum der Interessen der Oberschicht profiliert hatte, war der Legitimationsdruck für seine herausragende Stellung enorm gestiegen. Die blamablen außenpolitischen Rückschläge mussten daher besonders unangenehm für die Senatoren sein.

b) Der Jugurthinische Krieg

Erst vor dem historischen Hintergrund dieser unterschwelligen Unruhe wird erklärlich, warum ein Kolonialkrieg eher unbedeutenden Zuschnitts in Rom hohe Wellen schlagen konnte. Wirkliche oder nur vermutete Korruption von Angehörigen der Oberschicht und militärisches Versagen verliehen einem Konflikt um die Herrschaftsordnung in dem nordafrikanischen Königtum Numidien, das eng mit Rom verbunden war, eine Brisanz, die ihm unter normalen Umständen nicht zugekommen wäre. Im Zentrum stand dabei der Aufstieg und Fall des numidischen Prinzen Jugurtha, der virtuos wie kaum ein anderer mit Gesten und Geschenken in die filigranen Strukturen der römischen Innenpolitik einwirkte und sie lange Zeit zu seinen Gunsten beeinflusste. Letzten Endes sollte ihm aber gerade diese besondere Fähigkeit zum Verhängnis werden, da seine Angelegenheit zu prominent in der römischen Öffentlichkeit geworden war, um stillschweigend wieder aus dem Rampenlicht zu verschwinden.

E

Rom und Numidien
Die Verbindungen Roms zu dem numidischen Königreich reichten bis in die Zeit des Zweiten Punischen Krieges zurück. Damals waren die numidischen Stämme, die im Hinterland der Großmacht Karthago lebten, von den Kriegsparteien in den Konflikt mithineingezogen worden. In der richtigen Einschätzung der Kräfteverhältnisse hatte sich der Großvater von Jugurtha, Massinissa, auf die Seite Roms gestellt. Nach dem endgültigen Sieg der Römer über Karthago 201 v. Chr. konnte sich Massinissa nicht nur die lang umstrittene Vorherrschaft in Numidien sichern, sondern war auch durch die harten Friedensbedingungen für Karthago in der Lage, seinen Herrschaftsbereich auf dessen Kosten auszudehnen. Als Massinissa 148 v. Chr. starb, war er zum mächtigsten Herrscher in Nordafrika aufgestiegen. Nur zwei Jahre später zerstörten die Römer unter dem Kommando von Scipio Aemilianus Karthago endgültig und errichteten auf seinem ehemaligen Gebiet die Provinz Africa. Die Numider waren nun die direkten Nachbarn der Römer.

Traditionell waren die Beziehungen Roms zu den numidischen Königen sehr gut. Die Bindungen gingen sogar so weit, dass der numidische König Micipsa, der bis 118 v. Chr. regierte, auf Vorschlag von Scipio Aemilianus seinen Neffen Jugurtha, der eigentlich aus einer Seitenlinie stammte, adoptierte und als vollberechtigten Erben einsetzte, obwohl er eigene Söhne besaß. Scipio hatte Jugurtha in Spanien als Offizier der numidischen Reiterei kennen- und schätzengelernt. Offenbar wollte er diesen vielversprechenden jungen Mann fördern, nicht zuletzt um auch seinen persönlichen Einfluss in Nordafrika abzusichern.

Streit unter den Erben Micipsa

Als Micipsa 118 v. Chr. starb, brach aber unter seinen Erben Streit aus, da insbesondere Jugurtha sich nicht mit dem ihm zugewiesenen Erbteil zufriedengeben wollte, sondern versuchte, die gesamte Macht an sich zu reißen. Die daraus entstehenden Machtkämpfe wurden bald offen ausgetragen und zwangen Rom zum Eingreifen, um das befreundete Königreich zu stabilisieren. Formal waren die Miterben von Jugurtha klar im Recht, aber Jugurtha war unter ihnen nicht nur die dominante Persönlichkeit, sondern er hatte auch keine Bedenken, alle ihm zur Verfügung stehenden Mittel anzuwenden, um sich im Machtkampf durchzusetzen. Seit seinem Militärdienst in der römischen Armee in Spanien verfügte er zudem über sehr gute Beziehungen zu römischen Aristokraten. Diese nutzte er ebenso gezielt wie den massiven Einsatz von Bestechungsgeldern, um in Rom für ihn günstige Entscheidungen zu erreichen.

Römische Gesandtschaften

Die Römer nahmen den Konflikt im fernen Afrika anfänglich nicht ernst. Sie schickten mehrere Gesandtschaften, zunächst eher unbedeutende Nachwuchspolitiker, dann aber auch hochrangige Senatoren, um die Angelegenheit zu regeln. Erst als Jugurtha sich 112 v. Chr. erdreistete, bei der Einnahme der afrikanischen Stadt Cirta nicht nur seinen Bruder Adherbal zu töten, sondern vor allem auch das Leben von Römern und italischen Bundesgenossen nicht zu schonen, die dort Handel trieben, wurde der Beschluss zu einem massiveren Eingreifen gefasst. Initiator dieses Beschlusses war der designierte Volkstribun Gaius Memmius. Memmius hatte in einer intensiven Weise öffentlich propagiert, dass die Oberschicht aufgrund von Bestechung ihre Pflicht im außenpolitischen Bereich nicht erfülle. Unter diesem Druck erklärte der Senat sich bereit, einem der Konsuln des nächsten Jahres Numidien als Aufgabenbereich zuzuweisen. So marschierte 111 v. Chr. der Konsul Lucius Calpurnius Bestia mit einem Heer in Numidien ein. Angesichts der römischen Militärpräsenz kapitulierte Jugurtha sofort und überantwortete sich der Gnade der Römer. Nach dieser rituellen Unterwerfung (*deditio*) war Calpurnius Bestia bereit, einen milden Frieden zu gewähren und die herrschaftliche Stellung von Jugurtha faktisch nicht zu schmälern.

Verdacht auf Bestechungen

Die großzügigen Friedensbedingungen für Jugurtha erregten in Rom den Verdacht, dass die römischen Verhandlungsführer in Afrika bestochen worden seien. Memmius setzte durch, dass Jugurtha unter Zusicherung freien Geleits zur Befragung über die Angelegenheit nach Rom geholt wurde. Das freie Geleit war ein ungewöhnliches Zugeständnis an einen *dediticius*, an einen Herrscher, der seine Stellung nur noch der Gnade des römischen Volkes verdankte. Eigentlich hätte er in jedem Fall einer römischen Anordnung

Folge zu leisten gehabt. Diese Rahmenbedingungen zeigen eindeutig, dass der Vorstoß von Memmius vor allem eine innenpolitische Zielrichtung hatte. Es ging um die öffentliche Bloßstellung führender Aristokraten, wie Calpurnius Bestia oder des mächtigen Aemilius Scaurus, der in Afrika mitverhandelt hatte. Auffällig ist auch, dass Jugurtha nicht, wie es Sitte war, vor dem Senat durch die Konsuln befragt wurde, sondern von Memmius vor der Volksversammlung vernommen werden sollte. Die außenpolitische Richtlinienkompetenz des Senats sollte demonstrativ in Frage gestellt werden. Die Aussage von Jugurtha kam jedoch nicht zustande, da ein anderer Volkstribun, Gaius Baebius, zum Unwillen des anwesenden Volkes sein Veto einlegte. Dies wenig elegante Vorgehen der Oberschicht nährte erst recht den Verdacht, die betreffenden Aristokraten hätten etwas zu verbergen. So wurde die Außenpolitik endgültig zu einem Bestandteil der innenpolitischen Auseinandersetzungen.

Jugurtha seinerseits überspannte den Bogen jedoch, als er noch während seines Aufenthaltes einen weiteren Prätendenten auf den numidischen Thron, Gulussa, in Rom durch einen Mittelsmann ermorden ließ. Diese Tat und seine anschließende Flucht aus Italien brachten das Fass zum Überlaufen. Es erging ein erneuter Kriegsbeschluss gegen Jugurtha. Doch dem Konsul des Jahres 110 v. Chr., Spurius Postumius Albinus, gelangen keine großen Erfolge. Zudem musste er früh nach Rom zurückkehren, um die Wahlen für das nächste Jahr zu leiten. Vorher übertrug er den Oberbefehl an seinen Bruder Aulus, der als hoher Offizier in seinem Heer diente. Aulus sah offenbar die große Chance, sich militärisch zu profilieren, und ging in die Offensive. Dabei agierte er aber so unglücklich, dass er sich und sein Heer in eine ausweglose Lage manövrierte. Wie 137 v. Chr. Mancinus in Spanien stand auch er nur vor der Alternative, entweder das ganze Heer untergehen zu lassen oder aber zu kapitulieren. In den Verhandlungen gewährte ihm Jugurtha den freien Abzug unter der Bedingung, dass ein *foedus*, also ein Vertrag auf gleichberechtigter Basis, abgeschlossen wurde. Damit wurde Jugurtha von einem Unterworfenen, *dediticius*, zu einem gleichberechtigten Vertragspartner aufgewertet. Für ihn war das ein großer diplomatischer Erfolg, für die Römer jedoch eine große Schmach.

In Rom wogten die Emotionen hoch. Das Versagen der Oberschicht im militärischen Bereich war evident. Das Resultat war so inakzeptabel, dass selbst der Bruder von Aulus, der Konsul Spurius Postumius, die Annahme des Vertrages nicht unterstützte. Der Senat erklärt ihn für ungültig. Aulus hatte nur das Glück, dass Jugurtha als Aufständischer angesehen wurde, der kein Recht auf einen Sühneakt für die Nichteinhaltung des Abkommens hatte. So wurde Aulus nicht wie seinerzeit Mancinus an den Gegner ausgeliefert.

Verbannung von führenden Politikern

Die beschämenden Vorgänge von 110 v. Chr. blieben jedoch nicht folgenlos. 109 v. Chr. wurde vom Volkstribun Gaius Mamilius Limetanus ein Gesetz zur Einrichtung eines Sondergerichts zur Untersuchung der Bestechungsfälle durch Jugurtha eingebracht, das vom Volk vehement unterstützt wurde. Im Rahmen dieser Untersuchung wurden hochrangige Senatoren, darunter ehemalige Konsuln, verbannt: Lucius Opimius, der große Gegner von Gaius Gracchus, Spurius Postumius Albinus, Lucius Calpurnius Bestia,

Gaius Sulpicius Galba und Gaius Porcius Cato. Die Tatsache, dass führende Aristokraten nur aufgrund eines eher vagen Verdachts auf Bestechung verurteilt werden konnten und ins Exil gehen mussten, brachte eine neue Qualität in die innenpolitische Auseinandersetzung. Die Macht des Volkes wurde wieder deutlich.

Q

Untersuchungen wegen Bestechung durch Jugurtha
(Sallust, Der Krieg gegen Jugurtha, 40,1–3)

„Inzwischen kündigt in Rom Gaius Mamilius Limetanus, der Volkstribun, öffentlich durch einen Antrag an das Volk an, dass eine Untersuchung gegen die geführt werden solle, auf deren Rat Jugurtha die Beschlüsse des Senats geringgeschätzt habe und die von ihm auf Gesandtschaften oder in Befehlsstellen Gelder angenommen, die Elefanten und Überläufer ausgeliefert, ebenso gegen die, die mit den Feinden über Krieg und Frieden Abmachungen getroffen hätten. Diesen Antrag legten ein Teil, der ein schlechtes Gewissen hatte, andere, die aufgrund des Hasses zwischen den politischen Gruppierungen Prozesse fürchteten, heimlich durch Freunde und besonders durch Leute latinischen und Bundesgenossen Hindernisse in den Weg, da sie ja offen nicht Widerstand leisten konnten, ohne damit zu gestehen, dass jenes und anderes Derartiges ihren Beifall hatte. Unglaublich ist aber zu berichten, wie zielstrebig die Plebs war und mit welcher Kraft sie den Antrag guthieß, mehr aus Hass auf die Nobilität, gegen die jene Strafen gerichtet waren, als aus Sorge um das Gemeinwesen: solche Leidenschaft beherrschte die politischen Gruppierungen." (Übersetzung nach Karl Büchner)

Metellus Numidicus

Den Senatoren war klar, dass der Konflikt in Afrika so schnell wie möglich beendet werden musste, damit die innenpolitische Situation entschärft werden konnte. Mit dem Konsul Quintus Caecilius Metellus wurde 109 v. Chr. nicht nur einer der einflussreichsten Männer seiner Zeit nach Afrika entsandt, sondern auch ein äußerst solider Feldherr, von dem man eine Lösung der militärischen Probleme erwarten konnte. Metellus reorganisierte die Truppen und stärkte die Disziplin. Er entwarf eine langfristige Strategie und suchte sie taktisch und logistisch abzusichern. Kurz, seine Kriegsführung war von der Überzeugung geprägt, dass man nicht mit hektischem Aktionismus, sondern nur durch eine solide Absicherung der militärischen Grundlagen zum Erfolg käme.

Diese besonnene Vorgehensweise, die zugunsten des eigentlichen Zieles auf kurzfristige Teilerfolge verzichtete, verstärkte in Rom jedoch den Unmut über die Länge des Krieges. Die Bevölkerung erwartete schnelle, durchschlagende Erfolge. Diese Situation nutzte ein wichtiger Offizier von Metellus, der als Legat im Heer in Afrika diente, um sich in der breiteren Öffentlichkeit zu profilieren. Der eingetretene Imageschaden für die Aristokratie und die überzogene Erwartungshaltung hinsichtlich großer Erfolge in Afrika boten die Grundlage für den ungewöhnlichen Aufstieg des Gaius Marius, der im letzten Jahrzehnt des zweiten Jahrhunderts v. Chr. eine bis dahin einzigartige Karriere machte.

E

Gaius Marius
Marius wurde 158 (157?) v. Chr. geboren. Er stammte aus einer Ritterfamilie, die zu der lokalen Führungsschicht in der Stadt Arpinum gehörte (ca. 100 km südöstlich von Rom). In Rom hatte es allerdings keiner seiner Vorfahren bis dahin zum Konsul oder nur zum Senator gebracht. So wurde Marius von der Nobilität als Neuling, als *homo novus*, betrachtet. 134–133 v. Chr. leistete er Militärdienst im Heer von Scipio Aemilianus vor Numantia, wie Jugurtha und Gaius Gracchus auch; 119 v. Chr. war er Volkstribun. In dieser Funktion brachte er einerseits ein Gesetz ein, das die Kontrolle der Stimmabgabe in den Volksversammlungen durch die Oberschicht erschwerte, andererseits behinderte er ein Gesetz zur Getreideversorgung durch sein Veto. Dies dürfte auch eine Ursache dafür gewesen sein, dass er zweimal bei der Bewerbung um die curulische Ädilität durchfiel. 115 v. Chr. erreichte er aber dennoch die Praetur und war 114–113 Statthalter in Spanien (*Hispania ulterior*).

Konflikt zwischen Marius und Metellus

Bis Marius von Metellus 108 v. Chr. als Legat mit nach Afrika genommen wurde, war seine Karriere leidlich erfolgreich, aber nicht spektakulär gewesen. Schon während des Feldzuges bereitete er jedoch durch zielstrebige Aktivitäten seine Kandidatur für den Konsulat vor. Er fand im Umgang mit den einfachen Soldaten die richtige Mischung aus kameradschaftlichen Verhaltensformen und Respekt gebietendem Auftreten, so dass viele von ihnen für eine günstige Stimmung für seine Kandidatur sorgten, sei es persönlich nach der Entlassung oder sei es in Form von Briefen. Aber auch die Ritter, die geschäftlich in Numidien zu tun hatten, wusste er sich gewogen zu machen und konnte damit wesentliche Vorteile in den so wichtigen Stimmabteilungen der Vermögenden gewinnen. Diese ungewöhnliche Art des Wahlkampfes zeigt, dass Marius geschickt die kritische Stimmung im Volk gegenüber der etablierten Oberschicht für sich zu nutzen wusste. Offensichtlich wurde im Wahlkampf immer wieder betont, dass Marius wesentlich besser als Metellus für die Kriegsführung in Afrika geeignet sei. Diese Form des gezielten Wahlkampfes gegen den eigenen Vorgesetzten erzeugte natürliche keine gute Stimmung im Heerlager. So verweigerte Metellus zunächst auch Marius die Erlaubnis, früher nach Rom zurückzukehren, um sich um den Konsulat für 107 v. Chr. zu bewerben.

Marius wird Konsul

Schließlich kam Marius dennoch rechtzeitig nach Rom und wurde tatsächlich zum Konsul gewählt. Obwohl der Senat beschlossen hatte, das Kommando von Metellus zu verlängern, entschied das Volk auf Antrag des Tribuns Titus Manlius Mancinus, Marius den Oberbefehl zu übertragen. Dies war eine bis dahin beispiellose Desavouierung durch das Volk, das den Senat in einem wesentlichen Bereich seiner Kernkompetenz überging. Auch in der Außenpolitik wurde nun der Primat des Volkes deutlich. Angesichts der gezielten Agitation im Wahlkampf muss man davon ausgehen, dass Marius diese Entwicklung von vornherein geplant hatte. Mit großem taktischem Geschick hatte er es vermocht, sich ohne Unterstützung großer Teile der Oberschicht das höchste Amt zu sichern und sich einen wichtigen Kriegsschauplatz als Tätigkeitsfeld zuweisen zu lassen.

Ende des Krieges gegen Jugurtha

Der Krieg in Afrika wurde jedoch auch von Marius nicht so schnell beendet. Er zog sich noch bis 105 v. Chr. hin. Marius war zwar letztendlich erfolgreich, aber es war nicht die brillante Leistung, die viele von ihm in Abgrenzung zu Metellus erwartet haben mochten. Umso schmerzlicher war es für ihn, dass am Ende des Krieges nicht er, sondern sein Quaestor, Lucius Cornelius Sulla, die diplomatische Glanzleistung vollbrachte, die Auslieferung des geschlagenen Jugurtha von dessen Schwiegervater Bocchus zu erreichen. Als Fazit lässt sich feststellen, dass Marius in Afrika eine solide, aber keine besonders herausragende Leistung vollbracht hatte. Allein aus dem Erfolg in Afrika lässt sich also die ganz ungewöhnliche Karriere von Gaius Marius, die sich in den folgenden Jahren anschloss, nicht erklären. Um diesen Aufstieg verstehen zu können, muss man sich die Ereignisse im Norden des römischen Herrschaftsbereichs vor Augen führen, die sich seit 113 v. Chr. parallel zum Krieg in Afrika vollzogen und die dem *homo novus* eine ungeahnte Karrierechance boten, die er beherzt ergriff.

c) Der Zug der Kimbern und Teutonen

Zur gleichen Zeit, als die Römer in Afrika mit dem eher unangenehmen als gefährlichen Krieg gegen Jugurtha beschäftigt waren, wurden sie im Norden durch den Zug der Kimbern, Teutonen und Ambronen zum ersten Mal mit einer Wanderungsbewegung germanischer Stämme konfrontiert, die schließlich zu einer erheblichen Bedrohung für den römischen Machtbereich werden sollte. Die Hintergründe und Motive, die die germanischen Stämme zum Verlassen ihrer angestammten Siedlungsgebiete bewogen hatten, können heute nicht mehr mit Sicherheit rekonstruiert werden, da die Germanen keine schriftlichen Zeugnisse hinterlassen haben. Was wir besitzen, sind die Angaben römischer und griechischer Autoren, deren Wahrheitsgehalt wir nur schwer einschätzen können. So bleiben viele Aspekte dieser Wanderung umstritten.

Herkunft der Kimbern und Teutonen

Höchstwahrscheinlich lag die Heimat der Kimbern im Bereich des heutigen Jütland in Dänemark und im nördlichen Schleswig-Holstein. Wann sie von dort aufgebrochen waren, lässt sich nicht genau sagen. Als Grund wird in antiken Quellen eine Flutkatastrophe genannt, dies kann aber auch nur eine Vermutung aus späterer Zeit sein. Zudem muss nicht mit der geschlossenen Abwanderung der gesamten Bevölkerung gerechnet werden, sondern eher von Bevölkerungsteilen. Die wandernden Stämme stellten keine festen ethnischen Gruppen dar, die sich zum Beispiel bewusst als ‚Germanen' empfunden und sich auf dieser Basis von anderen Völkern abgegrenzt hätten. Im Gegenteil, es waren heterogen zusammengesetzte Gruppierungen, die während der Wanderschaft eine Zweckgemeinschaft bildeten, bei der nicht nach der ethnischen Herkunft der Mitglieder gefragt wurde. Problemlos wurden während des Zuges kleinere und größere Gruppen ganz unterschiedlicher Herkunft aufgenommen, wenn diese bereit waren, sich in die Gemeinschaft zu integrieren. Bei den Heerscharen, mit denen es die Römer zu tun bekamen, bildeten die Kimbern, Teutonen und Ambronen also nur den Kern.

Zunächst stieß der Zug um 120 v. Chr. nach Süden in das Gebiet der Boier vor, die in Böhmen siedelten, um sich dann weiter in die Region des heutigen Slowenien und nördlichen Kroatien zu wenden. Wahrscheinlich aufgrund des vehementen Widerstandes der dort ansässigen Scordiscer, die auch den Römern erhebliche Probleme bereitet hatten, wechselten sie ihre Marschrichtung und gingen nun nach Nordwesten, wo sie in Kärnten auf die mit den Römern verbündeten Taurisker trafen, die zu ihrem Schutz die Großmacht um Hilfe baten.

Schlacht bei Noreia

Ein Heer unter dem Konsul Gnaeus Papirius Carbo, der versucht hatte, die wandernden Stämme in eine Falle zu locken, wurde 113 v. Chr. bei Noreia vollkommen aufgerieben. Zum Glück für die Römer wandten sich die Kimbern und Teutonen nicht nach Süden, sondern nach Westen. Italien blieb von einem Einfall verschont. In Süddeutschland schlossen sich keltische Stämme, die Tiguriner und Tougener, an, die zu dem größeren Stammesverband der Helvetier gehörten. 110 v. Chr. überschritten die Stammesverbände den Oberrhein und stießen nach Süden vor und bedrohten dort die neue römische Provinz Gallia Narbonensis, zu deren Schutz die Römer 109 v. Chr. ein Heer unter dem Konsul Marcus Iunius Silanus aufboten. Dieser lehnte die Bitte der Germanen um Anweisung von Siedlungsgebieten ab und wagte stattdessen im Rhônetal die Schlacht. Auch er wurde vernichtend geschlagen, aber auch diesmal zogen die wandernden Stämme nicht nach Italien, sondern wandten sich nach Zentralgallien, wo sie marodierend plünderten. 107 v. Chr. gelang es den keltischen Tigurinern, die sich vom Hauptverband getrennt hatten, in der Region von Toulouse den Konsul Lucius Cassius Longinus zu töten und dessen Heer in eine so ausweglose Lage zu manövrieren, dass es unter schmachvollen Bedingungen kapitulieren musste. Nach Mancinus 137 v. Chr. in Spanien und Aulus Postumius 110 v. Chr. in Afrika war dies nun schon die dritte schandvolle Kapitulation eines römischen Heeres innerhalb weniger Jahrzehnte.

Schlacht bei Arausio

Angesichts dieser blamablen Niederlagen stellten die Römer 105 v. Chr. starke Truppenverbände auf. Zusätzlich zu den Truppen, die in der Provinz Gallia Narbonensis unter dem Proconsul Quintus Servilius Caepio stationiert waren, wurde ein Heer unter dem Konsul Gnaeus Mallius entsandt. Bei Arausio (dem heutigen Orange) trafen die römischen Truppen auf die wandernden Stämme. Interne Rivalitäten in der römischen Führung verhinderten jedoch, dass die römische Heeresmacht effizient organisiert wurde. Der aus dem alten patrizischen Geschlecht der Servilii stammende Caepio weigerte sich, seine Truppen mit dem Heer des Konsuls Mallius zu vereinen. Er wäre automatisch dem Kommando des amtierenden Konsuls unterstellt gewesen, der zu allem Überfluss noch ein Parvenü, ein *homo novus*, war. Doch nur wer unter seinem eigenen Kommando militärische Aktionen durchführte, konnte sich später die Erfolge zuschreiben lassen und wurde von seinen Mitbürgern im Triumph gefeiert. Nachgeordnete Offiziere, so hochrangig sie auch sein mochten, profitierten nur wenig vom Sieg. Jetzt gab es die einzigartige Gelegenheit, durch den unvermutet aufgetretenen Gegner einen glänzenden Erfolg zu erringen, der sich von den übrigen Grenzkriegen deutlich abhob. Diese Chance wollte sich Caepio nicht entgehen lassen. Durch ein ähnliches Verhalten hatten schon seine Vorgänger Papirius Carbo und Iunius Silanus die Gefahr erhöht. Gerade die dadurch verstärkte Angst der Römer vor einem Germaneneinfall nach Italien ließ die Möglichkeit, nicht nur militärischen Ruhm zu erwerben, sondern sogar zum Retter des Vaterlandes zu werden, um so verlockender erscheinen. Seit dem Zweiten Punischen Krieg hatte es eine solche Gelegenheit nicht mehr gegeben, und die wollte der patrizische Servilius Caepio nicht leichtfertig dem Aufsteiger Mallius überlassen. So blieben die Heere getrennt.

Das Resultat dieser eigensüchtigen Strategie war eine der größten Niederlagen der römischen Geschichte. Angeblich sollen 80 000 Soldaten gefallen sein. In Rom brachen Panik und Entsetzen aus, da die Stadt nun vollkommen ungeschützt, ohne militärische Abwehrkraft, den Germanen ausgeliefert schien. Zum Glück für die Römer wandten sich die Germanen abermals nicht nach Italien, sondern nach Westen und Norden. Ob dies nur aus Unwissenheit und Orientierungslosigkeit geschah, die die Stämme daran hinderte, ihr ‚eigentliches Ziel', den reichen und klimatisch begünstigten Süden, zielstrebig anzusteuern, darf bezweifelt werden. Vielleicht war der Aufenthalt in einem weniger urbanisierten Gebiet, dessen Bewohner eine geringere politische Geschlossenheit besaßen, für die Beutezüge attraktiver.

2. Vom Parvenu zum Held: Der Aufstieg des Gaius Marius

Angesichts der katastrophalen Niederlage stellte sich die Frage, wer in der Lage war, das Gemeinwesen vor der drohenden Wiederkehr dieser Stämme zu schützen. Dies war die Stunde von Gaius Marius. Gerade hatte er den Krieg in Afrika beendet und im Triumphzug den aufständischen Jugurtha durch Rom geführt. Unter dem Eindruck dieses Erfolges wurde er für das Jahr 104 v. Chr. erneut zum Konsul gewählt. Das hohe Ansehen, das er bei den Soldaten genoss, dürfte die positive Stimmung für ihn wesentlich gefördert haben. Unverhofft war er damit zum Hoffnungsträger des Staates geworden, und er sollte sich dieser militärischen Verantwortung gewachsen zeigen.

Militärreformen

Nachdem die Kimbern und die mit ihnen wandernden Stämme in die Tiefen Galliens gezogen waren, besaß Marius Zeit genug, die Verteidigung Italiens in Ruhe zu planen. Er beschränkte sich dabei aber nicht nur auf die Aushebung und die Ausbildung neuer Truppenkontingente, sondern führte grundlegende Reformen im römischen Militär durch, die einen langen Bestand haben sollten. So reduzierte er die großen militärischen Einheiten, die Legionen, auf organisatorische und administrative Funktionen, während für den eigentlichen Kriegseinsatz die neuen kleineren Einheiten, die Kohorten, entscheidend wurden. Jede Legion wurde in 10 Kohorten untergliedert, die jeweils 600 Mann Sollstärke umfassten. Auf diese Weise wurde die römische Armee im Kampf wesentlich flexibler. Damit das Zusammengehörigkeitsgefühl innerhalb der Legionen nicht völlig erstarb, wurde es durch eine gesteigerte Symbolik gestärkt. Jede Legion erhielt einen Adler als Wahrzeichen.

Darüber hinaus wurden die Soldaten einem noch härteren Drill unterworfen. Schon Publius Rutilius Rufus, der Konsul von 105 v. Chr., hatte durch die Anwendung des Trainings der Gladiatoren auf die Ausbildung der Soldaten neue Wege beschritten. Diesen Weg setzte Marius fort. Den Soldaten wurde auch zugemutet, einen Teil der Ausrüstung und sogar des Schanzmaterials selbst zu tragen, um die Kampfeinheiten unabhängiger vom schwerfälligen Tross zu machen. Im Volksmund erhielten seine Soldaten daher den Spitznamen ‚marianische Esel'.

Diese gestiegenen Anforderungen waren aber auch ein Zeichen dafür, dass Marius die schon begonnene Umwandlung einer reinen Bürgerarmee zu einem Heer mit professionellen Zügen forcierte. Nachdem die Vermögensanforderungen für den Militärdienst seit dem Zweiten Punischen Krieg deutlich gefallen waren, hatte Marius 107 v. Chr. zum ersten Mal, für seinen Feldzug gegen Jugurtha, auf Bürger zurückgegriffen, die über gar keinen Besitz verfügten und beim Census ohne Vermögensangabe unter ‚ihrem Kopf' eingetragen wurden (*capite censi*). Im Gegensatz zur älteren Forschung wird heute darin zwar nicht mehr die Aufgabe des Milizprinzips zugunsten einer Berufsarmee gesehen, doch hatte dieses Vorgehen wichtige Folgen. Die besitzlosen Soldaten, die das Milizheer ergänzten, hatten ein besonderes Interesse an den materiellen Anreizen des Kriegsdienstes, sei es direkt als Beute oder aber durch Landverteilungen am Ende des Kriegsdienstes, wie sie schon den Veteranen von Scipio Africanus zugute gekommen war. Nur durch diese Zusatzleistungen konnten sie davor bewahrt werden, nach dem Militärdienst in eine ökonomisch hoffnungslose Lage zurückkehren zu müssen. Der große Zulauf von Freiwilligen, den die Maßnahmen von Marius hervorriefen, zeigt, dass der Dienst in der Armee für viele arme Bürger aus den ländlichen Regionen unter diesen Gesichtspunkt sehr attraktiv war. Auch wenn also weiterhin die besitzenden Bürger den Kern der Armee bildeten, erhielten die Bindungen zwischen den Soldaten und dem Feldherrn, von dem die Gewährleistung der materiellen Versorgung erwartet wurde, allmählich eine neue Qualität, die über die Zusammenarbeit in der jeweiligen Feldzugssaison hinausragte und immer stabiler wurde.

Auf lange Sicht leiteten die Reformen von Marius damit eine Entwicklung ein, in deren Verlauf das Militärische, das in der Republik immer untrennbar mit dem gesellschaftlichen Leben verwoben war, allmählich eine eigene Qualität bekam, die dem gesellschaftlichen und politischen Leben gegenübertrat. Diese Verselbstständigung der militärischen Macht sollte das politische Kräftespiel in der späten Republik grundlegend verändern. Langfristig wurde es denkbar und schließlich sogar machbar, nicht nur politisch, sondern militärisch gegen die herrschende politische Richtung in der Nobilität vorzugehen. Sollte es der Gesellschaft nicht gelingen, durch politische Reformen einen neuen gesellschaftlichen Konsens zu etablieren, der alle Interessengruppen umfasste, trug diese Entwicklung den Keim für gewalttätige Auseinandersetzungen zwischen Bürgern in einer bis dahin nicht gekannten Dimension in sich. Dass Marius diese langfristigen Folgen bewusst waren, ist allerdings äußerst zweifelhaft.

Nachdem sein zweiter Konsulat militärisch ruhig verlaufen war, wurde Marius für 103 erneut zum Konsul gewählt, ebenso für 102. Im Herbst 103 waren die Germanen von Beutezügen aus Spanien nach Gallien zurückgekehrt. Diesmal entschlossen sie sich, tatsächlich nach Italien einzufallen. Vielleicht waren die Möglichkeiten, im gallischen und spanischen Hinterland schnell reiche Beute zu machen, allmählich erschöpft, und so scheuten die wandernden Stämme nicht mehr davor zurück, sich dem deutlich stärkeren Widerstand, der von der römischen Militärmacht in Italien zu erwarten war, auszusetzen.

Siege bei Aquae Sextiae und Vercellae

Für die Invasion nach Italien teilten sich die Stämme auf. Während die Kimbern über die Alpen nach Italien eindringen sollten, zogen die Teutonen und Ambronen durch das Rhônetal nach Süden, um auf den Küstenstraßen nach Italien vorzustoßen. In Südfrankreich bei Aquae Sextiae (Aix-en-Provence) gelang es Marius 102 v. Chr., nach umfangreichen Vorarbeiten in der Region und aufgrund einer überlegenen Taktik, die Teutonen und Ambronen vollständig zu vernichten. Inzwischen war es jedoch den Kimbern gelungen, in die Poebene einzudringen und die beiden dort unter dem Befehl des Konsuls Quintus Lutatius Catulus stationierten Legionen hart zu bedrängen. Es bedurfte großer Anstrengungen, bis Marius sich mit diesen Truppenteilen vereinen konnte. Bei Vercellae in der Poebene fanden die Kimbern 101 v. Chr. im Kampf gegen die vereinten römischen Armeen schließlich ihren Untergang. Durch diese beiden Siege waren die Römer von einer Bedrohung befreit, die man aus ihrer Sicht nur als traumatisch bezeichnen kann.

Trotz dieses überwältigenden Erfolges kam es schnell zum Dissens unter den Befehlshabern. Marius und Catulus stritten darüber, wer den größeren Anteil am Sieg gehabt habe. Marius gab im Streit großzügig nach und willigte ein, den Triumph über die Kimbern mit Catulus zu teilen. Angesichts der Tatsache, dass man ihm gleich zwei Triumphzüge, einen über die Teutonen und einen weiteren über die Kimbern, gewährt hatte und damit die Ehrungen für seine militärische Leistungen eine bis dahin nicht gekannte Dimension erreicht hatten, dürfte ihm diese versöhnliche Geste wohl auch nicht allzu schwer gefallen sein.

Marius' Stellung in der Innenpolitik

Marius stand auf dem Höhepunkt seines gesellschaftlichen Prestiges. Die Befreiung der römischen Gesellschaft von der Geisel der ‚Germanengefahr' verlieh ihm gerade in den breiten Bevölkerungsschichten ein enormes Ansehen. Nach dem Ende der Feldzüge und dem Auslaufen seines Konsulats wäre eigentlich für ihn nach der römischen Tradition der Zeitpunkt gekommen, zunächst keine weiteren Ämter zu bekleiden. Dieses Ausscheiden aus den öffentlichen Funktionen bedeutete in Rom keineswegs eine Minderung des politischen Einflusses. Ganz im Gegenteil, die wichtigsten Entscheidungsträger waren in Rom die ehemaligen Oberbeamten, die im Rahmen ihrer Amtsführung die Basis für eine besondere Autorität erworben hatten. Die gewesenen Konsuln, die man als ‚Konsulare' bezeichnet, waren es, die die Entscheidungsfindung im Senat als *elder statesmen* dominierten, da sie zuerst ihre Meinung äußern konnten. Ein Wechsel vom Status des Magistraten hin zum Status eines Privatmannes, eines *privatus,* war also keineswegs ein Abstieg in die politische Bedeutungslosigkeit. Die Meinung der angesehensten Konsulare war richtungsweisend und nicht zu vergleichen mit den unverbindlichen Empfehlungen, die zum Beispiel heute ein Altbundeskanzler in einem Zeitungsinterview geben kann.

Diese Realisierung gesellschaftlicher Autorität jenseits der Ausübung politischer Ämter war aber an die Integration in die römische Oberschicht geknüpft. Es war die Leistungsethik und die Solidarität innerhalb der Nobilität, die dem Votum ihrer angesehensten Mitglieder auch ohne formale Amtsgewalt die politische Durchsetzungskraft verliehen. Genau hier lag der

Schwachpunkt von Marius. Zwar hatte er so viele Konsulate bekleidet wie kein Römer mehr seit dem vierten Jahrhundert v. Chr., und auch seine militärischen Leistungen ließen ihn zu einer lebenden Legende für die Bevölkerung werden. Doch für die Angehörigen der Oberschicht blieb er der Parvenü, der durch die außenpolitischen Umstände auf eine unverdiente Höhe gespült worden war. Man hatte ihm seine aggressiven Methoden bei der Bewerbung um den ersten Konsulat im Wahlkampf 108 v. Chr. nicht vergessen und seine Wiederwahl in den folgenden Jahren teils nur widerwillig geduldet, teils heftig bekämpft, so dass er zum Beispiel 103 v. Chr. nur mit größter Mühe erneut zum Konsul gewählt worden war. Nach dem Ende der militärischen Bedrohung gedachte ihm die Oberschicht keineswegs einen Ehrenplatz unter den führenden Männern der Republik einzuräumen. Damit war der entscheidende Anreiz, sich von der aktiven Amtsführung zurückzuziehen, für Marius nicht gegeben. So bewarb er sich mit aller Macht 101 v. Chr. um den Konsulat für das nächste Jahr. Er wollte unbedingt einen sechsten Konsulat bekleiden, da die Alternative der politische Abstieg gewesen wäre. Die bereitwillige Loslösung von der exekutiven Gewalt im Tausch mit gesteigertem gesellschaftlichen Einfluss, worauf die kollektive Herrschaftsausübung der Aristokratie in der Republik wesentlich gründete, funktionierte in diesem Fall nicht. Der kometenhafte Aufstieg von Marius und die abwehrende Reaktion der Nobilität hatten also einen der wesentlichen Mechanismen zur Entschärfung innenpolitischer Konflikte außer Kraft gesetzt.

In dieser Konstellation lag eine der entscheidenden Ursachen für die innenpolitische Unruhe der Jahre 103 bis 100 v. Chr. Für sich allein genommen, wäre der politische Ehrgeiz von Marius jedoch kaum zum Ausgangspunkt für eine tief greifende innere Krise geworden. Erklärlich werden die starken Erschütterungen, denen das römische Gemeinwesen in diesen Jahren ausgesetzt war, nur, wenn man das Konfliktpotential um die Karriere von Marius mit den innenpolitischen Entwicklungen, die sich parallel zum militärischen Kampf gegen die Kimbern und Teutonen vollzogen, in Verbindung setzt. So ist es im Folgenden erforderlich, die Darstellung mit einem kurzen Rückblick auf die innenpolitischen Ereignisse in den Jahren 107 bis 101 v. Chr. fortzuführen.

3. Saturninus und Glaucia: Die römische Innenpolitik 107 bis 101 v. Chr.

Die unangenehmen Vorwürfe gegen Angehörige der Nobilität aufgrund des zögerlichen Vorgehens gegen Jugurtha hatten zehn Jahre nach dem Tod von Gaius Gracchus den innenpolitischen Druck auf die Oberschicht wieder ansteigen lassen. In diesem Klima hatte sich der Aufstieg des Neulings Gaius Marius zum Konsulat vollzogen. In der Folgezeit heizte die Serie von Niederlagen und Rückschlägen gegen die wandernden Germanenstämme das innenpolitische Klima weiter auf. 107 v. Chr. brachte der Volkstribun Gaius Coelius Caldus ein Gesetz ein, das das geheime Abstimmungsverfahren mit

Hilfe von Stimmtäfelchen auch auf ‚Hochverratsprozesse' (Perduellionsprozesse) ausdehnte. Das entscheidende Motiv dafür soll die Anklage gegen Gaius Popillius Laenas gewesen sein. Dieser hatte als hoher Offizier im Heer des geschlagenen Lucius Cassius Longinus einen Vertrag mit den Tigurinern geschlossen, um das Heer zu retten. Sogar Geiseln sollen gestellt worden sein. Der Ausgang des Verfahrens erschien so eindeutig, dass Popillius noch vor dem Ende des Prozesses ins Exil ging.

Zwei Jahre nachdem der Volkstribun Gaius Mamilius Limetanus hochrangige Vertreter der Nobilität aufgrund angeblicher Bestechung durch Jugurtha ins Exil gezwungen hatte, war nun ein weiterer prominenter Repräsentant der Führungsschicht wegen Fehlverhaltens aus der politischen Sphäre Roms verbannt worden. Die Übertragung der Geschworenenbänke an die Ritter durch die Gesetzgebung von Gaius Gracchus und die damit verbundenen Niederlagen angesehener Aristokraten in politischen Prozessen drohten die personelle, aber auch die ideelle Grundlage der Herrschaftsausübung der Nobilität zu erschüttern.

Richtergesetz von Servilius Caepio

Diese Situation war für die Nobilität auf Dauer nicht hinnehmbar. Im folgenden Jahr, 106 v. Chr., brachte daher der Konsul Quintus Servilius Caepio ein Gesetz ein, das das Monopol der Ritter auf die Richterstellen wieder aufhob und diese zwischen den Rittern und den Senatoren aufteilte. Der Erfolg dieses Antrages zeigt deutlich, dass die Oberschicht zwar in den zurückliegenden Jahren schwere Imageverluste erlitten hatte, ihr gesellschaftlicher Führungsanspruch aber dennoch in den politisch relevanten Kreisen der Bevölkerung immer noch einen beträchtlichen Rückhalt besaß.

Für diesen Konsolidierungsprozess hatte die Katastrophe von Arausio eine verheerende Wirkung. Ausgerechnet der Servilius Caepio, der als Konsul für die Nobilität die Richterbänke zurückerobert hatte, wurde aufgrund seiner aristokratischen Arroganz als Prokonsul in Gallien zum Totengräber von Zehntausenden Römern und gefährdete damit die Existenz des Gemeinwesens. Durch sein Verhalten wurde er zur negativen Figur bei der katastrophalen Niederlage gegen die Kimbern und Teutonen. Nach der Niederlage verlor er durch Abrogation, das heißt aufgrund der Abwahl durch das Volk, sein *imperium*. Ein bis dahin einmaliger Vorgang. Volkstribune, die versucht hatten, dies zu verhindern, wurden mit Gewalt an der Ausübung ihres Vetorechts gehindert. Außenpolitische Anspannung und innenpolitische Streitigkeiten ergaben eine gewalttätige Atmosphäre, in der die filigranen Regeln des alten politischen Systems ihre Gültigkeit zu verlieren drohten.

Verurteilung von Caepio

Mit offensichtlichem Bezug auf den Fall von Caepio setzte der Volkstribun Lucius Cassius Longinus im folgenden Jahr (104 v. Chr.) ein Gesetz durch, dass derjenige, der sein *imperium* durch Abrogation verlor oder der durchs Volk in einem Prozess verurteilt wurde, aus dem Senat gestoßen werden sollte. Caepio verlor dadurch jede Möglichkeit zur politischen Betätigung, der Grundlage jedes aristokratischen Daseins in Rom. Die Wirkung dieser Bestimmung ging jedoch weit über den Einzelfall hinaus. Sie implizierte eine enorme Aufwertung der Volksentscheidungen. Das Gesetz stellte faktisch den Status der Senatoren in das Belieben der Volksversammlungen. Bis dahin konnte das Volk über die Wahl der Beamten indirekt darüber entscheiden, wer in den Senat kam, da dieser sich aus den amtierenden und ehemaligen Beamten zusammensetzte. Nun wurde aber dem Volk nicht nur das Recht zugestanden, einen amtierenden Beamten abzuwählen, sondern diesem auch seinen Status als Senator zu nehmen. Dieser Statusverlust drohte aber auch bei einem Prozess vor den Tributcomitien, der Volksversammlung, die nach regionaler Herkunft gegliedert war und damit deutlich egalitärer aufgebaut war als die streng nach Vermögen gegliederten Wahlversammlungen. In den Prozessen vor den Tributcomitien, die eher minderschwere Fälle betrafen, hatte es vorher solch harte Konsequenzen nicht gegeben. Durch das Gesetz von 104 v. Chr. wurde der Status der Senatoren faktisch der Entscheidungsgewalt des Volkes unterworfen. Da aber die Versammlungen in Rom nur über Anträge abstimmen durften, die ihnen von der Versammlungsleitung vorgelegt worden waren und die durch die Teilnehmer nicht verändert werden durften, bedeutete diese Neuregelung weniger eine Steigerung des Einflusses der Versammlungsteilnehmer aus den mittleren und unteren Schichten. Vielmehr waren es die Versammlungsleiter, also vor allem die Volkstribune, deren politische Macht hierdurch beträchtlich wuchs. Mit Hilfe von Volksbeschlüssen beziehungsweise von erfolgreichen Anklagen konnten sie einflussreichen Senatoren nicht nur empfindliche politische Niederlagen beibringen, sondern diese sogar in ihrer gesamten politischen Existenz bedrohen.

Die außenpolitische Schwächephase ermöglichte also nicht nur persönliche Angriffe auf einzelne Angehörige der Nobilität, sondern eröffnete auch die Perspektive für eine strukturelle Neujustierung des politischen Systems. Eine Kräfteverschiebung weg vom Senat hin zu den Volkstribunen, wie sie sich schon unter den Gracchen angedeutet hatte, wurde wieder zu einer aktuellen Option in der römischen Politik. Die brutale Gewaltanwendung, mit der die senatorische Oberschicht auf die Reformbestrebungen der Gracchen reagiert hatte, hatte zwar für eine kurze Zeit die popularen Politiker eingeschüchtert. Doch diese staatlich sanktionierte Gewaltanwendung hatte auch die alte Solidarität zwischen den Bevölkerungsschichten schwer erschüttert. Das einseitige Vorgehen des Senats setzte die Oberschicht unter einen starken Legitimationsdruck. Ihr gesellschaftlicher Führungsanspruch wurde nicht mehr als absolut selbstverständlich angesehen, sondern unterlag einer zunehmenden Bewertung durch die Bilanzierung der realen Leistungen. Diese entstehende kritische Distanz zwischen Volk und Oberschicht bildete für ehrgeizige Volkstribune eine hervorragende Chance, ihrem Amt in der politischen Sphäre eine eigenständige Qualität zu verliehen, die sich aus der Artikulation und der Bündelung der Kritik an der senatorischen Oberschicht ergab. Langfristig war dabei eine deutliche Verschiebung der politischen Gewichtung der Institutionen nicht ausgeschlossen.

Lucius Appuleius Saturninus

In dieser für die Oberschicht kritischen Situation fand sich auch der Mann, der gewillt war, diese Chance zu nutzen. Über die Jugend von Lucius Appuleius Saturninus besitzen wir aus unseren Quellen keine Nachricht. Zuerst begegnet er uns im Jahre 104 v. Chr. Als Quaestor hatte er die verantwortungsvolle Aufgabe, die Getreideversorgung der Stadt Rom sicherzustellen. Zu dieser Zeit hatte die Stadt schon eine Größe erreicht, die ein antikes Gemeinwesen vor erhebliche Versorgungsprobleme stellte. Traten bei der Organisation des Nachschubs Probleme auf, so hatte die Stadtbevölkerung schnell unter den Engpässen zu leiden. Noch während seiner Amtszeit als Quaestor wurde Saturninus diese wichtige Funktion entzogen und dem angesehenen und einflussreichen Senator Aemilius Scaurus übertragen. Die Gründe für diese Neuregelung sind nicht überliefert. Sie musste aber nicht unbedingt auf einem Versagen von Saturninus beruhen. Es ist sehr wohl denkbar, dass die Nobilität mit der Übertragung der Getreideversorgung auf einen der führenden Senatoren der stadtrömischen Bevölkerung in einer kritischen Phase ein Signal geben wollte, dass ihre Interessen von der Oberschicht sehr ernst genommen wurden, um auf diese Weise die Ruhe in der Stadt zu gewährleisten.

Gerade weil diese Aufgabe eine große Aufmerksamkeit von seiten der Bevölkerung besaß, muss Saturninus diese ‚Entmachtung' als tiefe Demütigung empfunden haben. Offensichtlich war er schon damals ein Mann von ausgeprägtem Ehrgeiz, der nicht gewillt war, diese öffentliche Kränkung auf sich beruhen zu lassen. Er kandidierte für das nächste Jahr (103 v. Chr.) für das Amt des Volkstribunen und wurde auch gewählt. Im Rahmen dieses Amtes begann er dann eine intensive öffentliche Agitation zu entfalten.

Die Rekonstruktion und Datierung der Gesetzesprojekte von Saturninus ist nicht ganz einfach, da die antiken Quellen oft nur mit wenigen Worten auf die Projekte eingehen und dabei häufig nicht angeben, ob sie im Laufe seines ersten (103 v. Chr.) oder zweiten (100 v. Chr.) Volkstribunats auf den Weg gebracht wurden. Bei der Darstellung seiner Aktivitäten gibt es also eine gewisse Unsicherheit. Im Folgenden soll dennoch der Versuch einer plausiblen Rekonstruktion unternommen werden.

Senkung des Getreidepreises

Offensichtlich als Reaktion auf den Entzug der Getreideversorgung brachte Saturninus 103 v. Chr. ein Gesetz ein, das den Getreidepreis drastisch senken sollte. Hatte Gaius Gracchus mit seinem Getreidegesetz noch primär beabsichtigt, spekulative Schwankungen beim Getreidepreis zu unterbinden, ging es Saturninus nun darum, die Lebenshaltung der Stadtbewohner massiv zu subventionieren. Vorgesehen war, dass der Getreidepreis auf ein eher symbolisches Niveau sinken sollte. Schon die Folgekosten des Gesetzes von Gracchus hatten die Finanzen des Gemeinwesens stark belastet. Die von Saturninus vorgesehenen Subventionen bewegten sich nun aber in einer Dimension, die kaum mehr zu tragen war. Vielleicht wollte er durch dieses Vorgehen die Unfähigkeit der Oberschicht beweisen, sich wirklich intensiv um die Belange der stadtrömischen Bevölkerung zu kümmern, und damit die Personalrochade des Vorjahres bei der Organisation der Getreideversorgung als Scheinmanöver enttarnen.

Gegen das Gesetz erhob sich, wie es zu erwarten war, heftiger Widerstand. Insbesondere Quintus Caepio, der Sohn des Konsuls von 106 v. Chr., der als *Quaestor urbanus* von Amts wegen mit der Verwaltung des Staatsschatzes betraut war, trat gegen das Vorhaben auf. Mit dem Argument, dass diese Wohltaten für die stadtrömische Bevölkerung das Leistungsvermögen der staatlichen Einnahmen bei weitem überstiegen, erwirkte er einen Senatsbeschluss, dass der Gesetzesantrag gegen das Wohl der *res publica* verstoße. Als sich Saturninus auch durch diesen Senatsbeschluss nicht von seinem Projekt abbringen ließ, legten mehrere Volkstribune, die der Nobilität nahestanden, ihr Veto ein. Doch wurden sie an der Ausübung ihres Rechts gehindert.

Die ganze Situation eskalierte schließlich darin, dass Caepio mit seinen Anhängern schlicht die Abstimmungsvorrichtungen zerstörte, um so eine Verabschiedung des Gesetzentwurfes zu verhindern. In diesem Zyklus der sich steigernden öffentlichen Gewalt konnte sich offensichtlich zunächst einmal die Oberschicht durchsetzen. Das Gesetz ist wohl nie verabschiedet worden.

lex de maiestate

Vermutlich als Reaktion auf das Scheitern seines Getreidegesetzes brachte Saturninus einen umfassenden Gesetzesentwurf ein, der jede Minderung der ‚Majestität' des römischen Volkes unter Strafe stellte (*lex de maiestate*). Der Straftatbestand, gegen den das Gesetz vorging, war mit Absicht sehr weit gefasst und ließ großen Spielraum für Interpretationen. Letztlich definierten die Ankläger und der zuständige Gerichtshof, was die ‚Majestität' des römischen Volkes minderte. Mit diesem dehnbaren Begriff schuf sich Saturninus ein gefährliches Instrumentarium, mit dem er seine politischen Gegner bedrohen konnte. Da der zuständige Gerichtshof zudem wieder mit Rittern besetzt war, musste das Projekt auch eine Warnung an die senatorische Oberschicht sein.

Auf der Basis des neuen Gesetzes klagte Saturninus zusammen mit seinem Kollegen, dem Volkstribunen Gaius Norbanus, Quintus Servilius Caepio und Gnaeus Mallius an, die als Befehlshaber die Niederlage von Arausio zu verantworten hatten. Militärisches Versagen wurde also nicht wie früher von der Standessolidarität innerhalb der Oberschicht gedeckt, sondern nun durch die neuen Gerichtshöfe öffentlich als Vergehen gegen das römische Volk bloßgestellt. Diese Anklage war wahrscheinlich auch eine Racheaktion wegen des heftigen Widerstandes, den der Sohn von Caepio als *Quaestor urbanus* gegen das Getreidegesetz geleistet hatte. Caepio und Mallius mussten jedenfalls ins Exil gehen.

Die Nobilität versuchte in der Folgezeit ihrerseits prominente Kritiker, wie Gaius Memmius und Flavius Fimbria, den Kollegen von Marius im Konsulat von 104 v. Chr., vor Gericht anzuklagen, hatte damit aber keinen wirklichen Erfolg. Aber auch für Saturninus war die Bilanz seiner politischen Aktivitäten keineswegs nur ermutigend. Er hatte zwar mit dem Majestätsgesetz ein wichtiges Instrumentarium zur Einschüchterung der Oberschicht geschaffen, doch brachte ihm dieser Erfolg eher Feinde in der Nobilität und weniger eine eigene Anhängerschaft, die bereit gewesen wäre, sich für seine Belange einzusetzen. Er war dringend auf einflussreiche Bündnispartner angewiesen, wollte er nicht – wie so viele andere Politiker dieser Zeit – zu einer vorübergehenden Erscheinung im politischen Leben Roms werden.

Saturninus und Marius

In dieser Situation bot Saturninus die enge Zusammenarbeit mit dem beliebten Feldherrn Marius eine ganz neue Perspektive, seine politische Handlungsfähigkeit zu erweitern. Innenpolitisch war auch die Position von Marius im Sommer 103 v. Chr. nicht einfach. Er befand sich in seinem dritten Konsulat. Zweimal schon hatten die Römer ihn unter Missachtung des geltenden Verbots der Wiederholung in das höchste Staatsamt wiedergewählt. Ermöglicht wurde diese ungewöhnliche Karriere durch die Überzeugung seiner Mitbürger, dass der Militärfachmann Marius der einzige sei, der sich der drohenden Germanengefahr erfolgreich stellen könne, nachdem mehrere Feldherrn aus der Oberschicht versagt hatten. In den zurückliegenden anderthalb

Jahren hatte sich nun Marius in der Tat intensiv darum bemüht, durch Reformen die militärische Streitmacht der Römer konsequent auf die Konfrontation mit den wandernden Stämmen vorzubereiten. Doch war es dabei kaum zu militärischen Aktionen gekommen. Die germanischen Stämme und ihre Verbündeten zogen stattdessen in Gallien und Spanien umher. Immer mehr Römer werden sich gefragt haben, ob diese Situation es wirklich erforderte, dass man die politische Macht in einer so gefährlichen Weise in der Hand eines einzelnen Mannes konzentrierte. Kurz, die Wiederwahl von Marius für das Jahr 102 v. Chr. war 103 keineswegs gesichert. Um seinen brennenden Ehrgeiz zu befriedigen, brauchte er also dringend innenpolitische Verbündete.

Hier bot sich ein Bündnis mit Saturninus geradezu an. Dieser beherrschte mit seiner Agitation die politische Szenerie. Mit seinen Aktivitäten hatte er nicht nur die Oberschicht herausgefordert, sondern auch im Rahmen des Prozesses gegen Caepio und Mallius deren Unfähigkeit zur äußeren Verteidigung erneut bloßgestellt. Während also Saturninus Marius wichtige Hilfestellungen bei der Beeinflussung der öffentlichen Meinung zu bieten hatte, verfügte Marius über einen ganz neuen innenpolitischen Trumpf, der sich nun als ein entscheidender Faktor im innenpolitischen Ringen erweisen sollte: seine Veteranen.

Die Veteranen

Bis zum ausgehenden zweiten Jahrhundert gab es das Phänomen der ‚Veteranen' in dieser Form in Rom nicht. Das Prinzip des Milizheeres führte dazu, dass man als Römer entweder Zivilist oder Soldat war. Nach der Entlassung aus der Armee wurde erwartet, dass die Bürger auf ihre Höfe zurückkehrten und sich nahtlos ins Zivilleben eingliederten. Einen Status als ‚gewesener Soldat' gab es in der klassischen Republik nicht. Die Verschlechterungen bei den bäuerlichen Lebensverhältnissen und die Absenkung der Mindestanforderung an das Vermögen der Wehrpflichtigen hatten die Verhältnisse entscheidend verändert. Spätestens seitdem Marius im Krieg gegen Jugurtha völlig mittellose Bürger zum Kriegsdienst eingezogen hatte, war eine neue Situation geschaffen. Viele entlassene Soldaten hatten, abgesehen von ihrem Beuteanteil, keinen eigenen Besitz. Sie dürften sich zumeist als Tagelöhner durchgeschlagen haben. In dieser sozial oft sehr prekären Lage war es nur zu verständlich, dass sich ihre Hoffnungen auf ihren alten Feldherrn richteten, zu dem sie im Laufe der gemeinsamen Feldzüge eine starke Bindung entwickelt hatten. Diese Erwartungshaltung setzte Marius unter Zugzwang. Als *patronus* seiner Soldaten musste er sich der Probleme seiner Veteranen annehmen.

Doch die Situation der Veteranen brachte für Marius nicht nur lästige Pflichten mit sich. Seine ehemaligen Soldaten konnten ihm innenpolitisch auch sehr nützlich sein. Da sie kein eigenes Land besaßen, hatten sie auch keinen festen Lebensmittelpunkt. Sie waren also regional sehr mobil, konnten sich also auch in der Nähe von Rom aufhalten, und sie waren zudem gut organisiert, was für die untere Landbevölkerung höchst ungewöhnlich war. So eröffnete sich die Möglichkeit, die Veteranen vom Lande für die Agitation in der Stadt Rom einzusetzen. Schon bei seinem ersten Wahlkampf um den Konsulat hatte Marius die aus Afrika zurückkehrenden Soldaten geschickt für die Beeinflussung der öffentlichen Meinung in Rom genutzt. Die dauerhafte Präsenz einer größeren Zahl von Veteranen in der Nähe des politischen Zentrums schuf nun ganz neue Möglichkeiten in der römischen Innenpolitik.

Um diesen Vorteil wirklich nutzen können, brauchte Marius, solange er im Feld stand, in Rom Verbündete, die die politischen Abläufe in seinem Sinne lenkten. An dieser Stelle überschnitten sich die jeweiligen Interessen von Saturninus und Marius. Während Saturninus die Fähigkeit zur Manipulation der öffentlichen Meinung in das Zweckbündnis einbrachte, stellte Marius mit seinen Veteranen die personelle Grundlage bereit, die den Aktivitäten von Saturninus erst einen durchschlagenden Erfolg sicherte. Diese politische Konstellation sollte sich in den folgenden drei Jahren für das römische Gemeinwesen zu äußerster Brisanz entwickeln.

Das Ackergesetz

Wohl noch im Sommer 103 v. Chr. brachte Saturninus ein Ackergesetz ein, das auf die Versorgung der ehemaligen Soldaten von Marius aus dem Afrikafeldzug abzielte. Das Gesetz sah die Verteilung von 100 *iugera* Land (= 25 Hektar) pro Mann in Afrika vor. Dies war eine sehr großzügige Regelung, die den Durchschnittswert der Landverteilungen in Italien um ein Vielfaches überschritt. Der Volkstribun Baebius, der gegen das Gesetz Einspruch einlegen wollte, wurde mit nackter Gewalt davongejagt. Ob das Gesetz jemals umgesetzt wurde, bleibt in der Forschung umstritten. Davon unberührt bleibt aber die Tatsache, dass die persönlichen Interessen der Veteranen von nun an aufs Engste mit dem politischen Erfolg von Marius, aber auch mit dem von Saturninus verbunden waren.

Im Spätsommer 103 v. Chr. wurde Marius schließlich mit massiver Unterstützung von Saturninus erneut zum Konsul gewählt. Diese vierte Wahl war ein ungeheurer Erfolg für den Aufsteiger und bildete die Grundlage für seinen militärischen Ruhm, da die Germanengefahr im Herbst 103 v. Chr. durch die Rückkehr der Kimbern aus Spanien wieder wesentlich aktueller wurde.

Saturninus profilierte sich im weiteren Verlauf seines Volkstribunats durch Beschuldigungen gegen führende Vertreter der Nobilität. Diese seien durch eine Gesandtschaft des Königs Mithradates VI. von Pontos, einem Staat im nördlichen Kleinasien, bestochen worden. Die betroffenen Aristokraten reagierten schnell und drehten den Spieß in aller Eile um. Die Gesandten aus Kleinasien wurden ihrerseits veranlasst, Saturninus anzuklagen. Damit hatten sie allerdings keinen Erfolg.

Schließlich bekämpfte Saturninus noch als Volkstribun die Wahl von Quintus Metellus Numidicus, zum Censor für 102 v. Chr. Vielleicht wurde er dazu von Marius veranlasst, der seinem alten Vorgesetzten beim Feldzug gegen Jugurtha diese Krönung seiner Laufbahn missgönnte. Es kann aber auch sein, dass Saturninus einfach einem der angesehensten Senatoren politisch schaden wollte. Die Kampagne gegen Metellus scheiterte jedoch. Dieser wurde für 102 v. Chr. zum Censor gewählt. In diesem Amt wollte Metellus Numidicus nun seinerseits bei der Erstellung der Senatsliste Saturninus übergehen und ihn damit aus dem Senat entfernen. Er scheiterte aber am Einspruch seines Kollegen Gaius Caecilius Metellus Caprarius. Für Caprarius war die persönliche Motivation von Numidicus zu offensichtlich. So blieb Saturninus Senator.

Gaius Servillius Glaucia

Bei dieser Gelegenheit tritt uns zum ersten Mal Gaius Servilius Glaucia im Zusammenhang mit Saturninus entgegen. Glaucia stammte aus einer angesehenen aristokratischen Familie. Trotzdem sollte er nach dem Willen von Numidicus zusammen mit Saturninus aus dem Senat ausgestoßen werden. Dies deutet darauf hin, dass Glaucia schon 103 v. Chr. die Politik von Saturninus unterstützt hatte. In der folgenden Zeit sollten beide Politiker sich in jedem Fall als enge und sich gegenseitig treue Verbündete im innenpolitischen Kampf erweisen.

Für das Jahr 101 v. Chr. wurde Glaucia zum Volkstribun gewählt. In dieser Funktion brachte er eine *lex repetundarum* ein, also ein Gesetz über die Rechenschaftslegung der Provinzstatthalter. Nachdem 106 v. Chr. durch das Gesetz von Caepio die Richterstellen zwischen Senatoren und Rittern geteilt worden waren, sah das neue Gesetz von Glaucia wieder ausschließlich Ritter als Geschworene vor. Diese erneute Bestätigung des Monopols der Ritter auf die Richterstellen sollte offensichtlich auch für zukünftig einzusetzende Gerichtshöfe gelten und hatte damit einen Grundsatzcharakter, der die Bestimmung des Gesetzes von Caepio aushebeln sollte.

Die Initiative von Glaucia beschränkte sich aber nicht auf eine erneute Stärkung der Ritter in den Gerichtshöfen. Das Gesetz sah auch vor, dass diejenigen, die schuldig gesprochen wurden, nicht mehr in den politischen Versammlungen, den *contiones*, sprechen durften. Damit wurde den Verurteilten faktisch die Möglichkeit zur politischen Betätigung genommen. Die neuen Gerichtshöfe entschieden somit auch über die politische Existenz der Angeklagten. Dies gab den betreffenden Verfahren eine ganz außerordentliche Tragweite. Doch sollte man sich davor hüten, die neue Regelung einseitig als eine Kampfansage an die Senatoren zu bewerten. Dass dies nicht der Fall war, zeigen weitere Ausführungsbestimmungen. So wurde zum ersten Mal der Kreis derjenigen, die wegen ‚Erpressung' in den Provinzen angeklagt werden konnten, deutlich ausgeweitet. Nicht mehr nur die senatorischen Statthalter konnten belangt werden, sondern auch all diejenigen, die von dem Fehlverhalten profitierten, das heißt auch die Geschäftsleute aus dem Ritterstand. Glaucia unternahm also den ernsten Versuch, den Missbrauch der Repetundenverfahren als Druckmittel der Ritter gegen die senatorischen Amtsinhaber einzudämmen. Das Kartell der Profiteure einer willkürlichen Herrschaftsausübung in den Provinzen sollte zumindest in Einzelfällen aufgebrochen werden. Dass es Glaucia durchaus um eine Steigerung der strafrechtlichen Effizienz der Verfahren ging, zeigt auch die Reform der Prozessabläufe, die das Gesetz vornahm. Die neuen Bestimmungen unterbanden eine permanente Verschleppung der Verfahren. Die Prozesse sollten zügig durchgeführt werden, um zu verhindern, dass sie durch geschickte Manöver im Sande verliefen. Wenn Cicero später betont, dass Glaucia durch sein Repetundengesetz sich die Dankbarkeit der Ritter erworben habe (Cicero, Brutus 224), ist dies ein wichtiger Hinweis darauf, dass es ‚die Ritter' zu dieser Zeit nicht gab. Viele der Geschäftsleute aus dem Ritterstand werden wenig erfreut gewesen sein, nun selbst zu dem potentiellen Kreis der Angeklagten zu gehören. Die überwiegende Zahl der Ritter bestand hingegen auch in dieser Zeit aus bodenständigen Besitzern von Landgütern. Dieser Personengruppe, die bei den Wahlen über einen erheblichen Einfluss verfügte, dürfte es sehr recht gewesen sein, dass diejenigen aus der Oberschicht, die mit der Provinzialverwaltung befasst waren, diese Aufgabe nicht nur zur eigenen Bereicherung wahrnahmen.

4. Die Republik und die Alternative: Die Krise von 100 v. Chr. und ihre politischen Hintergründe

Wahlkampf für den Konsulat von 100 v. Chr.

Neben diesen Gesetzesinitiativen stand das Jahr 101 v. Chr. im Zeichen der Wahlen für 100 v. Chr., die für römische Verhältnisse sehr kontrovers waren. So trat Marius noch einmal zu den Konsulatswahlen an. Als siegreicher Feldherr war er im zweifachen Triumph über die Kimbern und Teutonen nach Rom zurückgekehrt. Er stand auf dem Zenit seines öffentlichen Ansehens, doch die Oberschicht gab klar zu erkennen, dass sie ihm die Anerkennung, die ihm seiner Meinung nach zustand, als Privatmann versagen würde. Als Reaktion trat Marius geradezu eine ‚Flucht' in den Konsulat an, um seine herausragende Position weiterhin abzusichern. Eine dauerhafte Lösung war dies natürlich nicht, aber der große Feldherr gab sich zunächst einmal mit dieser kurzfristigen Antwort zufrieden. Unumstritten war seine erneute Kandidatur auch in der Bevölkerung nicht. Immense Summen soll er für Wahlbestechung ausgegeben haben. Zudem standen ihm seine Veteranen im Wahlkampf zur Seite. Doch hatten diese aufgrund ihres geringen Besitzes nur wenig Einfluss in den streng nach Vermögen gegliederten Wahlversammlungen.

In dieser Situation wurde das politische Bündnis zwischen Marius auf der einen Seite und Saturninus und Glaucia auf der anderen Seite enger. Vor allem Glaucia dürfte mit seinem Einfluss bei den vermögenden Rittern wesentlich zum Wahlerfolg von Marius beigetragen haben, mit dem sich der Feldherr gegen seinen alten Rivalen Metellus Numidicus durchsetzte. Dieser war offensichtlich von der senatorischen Oberschicht als besonders angesehene Persönlichkeit gegen Marius ins Rennen geschickt worden. Glaucia selbst wurde jedenfalls ohne Probleme zum Stadtprätor gewählt und erhielt damit die prestigereichste Position unter den Prätoren, die auch für die Innenpolitik sehr wichtig war.

Saturninus bewarb sich seinerseits um ein zweites Volkstribunat. Sollte seine Wahl glücken, hätte das Trio im folgenden Jahr die wichtigsten Funktionen im Staate innegehabt und die politische Szenerie in Rom beherrscht, zumal der Kollege von Marius im Konsulat, Valerius Flaccus, eine eher blasse Figur war. Bei der Wahl von Saturninus gab es allerdings große Schwierigkeiten. Einen entschiedenen Widersacher, Aulus Nonius, ließen Saturninus und Glaucia in aller Öffentlichkeit erschlagen, nachdem dieser angekündigt hatte, sich den Projekten der beiden entgegenzustellen. Die Veteranen von Marius dürften ihnen diesen zweifelhaften Dienst erwiesen haben. Schließlich wurde auch Saturninus zum Volkstribun gewählt.

Erklärlich wird der Widerstand gegen Saturninus aus den Interessensunterschieden zwischen der einfachen stadtrömischen Bevölkerung, der *plebs urbana*, und den Veteranen von Marius, die sich aus den ländlichen Unterschichten, der *plebs rustica*, rekrutierten. Die Stadtbevölkerung registrierte aufmerksam, dass Saturninus sich zunehmend für die Forderung der Veteranen nach Landzuteilung einsetzte. Die Stadtbewohner hatten aber kaum Interesse daran, als Bauern wieder auf dem Land angesiedelt zu werden. Sie wollten vielmehr einen dauerhaft niedrigen Getreidepreis festgelegt sehen, der ihre Lebenshaltung entlastete.

Diese Interessensunterschiede prägten auch wesentlich die innenpolitischen Konflikte im Jahr 100 v. Chr., in dessen Verlauf es zur Eskalation der Auseinandersetzungen kommen sollte. Es ging also nicht nur um die Konfrontation zwischen der senatorischen Oberschicht und dem politischen Bündnis von Marius, Saturninus und Glaucia, unterstützt von Rittern und Angehörigen der Unterschichten. Die politische Gemengelage in Rom war seit den Gracchen erheblich komplizierter geworden. Verschiedene Bevölkerungsteile verfolgten ihre Sonderinteressen mit zunehmender Vehemenz.

Landverteilungen

Angesichts dieser Aufspaltung der Interessen setzte Saturninus in seinem zweiten Volkstribunat immer stärker auf die Veteranen von Marius, die der Stadtbevölkerung das Monopol auf die Bildung einer breiten öffentlichen Meinung streitig machten. Die zentralen Projekte, die Saturninus 100 v. Chr. betrieb, waren zwei Gesetzesanträge, die wahrscheinlich gemeinsam eingebracht wurden. Zum einen sollte Land an die Veteranen aus den Kämpfen gegen die Kimbern und Teutonen verteilt werden. Dafür sollten die Gebiete genutzt werden, in denen sich die Kimbern lange aufgehalten hatten. Dabei dürfte es sich vor allem um Landstriche in der Poebene gehandelt haben, in denen die Kimbern die gallische Bevölkerung vertrieben hatten und die man daher nun zur Besiedlung nutzen konnte. Zum anderen brachte er ein Gesetz über die Gründung von Kolonien in Sizilien, Korsika, Achaia (Südgriechenland), Makedonien und Afrika ein. Dabei sollte Marius das Recht erhalten, in diesen Kolonien einer bestimmten Anzahl von Einwohnern das Bürgerrecht zu verleihen. Im Rahmen der Forschungsdiskussion darüber, ob es sich dabei um drei oder dreihundert Einwohner je Kolonie gehandelt hat, wird oft der entscheidende Aspekt dieser Regelung übersehen: Offensichtlich war vorgesehen, die Einwohner der neuen Kolonien zu großen Teilen aus den Reihen der Bundesgenossen zu rekrutieren. Führende Vertreter dieser Neusiedler hätte Marius dann noch durch die Verleihung des Bürgerrechts enger an sich binden können. Damit wurden auch Nicht-Römer in ein Ansiedlungsprogramm miteinbezogen. Es ist sehr wahrscheinlich, dass nicht wenige dieser Siedler zuvor bei den Feldzügen von Marius in den Reihen der bundesgenössischen Truppen gedient hatten. Sie werden also ein ähnliches Verhältnis zu ihrem ehemaligen Feldherrn gehabt haben wie die römischen Veteranen. Darüber hinaus dürfte es für die Heimatgemeinden dieser Siedler in vielen Fällen nicht unattraktiv gewesen sein, soziale Spannungen durch die Ansiedlung von ländlichen Unterschichten außerhalb von Italien abzumildern. Die Hauptbedenken, die es in Rom gegen diese Vorgehensweise gab, dass nämlich der Initiator der Ansiedlung ein zu hohes Prestige in der politischen Sphäre bekäme, kam bei den Bundesgenossen nicht zum Tragen, da der Anstoß dazu von Rom, also von außerhalb, kam und somit das Kräfteverhältnis im Inneren der Heimatgemeinden nicht betroffen war.

Die von Saturninus beantragten Gesetze stärkten die politische Position von Marius erheblich. Durch die Koloniegründungen wären in vielen Provinzen des römischen Reiches Städte entstanden, deren Einwohner zu Marius in einem besonderen Nahverhältnis gestanden hätten. Gleichzeitig wären durch den Einbezug der Bundesgenossen enge Bande der Verpflichtung zu den nichtrömischen Gemeinden in Italien aufgebaut worden. Die Ansiedlung seiner Veteranen in Norditalien, also in relativer Nähe zu Rom, musste zudem erhebliche Rückwirkungen auf die politische Sphäre im Zentrum haben. Insgesamt bot sich somit die Perspektive, die herausragende Position, die Marius in Kriegszeiten eingenommen hatte, auch ohne die soziale Anerkennung der Nobilität in den politischen Bereich hinüberzuretten.

Straßenkämpfe

Ein derartiges Vorgehen, das die Spielregeln der römischen Aristokratie und ihrer kollektiven Machtausübung vollkommen überging, musste starken Widerstand hervorrufen. Es kam zu tumultartigen Szenen bei der Verabschiedung der Gesetzesanträge. Kollegen von Saturninus im Volkstribunat, die ihr Veto gegen die Anträge einlegten, wurden mit Gewalt von der Rednertribüne gerissen. Religiöse Argumente gegen den Ablauf des Verfahrens, die normalerweise zur Ungültigkeit der Beschlüsse geführt hätten, wurden einfach übergangen. Schlägerbanden, die sich aus den Reihen der Veteranen gebildet hatten, lieferten sich Straßenschlachten mit Angehörigen der stadtrömischen Unterschichten. Offensichtlich fürchteten die armen Stadtbewohner um ihren Einfluss angesichts der massiven Zusammenballung von ehemaligen Soldaten des Marius, die mithelfen sollten, die Gesetze durchzudrücken.

Am Ende konnte sich Saturninus mit der Unterstützung der Veteranen durchsetzen. Die Gesetze wurden – wahrscheinlich in einem gemeinsamen Antrag – verabschiedet. Über die Legalität des Verfahrens bestanden jedoch weiter starke Zweifel. Genau für diesen Fall hatte aber Saturninus schon bei der Antragstellung vorgesorgt. Die Gesetzesbeschlüsse enthielten eine Klausel, die alle Senatoren dazu verpflichtete, einen Eid auf die Gesetze zu schwören, das heißt sie anzuerkennen und ihre Umsetzung zu garantieren. Für den Fall einer Verweigerung des Eides drohte das Exil und damit das Ende jeder politischen Karriere.

Diese Bestimmung war nicht nur ein offener Affront gegen den Senat als politische Institution, sondern vor allem gegen die Senatoren als Personen. Die Aristokraten sollten in einer demütigenden Zeremonie gezwungen werden, die freie Entscheidungsgewalt des Volkes anzuerkennen. In einer Gesellschaft, deren Zusammenhalt in einem Maße auf Ritualen im öffentlichen Leben beruhte, das für einen modernen Betrachter nur schwer zu begreifen ist, kam die Akzeptanz einer solchen Zeremonie faktisch der Aufgabe des Führungsanspruches der Oberschicht gleich.

Dennoch waren die meisten Senatoren orientierungslos. Einerseits war die Abscheu vor dieser öffentlichen Demütigung enorm. Andererseits verbreiteten die in Rom anwesenden Veteranen ein Klima der Gewalt, so dass die Senatoren im Falle einer Verweigerung des Eides mit dem Schlimmsten rechnen mussten. Die Oberschicht sah sich hier zum ersten Mal mit den Nachteilen einer Regelung konfrontiert, die bis dahin ein entscheidender Pfeiler ihrer Herrschaftsausübung gewesen war: der Entmilitarisierung des politischen Raumes in Rom.

E

Die Entmilitarisierung Roms

Seit der Frühzeit beruhte der römische Staat darauf, dass es innerhalb der heiligen Stadtgrenze, dem *pomerium*, keine bewaffneten Kräfte gab. Es gab weder Militär noch eine organisierte Polizei. Der politische Raum in Rom war strikt befriedet. Offensichtlich funktionierten die sozialen Netzwerke in der Stadt gut genug, um die Ruhe und Ordnung in einem für die Römer zufriedenstellenden Maße aufrechtzuerhalten. Kam es doch einmal zu einer ernst zu nehmenden Störung der öffentlichen Ordnung – und dies war vor 133 v. Chr. sehr selten der Fall –, dann stellten die Senatoren mit Hilfe der Ritter aus den Reihen ihrer Clienten und Sklaven eine Art ‚Bürgerwehr' auf, die die Autorität des Senats in der Stadt wiederherstellte.

Die Entmilitarisierung der Stadt verlieh den Senatoren in Konfliktfällen ein Gewaltmonopol. Dies mussten die Anhänger von Tiberius Gracchus schmerzlich einsehen, als Scipio Nasica als Privatmann zum Mord an dem Volkstribunen aufrief. 121 v. Chr. hatte der Konsul Opimius dann sogar auf der Basis des umstrittenen Notstandsbeschlusses des Senats kretische Bogenschützen, also reguläre Hilfstruppen, im innenpolitischen Konflikt eingesetzt. Dies gab den Auseinandersetzungen eine neue Dimension, die nicht wenig zur Vergiftung des Klimas beitrug.

Die Veteranen

Mit der Anwesenheit einer größeren Zahl von Veteranen, die nicht mehr an ihr Land gebunden waren, in der Nähe der Stadt Rom war nun eine völlig neue Situation eingetreten. Im Gegensatz zu der Situation in modernen Armeen, die von teuren Rüstungsgütern geprägt ist, basierte die Kampfkraft der antiken Heere vor allem auf der physischen Stärke der Soldaten und ihrem gemeinsamen Training. Waffen und Ausrüstungen brachten sie zumeist selbst mit, oder sie konnten ohne Probleme jederzeit erworben werden. Eine Ansammlung von Veteranen war also keineswegs nur eine Gruppe von nostalgisch orientierten Ex-Soldaten, sondern eher eine ‚schlafende Kampfeinheit', die jederzeit durch politische Führer, denen die Veteranen vertrauten, zum Leben erweckt werden konnte.

Die Anwesenheit der Veteranen von Marius beendete also das Gewaltmonopol des Senats. Im Falle des bewaffneten Konfliktes wären diese militärischen Profis den amateurhaften Privattruppen, die die Oberschicht hätte aufbieten können, weit überlegen gewesen. Einen deutlichen Vorgeschmack dieser Überlegenheit hatte schon die stadtrömische Bevölkerung bei den Auseinandersetzungen im Vorfeld der Verabschiedung der Gesetze bekommen.

Saturninus und seine Verbündeten waren sich der Bedeutung dieser paramilitärischen Überlegenheit wohl bewusst. Die politische Kräfteverschiebung, die daraus resultierte, ermöglichte es Saturninus, unverhohlen aufzutrumpfen. Die meisten Senatoren waren eingeschüchtert. Eine derartige Situation gehörte nicht zu ihrem politischen Erfahrungshorizont. Um so gespannter richtete sich ihre volle Aufmerksamkeit auf das Verhalten von Marius. Er war der Mann, dem die Veteranen vertrauten. Seinem Befehl folgten sie. Würde er, der doch den ehrenvollen Aufstieg in die führenden Kreise des Senats suchte, das erlauchte Gremium mit blanker Gewalt bedrohen?

Zwangseid auf die Gesetze

Aber auch für Marius war die Lage nicht einfach. Einerseits beruhte seine derzeitige zentrale Rolle in der Innenpolitik auf der Eskalationsstrategie von

Saturninus. Andererseits konnte er wohl kaum darauf hoffen, durch den offenen Ausbruch von Gewalt sein Ziel des Aufstiegs in die höchsten Kreise zu verwirklichen. In dieser Zwickmühle gefangen, agierte er wenig glücklich. Zunächst verkündete er, dass er den Eid nicht leisten werde, und gab damit ein deutliches Signal der Distanz zu Saturninus, aber auch zu seinen eigenen Veteranen. Nachdem Saturninus daraufhin die Veteranen durch intensive Agitation gegen Marius aufgeputscht hatte, schwenkte er schließlich um und riet den Senatoren wenige Tage später in einer umständlichen Rede, den Eid auf die Gesetze doch zu leisten, dies aber mit dem Zusatz zu versehen, wenn es sich wirklich um ‚Gesetze' handele, das heißt also wenn sie rechtmäßig zustande gekommen seien. Die formalen Winkelzüge, die er den Senatoren als Rückversicherung anbot, überzeugten diese keineswegs. Gleichzeitig entfremdete er sich damit seinen politischen Verbündeten Saturninus und Glaucia. Marius legte dann doch demonstrativ den Eid als erster im Tempel des Saturn ab, und alle anderen Senatoren folgten widerstrebend seinem Beispiel. Nur sein alter Rivale, der angesehene Konsular Metellus Numidicus, weigerte sich und ging lieber ins Exil, als sich der Demütigung zu unterziehen.

Q

Marius und die Diskussion um den Eid auf die Gesetze von Saturninus
(Appian, Die Bürgerkriege, 1,30–31)

„Am fünften Tag danach, dem letzten gesetzlich vorgeschriebenen Termin, rief Marius um die zehnte Stunde in Eile den Senat zusammen und erklärte, er fürchte sich vor dem Volke, da es nachdrücklich für das Gesetz eingetreten sei; er sehe indessen einen Ausweg, und zwar folgenden Trick: Sie sollten schwören, dass sie dem Gesetz, soweit es ein solches sei, Folge leisten würden. So könnten sie augenblicklich die Landbevölkerung zerstreuen, später aber ganz einfach darauf hinweisen, dass dieses unter Zwang und nach Erwähnung von Donnerschlägen verabschiedete Gesetz dem altväterlichen Herkommen nach eben nicht als solches zu betrachten sei. Nach diesen Worten wartete Marius kein Ergebnis ab; während alle, verblüfft über den Anschlag und auch die Tatsache, dass die Frist verstrichen war, noch stumm dasaßen, erhob er sich, ohne den Zuhörern Zeit zum Nachdenken zu lassen, ging zum Tempel des Saturn, wo die Quaestoren ihre Eide ablegen mussten, und vollzog dort mit seinen Freunden zusammen als Erster den Schwur. Es schwor auch der gesamte Rest, da jeder um seine Sicherheit bangte. Lediglich Metellus machte eine Ausnahme, er blieb unerschütterlich bei seiner Auffassung." (Übersetzung nach Otto Veh)

Aus dieser Zuspitzung der Ereignisse ging Marius politisch beschädigt hervor. Sein Ansehen bei der Nobilität war weiter gesunken, zumal das Exil von Metellus Numidicus auf die meisten Senatoren wie ein bleibendes Mahnmal für den eigenen Opportunismus wirken musste. Aber auch bei seinen Verbündeten und vor allem bei den Veteranen dürfte sein unklares Verhalten für Verärgerung gesorgt haben. Durch das Anheizen des Konfliktes war es Saturninus also nicht nur gelungen, die Stellung des Senats zu schwächen, sondern auch die enge Bindung zwischen Marius und seinen ehemaligen Soldaten zu lockern. Damit ergab sich für ihn ein beachtlicher Spielraum, sich als ein neuer politischer Anführer zu profilieren. Und Saturninus gedachte offensichtlich diesen Spielraum konsequent zu nutzen, indem er für sich und seinen Verbündeten Glaucia wichtige Positionen bei den anstehenden Wahlen für das nächste Jahr (99 v. Chr.) sichern wollte.

Kandidatur von Glaucia für den Konsulat

So kandidierte Saturninus erneut für das Volkstribunat und wurde auch ohne Probleme gewählt. Diese zweite Wiederholung des Tribunats wurde scheinbar ohne großen Widerstand von den Senatoren hingenommen. Dies zeigt, wie stark die Stellung von Saturninus im Spätsommer des Jahres 100 v. Chr. gewesen sein muss. Glaucia seinerseits, der gerade das Amt des Stadtprätors bekleidete, wollte unbedingt im nächsten Jahr Konsul werden. Diese kontinuierliche Bekleidung höchster Staatsämter ohne Unterbrechung, in der die Amtsinhaber rechtlich zur Rechenschaft gezogen werden konnten, verstieß gegen elementare Grundsätze der Republik.

Doch das schreckte Glaucia und Saturninus nicht davon ab, diese Kandidatur mit aller Konsequenz zu betreiben. Offensichtlich ging es darum, die günstige Konstellation weiter auszunutzen, die sich aus der Schwächephase des Senats und der Anwesenheit der Veteranen in der Umgebung von Rom ergab. Es war klar, dass Marius im nächsten Jahr Privatmann sein würde. Glaucia konnte den alten Haudegen als Konsul ersetzen und durch diese starke Position in der Exekutive Saturninus wirkungsvoll unterstützen, der als Volkstribun seinerseits mit Hilfe der noch unversorgten Veteranen die politische Öffentlichkeit beherrschen konnte. Doch diese ‚große Konstellation', die alle Trümpfe in die Hände der beiden Verbündeten spielte, konnte schnell wieder vergehen. Sie galt es konsequent zu nutzen. Daher ‚musste' Glaucia Konsul werden. Doch diese Strategie zeitigte große Schwierigkeiten. Da die Abstimmung bei den Konsulatswahlen streng nach Vermögen hierarchisiert war, besaßen die besitzlosen Veteranen in der entsprechenden Versammlung kaum Einfluss. Zudem gab es natürlich vehementen Widerstand in der Oberschicht.

Aufstand oder Volksversammlung?

Die nun folgenden Ereignisse, die sich im Rahmen der Kandidatur von Glaucia abspielten, lassen sich nur schwer rekonstruieren. In den antiken Quellen, die teilweise eine Tendenz zur zeitlichen Dramatisierung der Abläufe haben, wird die Handlung auf den Tag der Abstimmung in den Wahlversammlungen konzentriert. Angesichts einer drohenden Niederlage hätten die Knüppelgarden von Saturninus und Glaucia einfach einen aussichtsreichen Gegenkandidaten in der Wahlversammlung erschlagen, um Glaucia eine Konsulatsstelle zu sichern. Danach seien bürgerkriegsartige Unruhen ausgebrochen, in deren Rahmen Saturninus und Glaucia einen gewaltsamen Umsturzversuch unternommen hätten.

Ernst Badian hat zu Recht auf die vielfältigen Widersprüche in dieser Darstellung hingewiesen und einen wesentlich plausibleren Ablauf rekonstruiert. Offensichtlich hat sich Marius schon im Vorfeld der Versammlung geweigert, die illegale Kandidatur von Glaucia zu akzeptieren. Eine solche Prüfung der Kandidaten gehörte zu den Aufgaben der Konsuln, die die Wahlen leiteten. Nachdem Marius seine Unterstützung versagt habe, hätten Glaucia und Saturninus den Plan gefasst, durch die Ermordung des Mitkandidaten Gaius Memmius den Ablauf der Wahl platzen zu lassen, um Zeit zu gewinnen. In der hektischen Situation, die nach dieser Gewalttat ausbrach, habe Saturninus auf dem Kapitol eine Volksversammlung abzuhalten versucht, die die Kandidatur von Glaucia doch noch sanktionieren sollte. Es ging also nicht um eine gewaltsame Revolte, sondern um den Versuch, sich in den Institutionen durchzusetzen. Dafür war es allerdings schon zu spät. Der Senat hatte schon vorher angesichts des gewalttätigen Vorgehens von Saturninus und Glaucia den Notstand erklärt.

Die Rekonstruktion von Badian nimmt dem Vorgehen von Saturninus und Glaucia nichts von der Brutalität und Skrupellosigkeit. Doch erscheinen die Aktivitäten der beiden Protagonisten nicht mehr nur als eine sinnlose Eskalation der Gewalt, die von Desperados provoziert wurde, die keinen Ausweg aus ihren Unternehmungen mehr fanden. Die Suggestion in den Quellen, dass Saturninus und Glaucia einfach nur kriminelle Naturen waren, über deren Motive es sich nicht nachzudenken lohnt, ist so nicht haltbar. Offensichtlich wussten Saturninus und Glaucia sehr wohl, was sie taten, und es ist sehr wahrscheinlich, dass sie mit ihren Provokationen klare Ziele verfolgten.

Indem sie die innenpolitischen Auseinandersetzungen immer weiter zuspitzten, erhöhten sie den Druck auf Marius. Sie zwangen ihn, sich endgültig zu entscheiden: Stand er auf der Seite des Senatsaristokratie, von der er langfristig nichts als eine Mischung von Hochmut und Neid zu erwarten hatte, oder schloss er sich konsequent der Gegenbewegung um Saturninus und Glaucia an, die die vehemente Unterstützung seiner Veteranen besaßen? Gegen die gesamte Aristokratie auftrumpfen zu können und sich damit langfristig die herausragende Stellung im Staat zu sichern, die ihm seiner Meinung nach zustand, muss für Marius als Möglichkeit sehr verlockend gewesen sein. Vielleicht glaubte auch Saturninus, dass das Band zwischen dem Feldherrn und seinen ehemaligen Soldaten schon so weit gelockert sei, dass diese sich im Konfliktfall eher ihm zuwenden würden.

Der Untergang von Saturninus und Glaucia

In der entscheidenden Phase der Konfrontation, als der Senat den Notstand ausgerufen hatte, kam alles auf Marius an. Nach einigem Zögern stellte sich Marius auf die Seite des Senats und, was vielleicht noch wichtiger war, die Veteranen folgten seiner Autorität und wandten sich gegen Saturninus und Glaucia. Damit trat eine völlig neue Situation ein. Saturninus und Glaucia hatten sich offensichtlich in der Einschätzung der Kräfte- und vor allem der Autoritätsverhältnisse grundlegend getäuscht. Durch den Seitenwechsel von Marius war mit einem Schlag aus einer machtvollen Bewegung im politischen Spektrum die kriminelle Aktion einer kleinen Minderheit von Aufrührern geworden. Die beiden politischen Provokateure hatten jede Chance verspielt. Nach nur kurzer Belagerung auf dem Kapitol, wo sie noch mit den verbliebenen Getreuen versucht hatten, eine Volksversammlung abzuhalten, gaben sie auf. Für einen längeren Kampf, geschweige denn für einen wirklichen Aufstand waren sie in keiner Weise gerüstet. Mit äußerster Brutalität wurde die Versammlung aufgelöst. Marius versuchte noch, Saturninus, Glaucia und anderen freien Abzug zu gewähren, doch wurden sie entgegen seiner Zusage von einer aufgebrachten Menge getötet. Am Abend säumte eine Vielzahl von Toten die Straßen der Stadt. Der ‚Aufruhr' war zu Ende.

5. Fazit

In der kollektiven Erinnerung der Oberschicht wurden Saturninus und Glaucia zu einem Sinnbild politischer Kriminalität. Über mögliche weitergehende Motive nachzudenken lohnte sich aus dieser Sicht nicht. Maßlose Eigensucht und geradezu pathologische Gewalttätigkeit schienen als Erklärung zu genügen. Ist es aber glaubhaft, dass diese geschickten Politiker ihr Heil in einem so stümperhaft vorbereiteten Aufstand suchten, der keine Aussichten auf Erfolg hatte? Aufgrund unserer Informationslage müssen sich Antworten auf die Frage nach den weiterreichenden Zielen im spekulativen Bereich bewegen, doch lohnt es sich in diesem Fall angesichts der mangelnden Plausibilität der bisherigen Rekonstruktion schon, vorsichtige Hypothesen zu wagen.

Wenn es Saturninus und Glaucia gelungen wäre, die höchsten Staatsämter zu gewinnen und gleichzeitig – egal ob mit oder ohne Marius' Unterstützung – im politischen Raum auf die Hilfe der Veteranen zurückzugreifen, dann hätten sie eine Machtstellung erreicht, der der Senat wenig hätte entgegensetzen können. Hatte der Senat im Fall der Gracchen auch nachdrücklich gezeigt, dass er die Möglichkeit zu nutzen gewillt war, notfalls Gewalt anzuwenden, um innenpolitische Konflikte, die in den Institutionen nicht mehr zu lösen waren, in seinem Sinne dauerhaft zu regeln, so hatte sich das Blatt gewendet. Im Jahr 99 v. Chr. hätten der Konsul Glaucia und der Volkstribun Saturninus auf die stärkeren Kräfte zurückgreifen können. Das brutale Vorgehen gegen die Gracchen schlug nun gegen die Senatsaristokratie zurück.

Das Ansehen der Senatsaristokratie war in der Bevölkerung durch Misserfolge und Affären stark geschwächt. Die Stellung der Volkstribune hingegen war in den zurückliegenden Jahren wieder stärker geworden. Wenn der Senat in dieser Situation sein Gewaltmonopol verloren hätte, wäre eine Neuordnung des institutionellen Gefüges im Staat durchaus denkbar gewesen. Vielleicht strebten Saturninus und Glaucia eine längerfristige Ausübung wichtiger Ämter an, nicht zuletzt die Karriere von Marius hatte dafür gerade neue Maßstäbe gesetzt. Mit Hilfe einer formalen Stärkung der Kompetenzen des Volkes, die ebenfalls in den zurückliegenden Jahren in vielerlei Hinsicht vorbereitet worden war, hätten sie dann eine beachtliche Machtfülle als Versammlungsleiter besessen. Daraus hätte sich mittelfristig vielleicht die Chance ergeben können, den Senat und die ihn tragende Aristokratie dauerhaft zu schwächen und damit der *res publica* ein neues Gesicht zu geben, das durch eine Zentralmacht geprägt gewesen wäre, die sich auf eine Legitimation durch Volksentscheide hätte stützen können. Gerade in der vollkommenen Kriminalisierung der Handlungen von Saturninus und Glaucia in der Geschichtsdeutung der Oberschicht könnte ein Indiz dafür liegen, wie gefährlich dieser Versuch für die Herrschaftsausübung der Aristokratie war. Eine wirkliche inhaltliche Auseinandersetzung fand nicht mehr statt.

Die Dynamik der gesellschaftlichen Ordnung

Auch wenn sich die wahren Absichten von Saturninus und seinen Verbündeten nicht mehr klären lassen, sollte man nicht den Fehler begehen, die römische Republik als etwas Statisches zu begreifen, dessen Ordnung nicht veränderbar war. Die erstaunliche Stabilität des republikanischen Gemeinwesens basierte vielmehr auf sozialen Kraftakten, in deren Rahmen die verschiedenen Bevölkerungsschichten zu einem gesellschaftlichen Konsens fanden. Seit dem blutigen Konflikt um die Politik der Gracchen waren die sensiblen Mechanismen, die der Findung des gesellschaftlichen Gleichgewichts dienten, erheblich geschwächt worden, und so öffneten sich auch Perspektiven für eine völlige Neustrukturierung des Gemeinwesens, wie sie sich zum Beispiel im Athen des fünften Jahrhunderts v. Chr. bei der Ausbildung der Demokratie vollzog. Dies soll nicht bedeuten, dass Saturninus und seine Freunde für ein demokratisches Gemeinwesen eingetreten wären. Doch wäre das politische System Roms mit Sicherheit ein anderes geworden, wenn sie sich durchgesetzt hätten. Vielleicht hätte es sich in Richtung einer plebiszitären Monarchie entwickelt. Egal, was sie wirklich vorhatten, allein dafür, dass sie die Möglichkeit einer fundamentalen Erschütterung der Senatsherrschaft aufgezeigt hatten, zogen sie sich den Hass der Oberschicht zu. Dass sie bei ihrem Vorgehen auch vor verabscheuungswürdigen Verbrechen nicht zurückschreckten, erleichterte allerdings die vollkommene Verdammung ihrer Erinnerung erheblich.

VI. Von Saturninus zum Bundesgenossenkrieg (100–88 v. Chr.)

98	Lex Caecilia Didia: Verbot der Bündelung von Gesetzesanträgen, die inhaltlich nicht zusammenhängen
94	Vorbildliche Verwaltung der Provinz Asia durch Quintus Mucius Scaevola und Publius Rutilius Rufus
92	Anklage gegen Rutilius Rufus wegen ‚Amtsmissbrauchs'
91	Umfassende Reforminitiative des Volkstribunen Marcus Livius Drusus (Sohn des Volkstribunen von 122) mit Unterstützung führender Senatoren scheitert an formalen Problemen
91–88	Der Bundesgenossenkrieg: Kampf der mittelitalischen Verbündeten gegen Rom

1. Die Unruhe nach dem Sturm: Die römische Innenpolitik zwischen 100 und 91 v. Chr.

Nach der harten Reaktion des Senats auf die Aktivitäten von Saturninus im Jahr 100 v. Chr. scheint das politische Leben im folgenden Jahrzehnt wieder in eine Phase stabilerer Verhältnisse einzutreten. Bis zu der kontroversen Diskussion um die Reformvorschläge des Volkstribuns Marcus Livius Drusus im Jahr 91 v. Chr. gibt es auf den ersten Blick nur wenige politische Turbulenzen, die auf eine tiefer greifende Störung des inneren Gleichgewichts hindeuten. Doch dieser Eindruck scheinbarer Ruhe täuscht und verflüchtigt sich bei einer näheren Analyse der Ereignisse. Zwar kam es in diesen Jahren kaum zu Konflikten um grundsätzliche politische Fragen, doch ein massiver Anstieg von politisch motivierten Prozessen zeigt, dass die Differenzen zwischen den politisch Handelnden keineswegs beigelegt waren, sondern vielmehr auf einer sehr persönlichen Ebene vor den Gerichten ausgetragen wurden.

Prozesse

Zunächst wurde Publius Furius angeklagt. Ursprünglich war Furius ein Anhänger von Saturninus und Glaucia gewesen. 102 v. Chr. hatte ihn der Censor Metellus Numidicus aus dem Ritterstand ausgestoßen. Während seines Volkstribunats, das er höchstwahrscheinlich zusammen mit Saturninus im Jahre 100 v. Chr. bekleidet hatte, wechselte er jedoch die Seiten und forderte nach dem Tod des Saturninus die Einziehung von dessen Vermögen zugunsten des Staates. Gleichzeitig widersetzte er sich aber auch mit Hilfe seines Vetorechts als Tribun aus persönlicher Gegnerschaft der Rückberufung von Metellus Numidicus aus dem Exil und machte sich damit bei den Senatoren unbeliebt. Mit seinem Verhalten hatte sich Furius zwischen alle Stühle gesetzt. Als er 99 v. Chr. von Anhängern des Saturninus angeklagt wurde, die ihm seinen Seitenwechsel nachtrugen, fand er daher kaum Unterstützung in der Nobilität. Im Rahmen seines Prozesses wurde er von einer aufgebrachten Menschenmenge erschlagen. Ein deutliches Indiz dafür, dass die politischen Positionen von Saturninus immer noch eine hohe Popularität in der Bevölkerung besaßen.

Diese Fortwirkung der Politik von Saturninus und Glaucia erweist sich auch in den Aktivitäten des Volkstribuns Sextus Titius, der 99 v. Chr. ein neues Agrargesetz einbrachte. Angesichts des Vetos anderer Volkstribunen kam es zu gewalttätigen Auseinandersetzungen, die unterdrückt werden mussten. Als Reaktion auf dieses erneute Aufflammen popularer Politik wurden 98 v. Chr. Sextus Titius und C. Appuleius Decianus, ein Verwandter von Saturninus und höchstwahrscheinlich der Ankläger von Furius, vor Gericht gestellt. Beiden wurde vorgeworfen, ein zu enges Verhältnis zu der Politik des unseligen Saturninus bewahrt zu haben. So soll Decianus öffentlich den Tod seines Verwandten bedauert haben, während Titius ein Bildnis des Saturninus im Haus aufgestellt habe. Diese Anklagepunkte weisen klar auf eine demonstrative Eliminierung des Gedankengutes von Saturninus als Zielsetzung dieser Prozesse hin. Ein für allemal sollte die von Saturninus auf die Spitze getriebene Option, mit Hilfe der Volksversammlung eine vom Senat unabhängige Politik zu betreiben, aus dem politischen Raum gebannt werden.

Mit der Verurteilung von Titius und Decianus 98 v. Chr. sowie der Rückkehr von Metellus Numidicus aus dem Exil im gleichen Jahr schien der Boden für eine Rückkehr zu einer ungefährdeten Dominanz des Senats gelegt. Doch die Senatoren zeigten sich auch in der Folgezeit als wenig geschlossene Gruppe. So überzogen sich einflussreiche Senatoren gegenseitig vor Geschworenengerichten, die mit Rittern besetzt waren, aus persönlichen und politischen Gründen mit Prozessen. Bezeichnenderweise wurden fast alle Angeklagten freigesprochen. Das Bild, das die senatorische Schicht dabei bot, dürfte jedoch nicht allzu günstig gewesen sein.

Anklage gegen Rutilius Rufus

In den Prozessen wurden die Ritter zu Schiedsrichtern bei den Streitigkeiten zwischen den Senatoren. Wer vor Gericht bestehen wollte, musste sich auch politisch an den Interessen dieser Gruppe orientieren. Die Verwobenheit von Rechtsprechung und Politik wurde immer enger. An diese Konstellation haben offensichtlich einerseits nicht wenige Senatoren die Hoffnung geknüpft, neue Machtstrategien entwickeln zu können, die nicht den alten Regeln des standesinternen Umganges unterlagen. Dass andererseits aber auch die einflussreichen Ritter entschlossen waren, diese neue Machtstellung aktiv zu nutzen, zeigt die Anklage gegen Publius Rutilius Rufus, die im Jahr 92 v. Chr. großes Aufsehen erregte. Rutilius Rufus, der 105 v. Chr. selber Konsul gewesen war, war 94 v. Chr. als hochrangiger Berater des Statthalters Quintus Mucius Scaevola in die Provinz Asia, des westlichen Teils Kleinasiens, gegangen. Scaevola und Rufus hatten sich dort durch ihre ungewöhnlich korrekte und integere Amtsführung einen ausgezeichneten Ruf bei der einheimischen Bevölkerung erworben. Nachdem Scaevola die Provinz nach einem knappen Jahr verlassen hatte, setzte Rufus diese Tätigkeit bis 92 v. Chr. fort. Ausgerechnet dieser Mann wurde nun wegen ‚Erpressung' und ‚Amtsmissbrauchs' angeklagt. Diese scheinbar absurde Konstellation ergab sich daraus, dass die vorbildliche Führung der Provinz die Handlungsspielräume der Kaufleute und Steuereinnehmer aus dem Ritterstand stark eingeengt hatte. Die davon betroffenen Ritter nutzten den Einfluss ihrer Standesgenossen bei den Gerichten aus. Ein Exempel sollte statuiert werden, das den senatorischen Statthaltern die Konsequenzen einer Behinderung der ökonomischen Aktivitäten der Ritter in den Provinzen deutlich vor Augen führte. Die Signalwirkung war unübersehbar. Doch war das Beispiel so skandalös gewählt, dass sich die öffentliche Wahrnehmung eher gegen die Initiatoren wendete. Der rechtschaffene Rutilius Rufus lehnte die angebotene Verteidigung durch große Redner aus dem Kreis der Senatoren ab und ging noch vor dem Ende des Prozesses freiwillig ins Exil nach Kleinasien, wo ihm die Einwohner der Provinz Asia aus Dank eine überaus freundliche Aufnahme bereiteten.

Reformdiskussion

Die Anklage gegen Rutilius führte zu einer erneuten Diskussion über die Besetzung der Gerichte. In Anbetracht der politischen Kräfteverhältnisse konnte man sich nicht auf die simple Strategie konzentrieren, die Gerichte einfach wieder von den Rittern auf die Senatoren zurückzuübertragen. Die Angehörigen des Ritterstandes hatten sich in den Krisen der zurückliegenden Jahrzehnte immer wieder als Stütze der Senatsherrschaft erwiesen. Ohne ihre langfristige Einbindung in die gesellschaftliche Organisation war die Vorherrschaft der römischen Aristokratie im politischen Leben kaum zu sichern. Der Senat konnte nicht einfach per Gesetzesantrag zu den alten Verhältnissen zurückkehren. Seit den Reformen der Gracchen hatte sich das politische Leben grundlegend gewandelt. Zwar blieben die persönlichen Beziehungen zwischen den einzelnen Akteuren von grundlegender Bedeutung, doch wurde nun die Wahrnehmung der gemeinsamen Interessen der einzelnen Gruppierungen im politischen Spiel immer wichtiger. Nahm man nun den Rittern die Geschworenensitze wieder weg, konnten diese nicht mehr sicher sein, durch den persönlichen Kontakt zu einzelnen Senatoren ihre jeweiligen Interessen wahren zu können. Ein vollkommener Ausschluss der führenden Ritter hätte unweigerlich zu einer tieferen Distanz dieser Gruppe gegenüber dem Führungsanspruch der Senatoren geführt.

Zudem war der Tätigkeitsbereich der Gerichte stark ausgedehnt worden. Viele Einzelfälle, die früher durch den standesinternen Druck innerhalb der Senatsaristokratie informell geregelt worden waren, wurden nun in der Öffentlichkeit in formalisierten Gerichtsverfahren verhandelt. Allein die Wahrnehmung der vielfältigen Verpflichtungen als Geschworene hätte die personellen Kapazitäten der 300 Senatoren aufs Äußerste beansprucht.

Die Tatsache, dass das alte Geflecht persönlicher Beziehungen zwischen den römischen Bürgern in Teilen durch Gruppeninteressen ersetzt worden war, machte eine einfache Lösung nicht mehr möglich. Es musste ein Weg gefunden werden, durch den die nach den gracchischen Reformen aufgetretenen Interessengruppierungen so in einen Ausgleich eingebunden wurden, dass es wieder zu einer stabileren Konstellation der politischen Kräfte kam, die allein den politischen Primat des Senats sichern konnte.

2. Die Reforminitiative von Marcus Livius Drusus und ihr Scheitern (91 v. Chr.)

Nach dem skandalösen Prozess gegen Rutilius Rufus schien der Weg frei für eine konstruktive Lösung dieser schwierigen Aufgabe. Eine große Zahl führender Senatoren, darunter die ehemaligen Censoren Lucius Licinius Crassus und Marcus Antonius, vor allem aber der angesehenste und einflussreichste Senator Marcus Aemilius Scaurus, kamen zu der Überzeugung, dass die Probleme durch eine grundlegende Reform angegangen werden müssten. Die Situation war günstig. Mit Marcus Livius Drusus war ein Mann zum Volkstribun gewählt worden, der das Format besaß, ein solch ambitioniertes Projekt umzusetzen. Livius Drusus war der Sohn des Volkstribuns gleichen Namens, der 122 v. Chr. mit seiner Gegendemagogie den politischen Einfluss von Gaius Gracchus im Auftrag der Nobilität entscheidend geschwächt hatte. Wie sein Vater verfügte auch der jüngere Livius Drusus über beachtliche rhetorische Fähigkeiten. Seine ökonomische Situation gab ihm zudem ein hohes Maß an Unabhängigkeit.

Der Einfluss der Stadtbevölkerung

Die Tatsache, dass keiner seiner Kollegen im Volkstribunat mit Hilfe des Vetos gegen die Reformvorschläge Einspruch einlegte, spricht zudem dafür, dass die politischen Rahmenbedingungen intensiv vorbereitet worden waren. Es waren jedoch wichtige Voraussetzungen bei der Einbringung der Gesetzesinitiative zu beachten. Ohne eine positive Grundstimmung in der stadtrömischen Bevölkerung und in den Teilen der Landbevölkerung, die so nah an der Stadt wohnten, dass sie zu den Versammlungen kommen konnten, ließen sich seit den Gracchen kaum mehr grundlegende Gesetzesinitiativen durchbringen. Zwar repräsentierten die an den Versammlungen teilnehmenden Bürger nicht die gesamte römische Bürgerschaft, doch hatten die Versammlungen in Rom nie ihr exklusives Recht auf politische Entscheidungsfindung verloren. Seit die Gracchen damit begonnen hatten, mit den Volksversammlungen gegen den Senat Politik zu machen, waren sich die Teilnehmer ihrer Möglichkeit bewusst, inhaltliche Entscheidungen auch unabhängig von der vorherrschenden Meinung in der Oberschicht fällen zu können. So war aus Anwesenheit Macht geworden. Dieser Tatsache musste man sich stellen, wenn man strukturelle Reformvorschläge plante.

Livius Drusus reagierte konsequent auf diese Situation. Er setzte zunächst die Verbilligung des Getreidepreises in Rom um die Hälfte durch. Die Kosten schon für dieses Wohltätigkeitsprogramm waren immens. Da keine neuen auswärtigen Geldquellen aufgetan werden konnten, musste allein für die Finanzierung der Getreideversorgung der Stadt Rom der Silberwert des Denars durch die Beimischung von einem Achtel Kupfer herabgesenkt werden (Plinius, Naturalis Historia 33,56). Darüber hinaus propagierte Livius Drusus ein Gesetz zur Wiederaufnahme der Landverteilung, das vor allem die letzten verbleibenden Landreserven in Italien sowie den von Bundesgenossen besetzten Teil des *ager publicus* betraf. In der Dimensionierung seiner volksfreundlichen Vorhaben zeigte sich Livius Drusus also großzügig, und so ist auch das Wort von ihm überliefert, er habe nichts zum Verteilen übrig gelassen, es sei denn, jemand wolle den Kot oder den Himmel verteilen (*aut caenum aut caelum*: Florus, 2,5).

Auf den ersten Blick ist dieses besonders weitgehende Entgegenkommen gegenüber der armen städtischen und ländlichen Bevölkerung für einen Reformer, der in enger Beziehung zu den führenden Senatoren stand, erstaunlich. Hätte man die Zustimmung zu den Gesetzen nicht auch etwas ‚billiger' haben können? Musste es unbedingt ein so umfassendes Programm sein, das die staatlichen Finanzen dauerhaft belastete?

Die Entpolitisierung der Stadtbevölkerung

Hier wird deutlich, dass die volksfreundlichen Aktivitäten von Livius Drusus nicht nur aus kurzfristigen taktischen Erwägungen hinsichtlich der Abstimmung über seine anderen Gesetzesvorhaben zu verstehen sind. Sie waren nicht nur als eine momentane Bestechung des Volkes gedacht. Die Wirkung dieser Maßnahmen war vielmehr langfristig angelegt. Durch das umfassende Verteilungsprogramm wurden die Spielräume für weitere Vorschläge in diese Richtung nachhaltig eingeschränkt. Mit den Vergünstigungen von Livius Drusus ging die *res publica* schon an die Grenzen des Machbaren. Die Finanzierung weitergehender Vorschläge wäre nur noch mit größten Schwierigkeiten möglich gewesen. Leichtfertigen Initiativen, die dem jeweiligen Antragsteller eine schnelle Popularität sichern sollten, wurde so dauerhaft vorgebeugt. Indem er die zur Verfügung stehende Verteilungsmasse auf einen Schlag unter das Volk brachte, trocknete er das Potential zu einer volksfreundlichen Agitation von innen her aus.

In dieser Vorgehensweise lässt sich deutlich eine Fortsetzung der Politik seines Vaters erkennen. Auch dieser hatte Gaius Gracchus im Auftrag des Senats erfolgreich damit bekämpft, dass er noch größere Versprechungen für Ansiedlungen in Italien gemacht hatte. Nach dem Sturz und Tod von Gaius Gracchus waren diese Versprechungen jedoch nie in die Realität umgesetzt worden. Doch es war irrig von den Senatoren gewesen, anzunehmen, sie kämen auf diese einfache Art und Weise ohne reale Zugeständnisse davon. Spätestens seit den geballten Aktivitäten von Saturninus war klar geworden, wie explosiv eine gezielte Nutzung des vom Senat hinterlassenen Vakuums durch neue Politiker wirken konnte. Dem jüngeren Drusus war bewusst, dass diese Freiräume sich volksfreundlich gerierender Politik nur durch handfeste Maßnahmen, die auch in die Realität umgesetzt werden mussten, beschränkt werden konnten. Im Wechsel der Generation vom Vater zum Sohn hatten sich die Kategorien in der römischen Politik zu stark verfestigt, als dass noch die Hoffnung bestanden hätte, den gesellschaftlichen Zusammenhalt allein durch suggestive Illusionen gewährleisten zu können. Die dauerhafte Subventionierung der Stadtbevölkerung erfüllte hingegen deren dringendstes Bedürfnis und machte sie damit langfristig weniger anfällig für die Beeinflussung durch die Agitation einzelner Politiker. Der hohe organisatorische und finanzielle Aufwand, der für eine gesicherte Getreideversorgung erforderlich war, förderte gleichzeitig das Interesse der *plebs urbana* an stabileren politischen Verhältnissen, da diese die Grundlage für die notwendige Leistungsfähigkeit des Gemeinwesens waren. Diese Orientierung der stadtrömischen Bevölkerung an einer stabilen Struktur des Staates war eine wesentliche Voraussetzung für die kollektive Machtausübung der Senatsaristokratie.

Die Reintegration der ärmeren Bevölkerungsschichten in den gesellschaftlichen Konsens war aber nur eine wichtige Komponente, um die staatlichen

Strukturen der Republik im Sinne der Aristokratie erneut zu stabilisieren. Ein weiteres entscheidendes Spannungsfeld, das sich seit der Gracchenzeit entwickelt hatte, war der zunehmende Gegensatz der Interessen von Rittern und Senatoren. Diese Spaltung in der Oberschicht musste unbedingt überwunden werden.

Vergrößerung des Senats

Auch in dieser Frage verfolgte Livius Drusus einen umfassenden Ansatz. Zwar ist die Quellenlage zu dieser Problematik nicht ganz leicht zu interpretieren, doch bietet unsere ausführlichste Quelle zu diesem Themenkomplex, Appian, eine in sich stimmige Darstellung, die die Forschung weitgehend akzeptiert, zumal sie auch mit den knapperen Informationen aus anderen Quellen durchaus vereinbar ist. Offensichtlich plante Livius Drusus, die Zahl der Senatoren von 300 auf 600 zu erhöhen. Die neu aufgenommenen Mitglieder sollten aus dem Ritterstand kommen. Im Gegenzug sollte den Rittern zumindest für die wichtigen politischen Prozesse das Recht, die Geschworenen zu stellen, genommen und wieder auf die Senatoren übertragen werden. Die Lösung, die Drusus vorschlug, sieht auf den ersten Blick wie ein klassischer Kompromiss zwischen den beiden gesellschaftlichen Gruppen aus. Die Senatoren mussten eine Einbuße an Exklusivität in ihrem Status hinnehmen, da sich ihre Zahl wesentlich erhöhte und zudem zumindest für den Augenblick die Hälfte der Senatoren keine Ämterlaufbahn als Legitimation für ihren Sitz im Senat aufweisen konnte. Dafür wurden sie aber von der Bedrohung durch die mit Rittern besetzten Gerichte befreit und konnten fortan mit einer stärkeren Berücksichtigung der Standesinteressen bei den Prozessen rechnen. Für diesen Machtverlust wären die Ritter durch den Aufstieg gerade ihrer einflussreichen Mitglieder in das erlauchte Führungsgremium der Republik entschädigt worden. Zudem wäre mit der gestiegenen Zahl der Senatoren auch die Funktionsfähigkeit der Gerichte sicher gestellt worden, da auf diese Weise genug Geschworene für die Besetzung der Gerichtshöfe vorhanden gewesen wären.

Bei genauerer Analyse verliert jedoch der Vorschlag seinen Kompromisscharakter zwischen den gesellschaftlichen Gruppen, und die eigentliche Zielsetzung der Initiative wird deutlich: die Stärkung der Schicht der Senatoren und des Senats als Ganzes. Die Senatoren wären als Gruppierung nicht nur durch die Wiedererlangung ihres Einflusses in der Rechtsprechung gestärkt worden, vor allem wäre ihre Position in der Gesellschaft dadurch aufgewertet worden, dass der Ritterstand nicht nur 300 seiner führenden Vertreter hätte abgeben müssen, sondern deren Einfluss auch noch der Position des Senats zugute kam. Die Stärkung des Senats beruhte also auf der Schwächung des Ritterstandes. Bei der gleichzeitig erfolgenden Entpolitisierung der breiten Bevölkerungsschichten bestand die berechtigte Hoffnung, dass der vergrößerte Senat in der neuen Konstellation eine ähnlich ungefährdete Dominanz ausüben konnte, wie er es in kleinerer Besetzung während der klassischen Republik vor der Mitte des zweiten Jahrhunderts v. Chr. getan hatte.

Die Schwierigkeit bei diesem Entwurf lag darin, dass diese Lösung zwar für den Senat als Ganzes vorteilhaft war, doch die einzelnen Betroffenen die Stärkung des Gremiums mit einer Einbuße an persönlicher Macht erkaufen mussten. Die etablierten Senatoren mussten hinnehmen, dass neben ihnen

Männer ohne Erfahrung in der Exekutive Platz nahmen, die nicht den steinigen Weg der politischen Karriere gegangen waren. Gerade für die Senatoren aus den mittleren und unteren Rängen des Senats, die es ‚nur' zum Quaestor oder Volkstribun gebracht hatten, musste die Verdoppelung der Senatorenzahl mit der Befürchtung einhergehen, deutlich an Prestige in der Öffentlichkeit zu verlieren. Für die führenden Senatoren hingegen wurde das politische Verhalten des vergrößerten Gremiums schwerer kalkulierbar und damit schwerer lenkbar. Doch konnten sie zumindest davon ausgehen, dass ihr Einfluss auf andere Senatoren durch die verstärkte Konkurrenz in den mittleren und unteren Rängen umso größer sein würde.

Folgen für den Ritterstand

Aus der Sicht der Ritter war dieses Reformprojekt mehr als bedenklich. Für die im Ritterstand verbleibenden Angehörigen dieser Gruppe bedeutete es eine dauerhafte Schwächung ihres gesellschaftlichen Einflusses. Sie verloren nicht nur die Geschworenensitze, sondern auch noch die wichtigsten Vertreter ihrer Interessen in der Öffentlichkeit. Es war ja gerade der Sinn der Reform, die Homogenität im öffentlichen Raum durch eine Auflockerung des Dualismus zwischen den einflussreichen Rittern und den Senatoren wiederherzustellen. Aber auch für die führenden Ritter, die in den Senat aufgestiegen, war dieser Erfolg sehr ambivalent. Aus mächtigen Repräsentanten der zunehmend selbstbewusst auftretenden Ritter wären relativ schwache Senatoren geworden, die kaum darauf hoffen konnten, von den etablierten Senatoren mit Respekt in deren Reihen aufgenommen zu werden. Letztlich verlangte Livius Drusus von den Beteiligten, ihre persönliche Macht zugunsten der Vision eines Gemeinwesens aufzugeben, das sich wieder um einen starken Senat zentrieren sollte. Dies war gerade aus der Sicht der führenden Ritter eine sehr weitgehende Forderung.

Das Bürgerrecht für die Bundesgenossen

Noch schwieriger wurde die Lage dadurch, dass Livius Drusus entschlossen war, auch den dritten großen Problemkomplex dieser Zeit anzugehen: die Frage nach dem Status wesentlicher Teile der Bundesgenossen. Diese sollten nach dem Plan von Drusus das römische Bürgerrecht erhalten. Durch diese Maßnahme sollte einerseits die zunehmende Kluft zwischen den Römern und ihren alten Verbündeten überbrückt werden. Andererseits bot sich durch diese Neuerung der Vorteil, dass das Land, das die Bundesgenossen auf dem *ager publicus* besetzt hielten, dann zur Neuverteilung bereitstünde. Auf diese Weise hätte sich eine gegenseitige Vernetzung mit den Plänen zur Agrarreform ergeben.

Schon bei der Darstellung des gescheiterten Gesetzentwurfs von Fulvius Flaccus aus dem Jahr 125 v. Chr. wurde darauf hingewiesen, dass die Interessenlage der Bundesgenossen sehr differenziert zu betrachten ist. Wahrscheinlich waren es ursprünglich vor allem die Latinergemeinden, die das römische Bürgerrecht und damit die vollständige Integration in den römischen Staat anstrebten. Die übrigen Bundesgenossen wollten zunächst wohl eher eine stärkere Rechtssicherheit gegenüber den Übergriffen römischer Behörden in ihre Angelegenheiten unter Wahrung ihrer staatlichen Autonomie. Die Verbindung mit dem römischen Gemeinwesen sollte ansonsten weiterhin über die persönlichen Beziehungen zu führenden Senatoren gepflegt werden. Seit 125 v. Chr. hatte sich aber die römische Politik grundlegend verändert. Vor allem seit der umfassenden Gesetzgebung von Gaius

Gracchus waren inhaltliche Kontroversen in der römischen Politik, zum Beispiel um Landverteilung oder Koloniegründungen, wichtiger geworden. Bei den anstehenden Grundsatzdiskussionen nur indirekt über ‚senatorische Lobbyisten' vertreten zu sein wurde zunehmend riskant. Auf diese Weise könnte auch bei den nicht-latinischen Bundesgenossen der Wunsch nach einer direkten Vertretung in den politischen Gremien Roms entstanden sein. Dass sie hierbei nicht gewillt waren, sich später als Neubürger mit einer untergeordneten Rolle in den Entscheidungsprozessen, die eher eine Alibi-Funktion gehabt hätte, zufrieden zu geben, zeigte schon die selbstbewusste Art, mit der ihre Repräsentanten den Umgang mit Livius Drusus in der Öffentlichkeit pflegten. Es ging nicht nur um eine subalterne Eingliederung in das römische Gemeinwesen, sondern um gleichberechtigte Mitsprache. Die Verwirklichung dieser Vorstellungen hätte den römischen Staat grundlegend verändert.

So ist es kaum verwunderlich, dass der Plan zur Ausdehnung des Bürgerrechts gerade in den mittleren und unteren Schichten auf starke Ressentiments stieß. So war das öffentliche Urteil über die Entwürfe von Livius Drusus geteilt. Während die Projekte zur Landverteilung äußerst populär waren, waren die Menschen gerade in der Stadt Rom kaum bereit, ihre politischen Privilegien mit den Bundesgenossen zu teilen. Auch für die Oberschicht hätte die gleichberechtigte Eingliederung der Italiker schwer zu kalkulierende Folgen gehabt. Gerade den Senatoren und Rittern mutete Drusus mit seinen umfassenden Vorschlägen viel zu.

Die Aufhebung der Gesetze

Diese komplizierte Interessenlage schlug sich auch in schwankenden Stimmungen nieder. Zunächst einmal wurden die Vorschläge von den Senatoren gebilligt und auch die Volksversammlung stimmte zu. Doch dann formierte sich immer heftigerer Widerstand, der sich auch in gewalttätigen Auseinandersetzungen entlud. Dabei rückten die Senatoren immer stärker von Livius Drusus ab. Motor des Widerstandes war der Konsul Lucius Marcius Philippus. Er wies darauf hin, dass die Gesetze als Paket gemeinsam, als so genannte *lex satura*, eingebracht worden seien und dass diese Verfahrensform, mehrere Gesetzesinitiativen zusammen zur Abstimmung zu stellen, seit der *lex Caecilia Didia* aus dem Jahr 98 v. Chr. verboten war und über jedes Gesetz einzeln abgestimmt werden müsse. Mit diesem formalen Argument betrieb er die Annullierung der beschlossenen Gesetze. Ohne die Bündelung der Maßnahmen wäre eine Zustimmung breiter Kreise der Bevölkerung jedoch kaum zu erreichen gewesen, da die Einzelinteressen in der Politik dominierten. Trotzdem konnte sich Philippus durchsetzen. Die Gesetze von Livius Drusus wurden aus formalen Gründen wieder aufgehoben und für ungültig erklärt. Damit war das groß angelegte Reformvorhaben gescheitert. Die moderne Forschung sieht in dem Projekt von Livius Drusus in der Regel die letzte große Chance für den römischen Staat, sich zu reformieren und Antworten auf drängende Fragen zu finden. Die Ablehnung sei nur aus eigensüchtigen Eigeninteressen zu erklären, deren Erfolg die Krise der republikanischen Ordnung weiter beschleunigte.

Widersprüche im Reformprojekt

Zweifellos boten die Pläne von Drusus wichtige Ansätze, um durch eine Entflechtung von Interessen die Verwerfungen im institutionellen Gefüge, die sich in den zurückliegenden hundert Jahren ausgebildet hatten, in Teilen zu beseitigen. Doch darf man trotz dieser berechtigten positiven Einschätzung die inhärenten Widersprüche in dem Vorhaben nicht vergessen. Zum einen lag ein Kernwiderspruch bei der Vorgehensweise von Drusus darin, dass er den Senat mit Hilfe des Volkstribunats stärken wollte. Durch seine enorme Popularität in Teilen der Bevölkerung erhielt nicht nur Drusus selbst einen Zuwachs an sozialer Macht, den viele Angehörige der Oberschicht mit großem Misstrauen gesehen haben werden, sondern auch das Amt des Volkstribuns wurde durch diesen Erfolg erheblich gestärkt. Mit der Festigung und dem Ausbau der Position des Senats war auf diese Weise eine parallele Stabilisierung für das Volkstribunat verbunden. Drusus hätte sich, um seine neue Ordnung durchzusetzen, für eine Selbstbeschränkung beziehungsweise -auflösung des Volkstribunats einsetzen müssen, was selbstverständlich eine illusorische Vorstellung war. So wäre bei einem erfolgreichen Inkrafttreten der Gesetze der institutionelle Antagonismus zwischen den beiden politischen Organen nicht aufgehoben, sondern sogar weiter verschärft worden.

Zum anderen war es von vornherein problematisch, per Gesetz eine auf Konsens und Kommunikation aufbauende Ordnung wieder stabilisieren zu wollen. Die gesellschaftlichen Mechanismen, die die alte Republik getragen hatten und die den weit überwiegenden Teil der Bevölkerung zu einer konstruktiven Mitwirkung in der politischen Ordnung bewogen hatten, gründeten nicht primär auf starr fixierten Normen. Die integrative Kraft des republikanischen Systems ergab sich vielmehr aus dem feingliedrigen Interessenausgleich zwischen den Schichten und der Entwicklung einer kollektiv suggestiven Vorstellung über die Bedeutung und die Leistungsfähigkeit der eigenen Gesellschaft. Die gefährdete kommunikative Balance in diesem Bereich ließ sich kaum durch eine formalisierte Reform wieder herstellen. So sind Livius Drusus der gute Wille und eine bemerkenswerte politische Weitsicht nicht abzusprechen, doch auch ihm gelang die Quadratur des Kreises nicht. Auch er konnte eine gewohnheitlich gewachsene Ordnung nicht durch einen zentralistischen Eingriff retten.

Die Aufhebung seiner Gesetzesvorlage hat das Projekt vor einem offenen Auftreten der darin angelegten Widersprüche bewahrt. Aber auch dieses institutionelle Scheitern half dem Initiator der Projekte nicht: Nur kurz nach der formalen Annullierung der Gesetze wurde Marcus Livius Drusus unter ungeklärten Umständen ermordet. Damit war der letzte große Reformprozess, der sich unter friedlichen Bedingungen vollziehen sollte, gescheitert.

3. Der Bundesgenossenkrieg (91–88 v. Chr.)

Das Scheitern der Gesetzesvorhaben von Livius Drusus wurde in der Folgezeit durch den Ausbruch des Bundesgenossenkrieges überdeckt. Die brüske Ablehnung des integrativen Kurses, den Livius Drusus verfolgt hatte, und die ostentative Abgrenzung gegenüber den Bundesgenossen, die sich stattdessen in den politischen Maßnahmen der römischen Verwaltung offenbarte, ließen die Beziehungen zu Teilen der Verbündeten äußerst gespannt werden. Im Herbst 91 v. Chr. wurde schließlich in der Stadt Asculum ein von Rom entsandter Prätor von den aufgebrachten Bewohnern erschlagen, die sich das arrogante Auftreten des römischen Beamten nicht mehr bieten lassen wollten. Nach diesem Akt der Rebellion gegen Rom griffen verschiedene italische Gemeinwesen und Stammesstaaten zu den Waffen und begannen den Krieg gegen Rom, der sich bis 88 v. Chr. und in einigen Regionen Italiens noch länger hinziehen sollte. Im Zentrum der Erhebung standen vor allem die Bewohner der gebirgigen Regionen Mittel- und Süditaliens, die sich trotz der Romanisierung wesentliche Teile ihrer stammesstaatlichen Tradition bewahrt hatten: die Marser und die Samniten. Aber auch in Lukanien, Apulien und dem südlichen Kampanien gab es starke Abfallbewegungen. Während die Rolle der Einwohner von Etrurien und Umbrien in der Forschung diskutiert wird, ist eindeutig, dass die latinischen Kolonien und die meisten griechischen Stadtstaaten Rom treu blieben.

Motive der Bundesgenossen

Die Motivation der Bundesgenossen und die konkreten Umstände des Ausbruches sind in der gegenwärtigen Forschung Gegenstand intensiver Diskussionen. In der traditionellen Sicht stellte sich der Konflikt zwischen Rom und seinen Verbündeten als geradezu zwangsläufige Folge des kulturellen Zusammenwachsens Italiens dar. Nachdem die Italiker sich in den langwierigen Akkulturationsprozessen immer stärker an die Römer angeglichen hatten, verlangten sie nun auch die offizielle Aufnahme in den römischen Staatsverband. Ihre eigene gemeinschaftliche Identität habe sich zunehmend abgeschwächt und daher sei die gleichberechtigte Teilhabe als römische Bürger in der *res publica Romana* ihnen nur als folgerichtige Fortführung der politischen und kulturellen Konvergenz erschienen. Dazu kam, dass die Italiker mehr als die Hälfte der Soldaten in den Eroberungskriegen stellten und auch dafür eine Entschädigung erwarteten. In dieser Interpretation ging es in dem Konflikt also nicht um die Loslösung von Rom oder gar die Vernichtung des politischen Zentrums Italiens: Ganz im Gegenteil, es war ein Kampf um das römische Bürgerrecht und damit um politische Integration.

Thesen von Mouritsen

Diese Sichtweise sieht sich in jüngster Zeit mit einer pointierten Gegenposition konfrontiert, die insbesondere der dänische Althistoriker Henrik Mouritsen vertritt. Für Mouritsen resultiert die Annahme, dass die Italiker unbedingt das römische Bürgerrecht wollten, eher aus den modernen Erfahrungen der Entstehung der Nationalstaaten als aus der kritischen Lektüre der antiken Quellen. Insbesondere der Erfolg der deutschen und der italienischen Einigungsbewegung im 19. Jahrhundert habe dazu beigetragen, dass die ältere Forschung die vielfältige Aufsplitterung der politischen Landschaft im republikanischen Italien als einen unnatürlichen Zustand betrachtet habe, der überwunden werden musste. Die ‚Einigung' Italiens wird auf diese Weise als Ziel vorausgesetzt, ohne dass die Motive und Interessen der Beteiligten angemessen reflektiert werden. In der Auffassung von Mouritsen hatten die Italiker gar kein Motiv, Römer werden zu wollen. Ihre jeweilige lokale Identität als kulturelle und politische Einheit war noch stark ausgeprägt. Die Menschen waren immer noch stolz, Samnite oder Marser zu sein. Sie besaßen ihre traditionellen Regierungsformen und Verwaltungsstrukturen, ihre Magistrate und Versammlungen. Als römische Bürger wäre ihnen nur noch eine gewisse kommunale Selbständigkeit geblieben. Für alle wichtigen Fragen wären die politischen Institutionen und Beamten in Rom zuständig gewesen. Diese Eigenständigkeit zugunsten einer von außen übernommenen römischen Staatsbürgerschaft aufzugeben kam für sie nicht in Frage, zumal ihre Chancen auf politische Durchsetzungsfähigkeit als Neubürger im republikanischen System eher zweifelhaft waren.

So wollten die Bundesgenossen für Mouritsen nicht die Integration in das bestehende Gemeinwesen der Republik, sondern grundlegende Veränderungen in ihrer Beziehung zu Rom erreichen. Das bisher einseitige Bündnisverhältnis zum römischen Staat, das den Bundesgenossen zwar innere Autonomie garantierte, sie aber außen- und machtpolitisch zu Gehilfen der Römer degradierte, sollte auf eine neue Basis gestellt werden. Ziel sei es gewesen, das hierarchische Verhältnis zu Rom durch die Gründung eines wirklichen Bundesstaates zu ersetzen, in dem alle Gemeinwesen durch eine repräsentative Vertretung Einfluss auf die gemeinsame Politik nehmen konnten. Für Mouritsen ging es in dem Konflikt also um die Einführung eines repräsentativen Systems, das die Völker ganz Italiens umfasste. Nicht das Aufgehen in einem römischen Gesamtstaat strebten die Italiker an, sondern die gleichberechtigte Teilhabe an den Entscheidungen bei gleichzeitiger Wahrung ihrer kollektiven Identität.

Der große Vorteil der Interpretation von Mouritsen liegt darin, dass er den Motiven der Italiker zur Aufnahme des Kampfes klare Konturen verleiht, während die Überlegungen in der älteren Forschung zu den Vorteilen des römischen Bürgerrechts recht diffus blieben und sich zumeist nur auf Partikularinteressen einzelner Gruppen bezog, wie zum Beispiel der italischen Kaufleute in den Provinzen, die sich benachteiligt gefühlt haben sollen. Wirklich überzeugend können diese Einzelinteressen das konsequente Vorgehen der ganzen Gemeinwesen nicht erklären. Eine Neuordnung Italiens zugunsten der Bundesgenossen harmonisiert daher wesentlich besser mit den historischen Wahrscheinlichkeiten.

Organisation der Italiker

Gestärkt wird die Plausibilität in den Überlegungen von Mouritsen auch durch die konkreten Abläufe im Bundesgenossenkrieg. Schon der enorme Hass und die Grausamkeit, mit der beide Seiten diesen Konflikt führten, müssten erstaunen, wenn es letztlich nur um den Abschluss einer langfristigen integrativen Entwicklung gegangen wäre. War es aber ein Ringen fundamental unterschiedlicher Auffassungen über die politische Struktur der gemeinsamen Lebenswelt, so leuchtet das unbarmherzige Vorgehen der Gegner ein. Viel sagender ist aber noch die rasch sich vollziehende Etablierung einer auf repräsentativen Prinzipien basierenden staatlichen Organisation der Gegner Roms. Schon kurz nach dem Ausbruch der Feindseligkeiten gründeten die Bundesgenossen, die sich im Krieg mit Rom befanden, einen gemeinsamen Senat, der sich aus 500 Delegierten aus allen teilnehmenden Gemeinwesen zusammensetzte. Die exekutive Gewalt, und dies hieß in dieser Zeit vor allem die Kriegsführung, wurde in die Hände von zwei Konsuln gelegt, die wahrscheinlich vom Senat ernannt wurden. Von einer Volksversammlung hören wir nichts. Das Prinzip einer Volksversammlung, in der jeder Einzelne direkt Mitglied war und die Ausübung des Stimmrechts von der persönlichen Anwesenheit abhing, wurde also bewusst aufgegeben zugunsten einer indirekten Teilhabe über die Delegierten des eigenen Gemeinwesens. Dies entsprach der ursprünglichen Organisationsform vieler italischer Stämme und Bünde, so zum Beispiel auch des Latinerbunds in der Frühzeit. Der zunehmend als Fremdherrschaft angesehenen Dominanz Roms wurde die gemeinschaftliche Organisation freier Gemeinwesen, repräsentiert im höchsten Gremium, entgegengesetzt. Symbolisch verdichtet wurde dieser Kontrast zu Rom in der Ausrufung des Staates ‚Italia', der zunächst seinen Sitz in der Stadt Corfinum hatte. Der Staat Italia war ein föderatives Gemeinwesen, bei dem die politische Teilhabe nicht die Aufgabe der eigenen Identität bedeutete. Die Italiker wollten keine Römer werden, sondern das bleiben, was sie waren, aber auch an wichtigen Entscheidungen beteiligt werden.

In jedem Fall zeigt das Vorgehen der Italiker deutlich, dass es sich nicht um eine spontane Erhebung handelte, die einer situativen Verdichtung des Unmutes gegen Rom geschuldet war. Vielmehr lagen dem Aufstand der Bundesgenossen lange und sorgfältige Planungen zugrunde, von denen man gerüchteweise auch in Rom hörte. Gerade das massive Vorgehen der römischen Magistrate aufgrund dieser Indizien sollte den Ausbruch des Krieges dann beschleunigen. Der Krieg wurde auf beiden Seiten mit Härte und Erbitterung geführt. Für die Römer war er nicht nur deshalb so bedrohlich, weil die Gegner sich offensichtlich gut vorbereitet hatten, sondern vor allem, weil auch auf der anderen Seite Soldaten kämpften, die nach römischem Vorbild ausgebildet worden waren und deren Bewaffnung sich nicht wesentlich von der römischen unterschied. Pointiert kann man sagen, dass auf beiden Seiten ‚römische' Soldaten in die Schlacht gingen. Darüber hinaus machte sich auf römischer Seite schmerzlich bemerkbar, dass man seit mehr als 200 Jahren gewohnt war, die auswärtigen Kriege zumindest zur Hälfte durch Kontingente der Bundesgenossen führen zu lassen. So waren die gegnerischen Soldaten nicht nur genauso leistungsfähig, ihr Abfall riss auch große Lücken in die Reihen der Römer.

Aufgrund dieser doppelten Belastung sahen sich die Römer genötigt, aus allen Teilen ihres Herrschaftsgebietes Truppenteile und militärische Verbände nach Italien zu beordern, um dem Druck der Italiker standzuhalten. Ohne allzu detailliert auf die militärischen Abläufe einzugehen, lässt sich konstatieren, dass dies den Römern zunächst nur unzureichend gelang. Das erste Kriegsjahr 90 v. Chr. sah die Italiker eindeutig im Vorteil. Unter dem Eindruck dieser Entwicklung entschloss man sich in Rom, den noch treu gebliebenen Bundesgenossen politische Zugeständnisse zu machen. Vor allem die latinischen Kolonien, die als römische Wehrsiedlungen im Gegensatz zu anderen italischen Völkern über keine allzu ausgeprägte eigene Identität verfügten, forderten schon lange das römische Bürgerrecht. Für die Latiner bot die Aufnahme in den Bürgerverband wesentliche Vorteile, vor allem eine Entlastung bei der Anzahl der zu stellenden Soldaten. Wahrscheinlich werden sie in der Krisensituation diese Interessen gegenüber den Römern vernehmlich geäußert haben.

lex Iulia

Angesichts dieser schwierigen Situation entschieden sich die Römer (wahrscheinlich im Spätherbst 90 v. Chr.) dafür, ihren engsten Verbündeten entgegenzukommen, und boten den treu gebliebenen Gemeinden durch eine Gesetzesinitiative des Konsuls Lucius Iulius Caesar (*lex Iulia de civitate sociis danda*) die Übernahme des römischen Bürgerrechts an, was insbesondere die Latiner gerne akzeptierten. Zudem durften die Feldherren nun das Bürgerrecht relativ großzügig an verdiente Truppenteile vergeben, die aus den Provinzen herangezogen worden waren.

Aber es gab noch eine ganze Reihe von Gemeinwesen, die sich nicht recht entscheiden konnten, auf welcher Seite sie sich engagieren sollten. Für diese ‚unsicheren Kantonisten' vermutet Werner Dahlheim, dass sie durch dieses Gesetz unter Druck gesetzt werden sollten, sich endlich zu erklären. In der Hoffnung, dass die Mehrzahl sich Rom anschlösse, sollten sie durch das Gesetz gezwungen werden, Position zu beziehen und aktiv auf der römischen Seite zu kämpfen. Wer das römische Bürgerrecht nicht wollte, enttarnte sich jedenfalls als Feind der Römer und wurde bekämpft. Im Grunde war die Regelung für diese Bundesgenossen ein ‚massives Ultimatum', das eine abwartende Position verhindern sollte. Aus Städten wie Neapel und Herakleia wissen wir, dass das römische Angebot trotz des äußeren Drucks nur mit hauchdünner Mehrheit angenommen wurde. Ähnlich war die Situation in Etrurien. Rom war aber entschlossen, den Kampf bis zum Letzten durchzustehen, und scheute sich dabei nicht, weiter zu polarisieren.

lex Plautia Papiria

Im Laufe des Jahres 89 v. Chr. wurde ein weiteres Gesetz erlassen, die *lex Plautia Papiria*. Der Inhalt dieser Regelung ist uns nur bruchstückhaft bekannt. Ein wichtiger Bestandteil könnte jedoch der Versuch gewesen sein, die Front der Gegner dadurch aufzuweichen, dass es nun auch einzelnen Angehörigen der feindlichen Gemeinwesen ermöglicht wurde, das römische Bürgerrecht anzunehmen, wenn sie sich innerhalb von 60 Tagen in Rom beim zuständigen Praetor meldeten. Damit sollten einzelne Personen, die aus individuellen Gründen das römische Bürgerrecht anstrebten, aus ihren Heimatgemeinden herausgelöst und so die Gegenseite geschwächt werden. Der Erfolg dieser Maßnahme bleibt für uns weitgehend unklar, doch steht fest, dass der Widerstand in den Zentren der Bundesgenossen unvermindert andauerte.

Die Römer mussten 89 v. Chr. ihr gesamtes militärisches Potential mobilisieren, um der Herausforderung Herr zu werden. Am Ende des Jahres war die Lage aus römischer Sicht wieder weitgehend unter Kontrolle, auch wenn der Widerstand in einzelnen Regionen noch in den nächsten Jahren anhalten sollte. Am Ende des Krieges stand die Verleihung des römischen Bürgerrechts an alle Einwohner Italiens südlich des Pos, wobei die hartnäckigsten Gegner noch ein paar Jahre als ‚Unterworfene' warten mussten, bis auch sie in den Bürgerverband aufgenommen wurden.

Das Ergebnis des Krieges

Die aufständischen Italiker erhielten also das Bürgerrecht als Besiegte. In der älteren Forschung wird dies allgemein als eine großzügige Geste der Römer interpretiert die zur Entschärfung des Konflikts beitragen sollte. Warum die Römer bei all dem Hass im Kampf diese Großmütigkeit hätten walten lassen sollen, erschließt sich aus dem historischen Kontext aber kaum. Sinnvoller erscheint es deshalb, dieses Vorgehen der Römer aus der Sicht der wichtigsten Aufständischen als eine Bestrafung anzusehen. Sie verloren ihre politische und langfristig auch in großen Teilen ihre kulturelle Identität, um als Römer in das römische Gemeinwesen zwangsintegriert zu werden. Was uns heute als Gunst erscheint, werden viele Betroffene als Tragödie empfunden haben.

VII. Roms Weg in den Bürgerkrieg (88–82 v. Chr.)

88	Konflikt zwischen dem Konsul Lucius Cornelius Sulla und dem Volkstribun Publius Sulpicius Rufus über die Eingliederung der neuen Bürger in die politische Ordnung Roms Sullas Marsch auf Rom
88–85	Krieg gegen König Mithridates VI. von Pontos
87–84	Sulla in Griechenland und Kleinasien zum Kampf gegen Mithridates Dominanz seines Gegners Lucius Cornelius Cinna in Italien
83–82	Ausbruch des Bürgerkrieges und Sieg Sullas

1. Vom Aristokraten zum Meuterer: Die Karriere des Lucius Cornelius Sulla

Der Bundesgenossenkrieg hatte schwerwiegende Folgen für Italien. Es gab nicht nur auf beiden Seiten eine erhebliche Zahl an Kriegstoten zu beklagen. Auch große Teile des Landes waren verwüstet worden, da die Kampfhandlungen zum ersten Mal seit dem Krieg gegen Hannibal wieder in den eigenen Gebieten gewütet hatten. Zum Aderlass an Menschen gesellten sich also auch enorme wirtschaftliche Verluste hinzu. Zudem hatte die Konfliktkonstellation eher den Charakter eines Bürgerkrieges als eines Kampfes gegen auswärtige Feinde. Die Verluste auf beiden Seiten schwächten also das römische Gemeinwesen. Über der Betrachtung dieser direkten Schäden sollte man aber nicht die schwerer fassbaren mentalen Folgen vergessen. Noch lange Zeit wirkten der Hass und die Erbitterung, mit der auf beiden Seiten gekämpft worden war, im Bewusstsein der Menschen nach und spalteten Italien tief. Die Integration der Italiker in das römische Gemeinwesen war keine kurzfristige Problematik, sondern vollzog sich erst langsam im Laufe der kommenden Jahrzehnte.

Diskussion um Integration der Neubürger

Die Verwerfungen des Krieges wirkten auch auf die römische Innenpolitik fort. Zwar war es dem Gemeinwesen mit letzter Kraft gelungen, die Auseinandersetzung mit den Italikern erfolgreich für sich zu entscheiden, doch flammten die innenpolitischen Konflikte, die seit Jahrzehnten die politische Sphäre Roms beherrschten, schon wieder auf, als die Kampfhandlungen in Italien noch gar nicht endgültig beendet waren. Zum zentralen Streitpunkt, an dem sich die Auseinandersetzungen erneut entzündeten, wurde das Problem, wie die neuen römischen Bürger aus den italischen Gemeinden in den Staat integriert werden sollten. Dabei ging es vor allem um die Frage, ob die Neubürger so auf die einzelnen Stimmeinheiten (*tribus*) verteilt werden sollten, dass ihre Stimmen in den Versammlungen den gleichen Einfluss besaßen wie die der Altbürger, oder ob es nicht legitim sei, sie im institutionellen Gefüge deutlich zu benachteiligen, indem man sie nur in wenige Stimmeinheiten einschrieb. Da die Römer in ihren Versammlungen nie direkt, sondern immer erst in einer Stimmeinheit abstimmten und diese dann ihr Votum als Einheit in den Entscheidungsprozess einbrachte, wäre die Vorherrschaft der Altbürger ungefährdet geblieben, wenn man für alle Neubürger zu den bestehenden 35 *tribus* nur 8 neue geschaffen hätte oder sie ausschließlich in die 4 städtischen *tribus* eingeschrieben hätte, die eh schon eine sehr große Zahl von Bürgern umfassten.

E

tribus

Die 35 *tribus* waren ursprünglich die Landbezirke, in die das römische Territorium eingeteilt war. Jeder römische Bürger war in einem dieser Landbezirke eingeschrieben. In Rom dienten die *tribus* als Untergliederung und Stimmeinheiten wichtiger Volksversammlungen. In den Versammlungen stimmten die Bürger zuerst in ihrer *tribus* ab. Wenn dort ein Beschluss eine interne Mehrheit gefunden hatte, wurde die Stimme der *tribus* als Ganzes gezählt, so dass die Mehrheit für einen Beschluss in der Volksversammlung bei 18 *tribus* lag. Nach 241 v. Chr. wurden keine neuen *tribus* mehr eingerichtet, obwohl das römische Gebiet sehr stark expandierte. Statt dessen wurden die neuen Bürger, gleich wo sie wohnten, in die bestehenden *tribus* eingeschrieben, so dass die *tribus* ihren territorialen Charakter verloren und nur noch Stimmeinheiten waren, in denen Bürger ganz unterschiedlicher regionaler Herkunft zusammengefasst waren.

Bestrebungen nach Benachteiligung der Neubürger

Faktisch ging es in der Diskussion darum, ob man gezielt eine Einteilung in Bürger erster und zweiter Klasse schaffen wollte. Erhebliche Teile der politischen Führungsschicht scheinen für diese Diskriminierung plädiert zu haben, da sie auf diese Weise hoffen konnten, den Einfluss gerade der reichen Italiker – nur diese konnten sich eine aktive Teilnahme am politischen Leben in Rom erlauben – zu begrenzen. Da die neu in das Bürgerrecht aufgenommenen Gebiete zunächst so gut wie keine Senatoren stellten, hätte das politische Gewicht der wohlhabenden Italiker bei gleichmäßiger Verteilung auf alle Stimmeinheiten vor allem die Interessenvertretung der Ritter gestärkt, zu denen die reichen Neubürger nun gezählt wurden. Die Exklusivität der senatorischen Oberschicht im politischen System drohte im Rahmen der Erweiterung der Bürgerschaft zu einem Nachteil zu werden, da die Vergrößerung der stimmberechtigten Angehörigen der Oberschicht vor allem dem Ritterstand zugute kam. Die römischen Senatoren hätten sich also mit einer wesentlich stärkeren Gegenposition im politischen Raum konfrontiert gesehen. Um dies zu vermeiden, traten offensichtlich die führenden Familien der Nobilität, die die wichtigsten Magistraturen besetzten, für eine strukturelle Benachteiligung der Italiker ein. Dabei dürfte die Hoffnung mitgeschwungen haben, dass die minderberechtigten Angehörigen der italischen Oberschicht sich wie schon früher üblich an die führenden Senatoren wenden würden, um ihre Interessen vertreten zu lassen, die sie aufgrund ihrer schwachen Position in den politischen Institutionen alleine nicht durchsetzen konnten. Auf diese Weise wäre es wieder zu einer clientelartigen Bindung der reichen Neubürger an die führenden Familien Roms gekommen. Im Gegenzug zu der Unterstützung in eigenen Angelegenheiten wären die reichen Italiker bei politischen Konflikten gehalten gewesen, eher die Position der einflussreichen Senatoren zu vertreten. Damit wäre der Ritterstand geteilt worden.

Eine für die Festigung der dominanten Position der wichtigen *nobiles* im Staate günstige Ausgangsposition.

Gegen diese Bestrebungen regte sich jedoch heftiger Widerstand, der insbesondere von dem fähigen und rhetorisch versierten Volkstribun Publius Sulpicius Rufus angefacht wurde. Vehement plädierte Sulpicius Rufus dafür, die neuen Bürger gleichmäßig auf alle Stimmeinheiten zu verteilen und ihnen somit einen wesentlichen Einfluss auf die politischen Abläufe zu sichern. Dadurch wären sie unabhängiger von politischer Fürsprache geworden und hätten politische Bündnisse eingehen können, die sich stärker an den eigenen Interessen orientierten.

Der vehemente Konflikt, der sich an der Integration der Italiker in die *res publica* entzündete, betraf also nicht nur einen Seitenaspekt römischer Expansionspolitik, sondern berührte einen zentralen Nerv des innenpolitischen Lebens. Seitdem die konsensualistische Struktur der römischen Politik nach der Ermordung der Gracchen zunehmend durch die konfrontative Gegenüberstellung von Gruppeninteressen ersetzt worden war, musste eine Veränderung der Zusammensetzung der Bürgerschaft empfindliche Folgen für das Gleichgewicht der Kräfte innerhalb der politischen Institutionen besitzen. So musste die Verdoppelung der Bürgerzahl intensive Strukturdiskussionen hervorrufen, bei der die Beteiligten kaum mehr konsensfähige Kompromissvorschläge machen konnten. Zuviel stand auf dem Spiel.

Sulpicius Rufus

So verwundert es nicht, dass die innenpolitischen Auseinandersetzungen um die auf Gleichberechtigung der Italiker zielende Gesetzesinitiative des Volkstribuns Publius Sulpicius Rufus schnell zur Eskalation führten. In einem aufgeheizten Klima machten beide Seiten ihre Entschlossenheit deutlich, ihre Vorstellungen durchzusetzen. Sulpicius, der mit Livius Drusus befreundet gewesen sein soll und der auch zu Teilen der Oberschicht gute Beziehungen unterhielt, agitierte in der Öffentlichkeit intensiv für seinen Gesetzesvorschlag. Dabei umgab er sich mit einer Gruppe mehrerer hundert junger Ritter, die er scherzhaft als ‚Anti-Senat' bezeichnete. Darüber hinaus soll er von einem Gefolge bis zu 3000 Mann als Leibwache begleitet worden sein. Dies bildete einen Organisationsgrad der Gefolgschaft, den es in dieser Größenordnung bis dahin in der römischen Republik nicht gegeben hatte. Hier wird deutlich, dass es nicht um einen situativen politischen Konflikt ging, sondern weite Teile der römischen Ritterschaft hierin eine grundsätzliche Auseinandersetzung sahen, die es durchzufechten galt. Aber auch nicht wenige Senatoren niederen Ranges unterstützten Sulpicius, da sie den Machtansprüchen der großen Familien misstrauten.

In seiner Mehrheit stand der Senat jedoch den Plänen von Sulpicius grundlegend ablehnend gegenüber. Diese Front der erbitterten Gegner der vorliegenden Gesetzesentwürfe fand ihre Führungsfigur in einer der eigenwilligsten und schillerndsten Persönlichkeiten, die die römische Republik hervorgebracht hat: dem amtierenden Konsul von 88 v. Chr., Lucius Cornelius Sulla.

E

Lucius Cornelius Sulla

Er wurde 138 v. Chr. geboren. 107 v. Chr. war er Quaestor unter Marius im Krieg gegen Jugurtha und diente dort bis 105 v. Chr. 104 und 103 v. Chr. folgte er als hoher Offizier Marius nach Gallien und war 101 v. Chr. an der entscheidenden Schlacht gegen die Kimbern bei Vercellae beteiligt. 97 v. Chr. war er Prätor, ein

Amt, das er erst im zweiten Anlauf erreichte. Danach wirkte er als Proprätor in Kleinasien (96 v. Chr.). Im Bundesgenossenkrieg vertrieb er 89 v. Chr. als römischer Truppenführer samnitische Verbände aus Kampanien.

Sullas Herkunft

Sulla stammte aus einer alten patrizischen Familie, die zu den ältesten Geschlechtern Roms zählte. Doch dieser hehre Anspruch auf gesellschaftliche Geltung war schon lange aufgrund der politischen Erfolglosigkeit des Familienzweiges verblasst. Seit der Mitte des zweiten Jahrhunderts war die Familie in die politische Bedeutungslosigkeit abgerutscht. Trotz seiner aristokratischen Abstammung besaß Sulla daher bei seinem Eintritt in die Politik einen Status, der dem eines *homo novus*, eines Neuaufsteigers in die politische Führungsschicht, glich. Auch kann man nicht sagen, dass er sich bei seiner Karriereplanung durch besonderen Ehrgeiz und eine auffallende Dynamik auszeichnete. Die wichtigen staatlichen Ämter erlangte er vielmehr in einem relativ fortgeschrittenen Alter und musste dabei auch herbe Rückschläge hinnehmen. Von außen betrachtet hat man nicht den Eindruck, dass er es besonders eilig hatte. Vielmehr pflegte er einen ungewöhnlichen Lebensstil, der auch durch den allzu engen Kontakt mit Künstlern und vor allem Damen, die ihren Lebensunterhalt durch gesellschaftlich nicht anerkannte Tätigkeiten bestritten, geprägt war. Eine dieser Damen soll ihm sogar ihr Vermögen hinterlassen und damit seine Karrierechance im politischen Wettbewerb wesentlich verbessert haben.

Wenn er allerdings aktiv wurde, blitzten seine bemerkenswerten Fähigkeiten auf. So gelang es ihm, als er in der Funktion eines Quaestors unter dem Kommando von Marius in Nordafrika diente, durch eine gewagte Aktion, die ihn leicht das Leben hätte kosten können, den flüchtigen König Jugurtha gefangen zu nehmen. Dass sich dessen Schwiegervater Bocchus zur Auslieferung des Flüchtigen bereit erklärte, wirft ein bezeichnendes Licht auf die diplomatischen Fähigkeiten Sullas und die persönliche Ausstrahlung, die im direkten Umgang von ihm ausgehen konnte. Die Verbindung zu Bocchus blieb auch über das Ende des Krieges in Afrika erhalten und half Sulla bei seiner Karriere, als dieser ihm zum Beispiel für die Spiele während seiner Prätur 100 lebende Löwen nach Rom sandte. Zum ersten Mal bei Circusspielen wurden diese Löwen dann unangekettet niedergekämpft.

Marius und Sulla

Angesichts der späteren erbitterten Feindschaft zwischen Marius und Sulla wurde oft gesagt, dass die Festnahme Jugurthas durch den jungen Quaestor Marius so erzürnt habe, dass er diesen in der Folgezeit mit seinem Hass verfolgte. Bedenkt man jedoch, dass Marius Sulla während der entscheidenden Kämpfe gegen die Kimbern und Teutonen mit einem wichtigen Kommando betraute und dies, obwohl Sulla selbst als junger Mann keinen Militärdienst geleistet hatte, so kann man kaum von einem tiefgehenden Bruch in der persönlichen Beziehung ausgehen. Noch für die beginnenden neunziger Jahre kann Ernst Badian mit guten Argumenten für eine enge Bindung zwischen den beiden Protagonisten plädieren. Erst in der Folgezeit kam es zum Bruch, und dies scheint mit der politischen Annäherung Sullas an die führenden Kräfte im Senat zusammenzuhängen.

Sulla und die Nobilität

Indizien für diese zunehmenden Bindungen Sullas an den Führungszirkel der Nobilität zeigen sich in der Tatsache, dass Sulla nach dem Tod des mächtigen Marcus Aemilius Scaurus dessen Witwe heiratete, die selber aus der damals einflussreichsten Familie, den Metelli, stammte. Zudem erlaubte der Senat 91 v. Chr. Bocchus, eine Statuengruppe auf dem Kapitol, dem zentralen Kultort Roms, aufzustellen, die die Gefangennahme Jugurthas durch Sulla verherrlichte. Mit dieser Geste sollte Marius' Sieg im Jugurthinischen Krieg öffentlich entwertet und das Prestige des alten Feldherrn, den weite Teile der senatorischen Oberschicht weiterhin ablehnten, gemindert werden. Der Gegensatz zwischen Marius und Sulla nahm nun feste Formen an.

So verwundert es nicht, dass Sulla bei seiner Bewerbung um den Konsulat für das Jahr 88 v. Chr. sich auf die Unterstützung wichtiger Senatoren stützen konnte. Nachdem seine Karriere lange Zeit eher holprig verlaufen war, gewann sie nun die notwendige Dynamik, um das höchste Amt in der Republik zu erreichen. Dabei half Sulla auch die Tatsache, dass er sich im Krieg gegen die Bundesgenossen als Feldherr hatte profilieren können. Nach erfolgreichen Kämpfen gegen die Bundesgenossen hatte er 89 v. Chr. das Heerlager der Samniten vor Nola (in Kampanien) eingenommen. So ging er mit frischem militärischem Prestige in den Wahlkampf und setzte sich in der Konkurrenz gegen wichtige andere Aristokraten durch.

2. Der Marsch auf Rom (88 v. Chr.)

Sein Kollege im Amt war Quintus Pompeius Rufus, dessen Sohn mit Sullas Tochter verheiratet war. Bei der Auslosung um den Amtsbereich hatte Sulla Glück: Ihm fiel der Krieg gegen den König Mithridates in Kleinasien zu, der die schwierige Situation im Rahmen des Bundesgenossenkrieges ausgenützt hatte, um in römisches Gebiet einzufallen und die griechische Provinzialbevölkerung zum Aufstand zu bewegen.

Doch bevor die neuen Konsuln sich ihren militärischen Schwerpunktbereichen in der Amtsführung zuwenden konnten, sahen sie sich mit innenpolitischen Problemen konfrontiert. Sulpicius Rufus propagierte seine Initiative zur Integration der Italiker. Zudem sah sein Gesetzesentwurf auch vor, dass ehemalige Sklaven, die durch Freilassung das römische Bürgerrecht erhalten hatten, entgegen der bisher gültigen Regelung ebenfalls auf alle *tribus* verteilt werden sollten. Mit seiner wohlorganisierten Anhängerschaft beherrschte Sulpicius Rufus den öffentlichen Raum in Rom und schüchterte seine Gegner ein. Mit Hilfe einer Mischung aus Überzeugungskraft und Gewaltandrohung schien der Volkstribun sein Vorhaben sicher durch die Volksversammlung bringen zu können. Um diesen sich abzeichnenden Erfolg doch noch zu verhindern, griffen die Konsuln Sulla und Pompeius Rufus zu einem formalen Trick: Sie erklärten die folgenden Wochen zu religiösen Feiertagen (*feriae*), an denen nach altem römischen Recht keine Volksversammlungen stattfinden durften. Auf diese Weise sollte eine Abstimmung über den Gesetzesvorschlag während der Amtszeit von Sulpicius Rufus verhindert werden. Die Vorgehensweise war rechtlich zumindest umstritten. Zwar hatten die obersten Magistrate zweifelsohne das Recht, Tage zu Feiertagen zu erklären und damit für diese Zeit das politische Leben zu suspendieren. Doch war eine Instrumentalisierung religiöser Rituale für politische Zwecke in diesem Ausmaß bis dahin noch nicht vorgekommen.

Gewalt in Rom

Die Reaktion der Gegenseite ließ daher auch nicht lange auf sich warten. Mit äußerster Gewalt gingen die Anhänger des Sulpicius nun gegen die politischen Gegner vor. Die Szenerie eskalierte derart, dass der Konsul Sulla sich genötigt sah, sich vor einer aufgebrachten Menschenmenge in das Haus seines Rivalen Marius zu flüchten und diesen zu bitten, die Lage zu beruhigen. Marius besaß in dieser Situation einen nicht unerheblichen Einfluss, da Sulpicius Rufus schon länger das politische Bündnis mit dem alten Kriegshelden gesucht hatte, um von dessen Prestige, aber auch von der Unterstützung durch dessen Veteranen zu profitieren. Der alte General, der sich so schlecht von der Nobilität behandelt glaubte, nahm die Chance, erneut im politischen Leben eine bedeutendere Rolle zu spielen, gerne wahr. Für den Moment konnte Sulla nur dankbar sein, dass Marius die Lage wieder unter Kontrolle brachte.

Nach dieser Episode war klar, dass ein Widerstand gegen die Initiative von Sulpicius kaum mehr möglich war, und so hoben die Konsuln die Feiertage auf und ließen damit die Abstimmung zu. Für Sulla bedeutete dies eine schwere politische Niederlage, die auch sein Ansehen in den Führungskreisen des Senats beschädigt haben dürfte. Er hatte sich nicht als ein Bollwerk gegen die innenpolitischen Gegner des Senats bewährt. Umso wichtiger war es für Sulla nun, diese innenpolitische Scharte durch einen glänzenden militärischen Erfolg auszuwetzen. Dazu bot ihm das schon übertragene Oberkommando für den Krieg gegen Mithridates eine hervorragende Gelegenheit.

Entzug des Oberkommandos von Sulla

Doch schon kurz nach Sullas Aufbruch zu seinen Truppen, die bei Nola in Kampanien lagen, begann Sulpicius gegen das Oberkommando Sullas in dem bevorstehenden Krieg zu agitieren. Hierbei dürfte er zwei Ziele zugleich verfolgt haben: Zum einen wollte er seinem innenpolitischen Feind nicht die Chance zur Regenerierung seiner politischen Kraft geben. Zum anderen stand der Volkstribun offensichtlich bei Marius im Wort, der unbedingt das Oberkommando selbst erhalten wollte, um seinen in die Jahre gekommenen Ruhm als großer Feldherr aufzufrischen und damit seiner Position in Rom größeres Gewicht zu verleihen. Die Unterstützung, die Marius Sulpicius gewährte hatte, war nicht ohne Gegenleistung zu haben. So beantragte der Volkstribun denn auch in der Abwesenheit Sullas, das Oberkommando gegen Mithridates Sulla zu entziehen und auf Marius zu übertragen. Und die Volksversammlung stimmte zu.

Die Rechtsgrundlage dieses Beschlusses war umstritten. Gewohnheitsrechtlich war die Außenpolitik eine Kerndomäne des Senats. Dazu gehörte auch die Besetzung von militärischen Kommandostellen. Der Senat konnte dies direkt durch Beschluss regeln oder aber, wie es diesmal der Fall war, dem Losentscheid zwischen den Magistraten überlassen. In jedem Fall war er in diesen Fragen der Herr des Verfahrens. Aber in der Karriere von Marius gab es schon einmal eine Situation, wo die Volksversammlung den Senat in diesem Bereich übergangen hatte: Nach seiner Wahl zum Konsul für das Jahr 107 v. Chr. hatte das Volk entgegen dem ausdrücklichen Senatsbeschluss, der das Kommando von Metellus Numidicus verlängert hatte, ihm den Oberbefehl gegen Jugurtha übertragen. Nachdem seine militärische Karriere auf diese Weise begonnen hatte, gedachte der nun bejahrte Feldherr ihr ein weiteres Glanzlicht hinzufügen.

Ermordung der Gesandten

Nachdem der entsprechende Volksbeschluss gefasst worden war, schickte man Gesandte in Sullas Lager, die den Feldherrn und die Soldaten von den Veränderungen im Oberbefehl unterrichten sollten. Ernsthafte Schwierigkeiten bei dieser Mission wurden von niemandem erwartet. Doch es sollte alles ganz anders kommen. Als die von Rom gesandten Offiziere, die die Truppen übernehmen sollten, im Feldlager eintrafen, sahen sie sich dem wütenden Widerstand der Truppen gegenüber. Schließlich wurden sie sogar von den erbosten Soldaten gesteinigt, und diese forderten nun ihren Befehlshaber Sulla auf, mit ihnen nach Rom zu marschieren und den Beschluss zu revidieren. Dieser musste nicht lange von seinen Untergebenen gebeten werden, sondern befahl nach einer kurzen Ansprache den Aufbruch nach Norden. Damit war der erste Bürgerkrieg in der Geschichte der römischen Republik eröffnet.

Auch wenn Sulla im Rahmen der Ereignisse eher passiv wirkt, wird man keinesfalls mit der Annahme fehlgehen, dass die Stimmung unter den Soldaten und ihre Handlungsweise durch die geschickte Regie ihres Befehlshabers beeinflusst beziehungsweise gelenkt wurden. Er hatte schon immer während seiner Feldzüge ein bemerkenswertes Gespür für die Erwartungshaltung und die Denkweise seiner Soldaten bewiesen. Straffe Führung im Kampf und eine fast unrömische Toleranz für Verfehlungen in Ruhephasen prägten seinen Führungsstil. So wussten seine Truppen, dass er kein ‚Prinzipienreiter' war und er einiges verzieh, wenn man sich anschließend in der Schlacht bewährte. Dies führte zu einer eigenartigen Symbiose zwischen dem Feldherrn und seinen Truppen. Dieses interaktive Verhältnis, das den Soldaten einen beachtlichen Spielraum ließ, war für römische Verhältnisse völlig untypisch. Möglicherweise spielte die Tatsache, dass Sulla entgegen den römischen Traditionen als junger Mann keinen Militärdienst geleistet hatte und somit nicht so früh wie seine adligen Altersgenossen militärisch sozialisiert worden war, bei der Ausbildung dieses besonderen Verhältnisses eine Rolle. Erst relativ spät sah er sich während der Ausübung der höheren Ämter mit der Welt des römischen Feldlagers konfrontiert.

Die sich daraus ergebende Distanz zum Soldatenleben dürfte ihm die Instrumentalisierung der ihm anvertrauten militärischen Macht zu seinen eigenen Zwecken erleichtert haben. Und Handlungsbedarf bestand für ihn zweifellos. Hätte er sich der Kommandoenthebung kampflos gebeugt, hätte ihn in Rom das wenig freudvolle Schicksal eines höchstens durchschnittlich erfolgreichen Konsulars erwartet, der auf einige Höhepunkte in seinen militärischen Leistungen verweisen konnte, im politischen Bereich aber letztlich gescheitert war und damit auch seine Einflussperspektive in der römischen Oberschicht weitgehend verloren hatte. Ein ruhiger Lebensabend in Mittelmäßigkeit aber war nicht eine Vision, für die sich ein Mann vom Schlage Sullas begeistern konnte.

Der Marsch auf Rom

So fasste er den Entschluss, das Äußerste zu wagen. Dass seine Soldaten dabei mitmachten, ja vielleicht sogar eine aktive Rolle bei der Entschlussfassung spielten, lag aber nicht nur an der besonderen Bindung, die sie zu ihrem Kommandanten empfanden. Der geplante Marsch auf Rom bildete den Bruch mit einer jahrhundertelangen Tradition. Noch nie hatten Truppenteile aus römischen Bürgern sich gewaltbereit dem politischen Zentrum genähert. Selbst die Erzählungen über die Frühzeit der Republik, die manche mahnende Episode über Fehlverhalten und seine Konsequenzen bereit hielten, boten dafür kein Beispiel. Nur die Geschichte von Coriolan, der aus Rache gegen seine Heimatstadt vorgehen wollte, ließe sich anführen. Doch führte dieser feindliche Truppen und nicht Bürger gegen Rom, bis er schließlich durch die Bitten seiner Mutter von seinem schändlichen Tun abgebracht werden konnte. Ein bewaffneter Marsch auf Rom bewegte sich also eigentlich für Römer außerhalb ihres kollektiven Vorstellungshorizontes.

Die Tatsache, dass die Truppen vor Nola trotzdem so leicht dazu zu bewegen waren, diesen unerhörten Schritt zu tun, lässt sich nur durch den zeitgenössischen Hintergrund des erbitterten Ringens mit den Bundesgenossen erklären, das in den zurückliegenden drei Jahren ganz Italien in Aufruhr versetzt hatte. Neben den politischen Konsequenzen sollten sich in der Folgezeit die Rückwirkungen auf das Verhalten eines nicht unerheblichen Teiles der römischen Soldaten als mindestens genauso wirkungsmächtig erweisen. Der mehrjährige Kampf gegen kulturell und politisch eng verbundene Gemeinwesen, gegen deren Widerstand die römischen Truppen mit aller Härte vorgegangen waren, veränderte auch die Sicht auf die politische Auseinandersetzung. Für die Teilnehmer an diesem inneritalischen Bürgerkrieg dürfte die Erfahrung des Kampfes gegen Verbündete die Hemmschwelle bei der Anwendung von Gewalt in der innergesellschaftlichen Konfrontation deutlich gesenkt haben.

Wirtschaftliche Probleme der Soldaten

Hinzu kam für viele Soldaten das Problem, dass ihre wirtschaftliche Existenzgrundlage durch Verwüstungen geschmälert, wenn nicht gar zerstört war. Mit großer Sorge werden diese Soldaten an die Zeit nach der Entlassung gedacht haben, die für sie eine ungewisse Zukunft bereithielt. Vergrößert wurde der Anteil der Soldaten, die auf keine gesicherte ökonomische Basis außerhalb des Militärdienstes zurückgreifen konnten, noch dadurch, dass die Römer im Bundesgenossenkrieg in einem erheblichen Ausmaß auch mittellose Bürger eingezogen hatten. Es galt eben nicht nur einem gefährlichen und gut geschulten Gegner gegenüberzutreten, sondern die eigene Rekrutierungsbasis war durch den Abfall der Bündner dramatisch geschrumpft. Das gefährliche Ringen mit den Bundesgenossen konnten die Römer nur für sich entscheiden, weil sie alle verfügbaren Kräfte mobilisierten. Dies steigerte aber den Anteil von Bürgern mit prekären wirtschaftlichen Situationen unter den kämpfenden Truppen.

Die enormen Kriegsschäden und die Veränderung der sozialen Struktur der Soldaten führten dazu, dass viele Angehörige der römischen Kampfverbände die Hoffnung hegten, durch Beuteanteile, die sie während des Kriegsdienstes bekamen, ihre wirtschaftliche Existenz langfristig absichern zu können. In dieser Situation musste die Teilnahme an einem Feldzug im reichen griechischen Osten wie ein Geschenk des Himmels erscheinen. Diese Grundeinstellung vieler Soldaten hatten Sulpicius und Marius unterschätzt. Als die von ihnen gesandten Offiziere im Feldlager vor Nola eintrafen, fürchteten die dort stationierten Truppen, dass nicht nur ihr Oberbefehlshaber abgesetzt würde, sondern dass Marius auch mit anderen Truppenteilen, die er bevorzugt aus seinen alten Veteranen rekrutierte, in den lukrativen Krieg gegen Mithridates zöge. Sullas Truppenteile wären dann leer ausgegangen. Sie fürchteten noch einige Zeit den unangenehmen Kampf gegen Widerstandsnester der Italiker führen zu müssen, um schließlich nach der Entlassung ihrem Schicksal preisgegeben zu werden. Diese Aussichten ließen in ihnen die Bereitschaft wachsen, mit ihrem Feldherrn auch gegen das politische Zentrum zu marschieren. Marius, der durch seine Reformen wesentlich die Aufnahme von Besitzlosen in die römische Armee gefördert hatte, wurde Opfer seiner eigenen Maßnahmen.

Es ist gut möglich, dass die Ereignisse anders abgelaufen wären, wenn Marius selbst zur Übernahme der Truppen nach Nola gekommen wäre. Hätte der alte General ihnen persönlich versichert, sie mit in den Kampf nach Osten zu nehmen, wäre die Motivation vieler Soldaten, Sulla zu folgen, wahrscheinlich entfallen. Doch muss man zugunsten von Marius und Sulpicius sagen, dass eine derartige Reaktion eines römischen Heeres kaum vorhersehbar war. Mit der Eröffnung einer Kampfhandlung gegen Rom war nicht zu rechnen. Und es war auch nicht so, dass es in Sullas Heer keinen Widerstand gegen diese Aktion gegeben hätte. Alle Offiziere bis auf einen stellten sich gegen ihren Feldherrn und verließen das Heer. Die Kommandokette brach zusammen. Nur Sulla und seine Soldaten handelten als eine Einheit. Wichtig für Sulla war es, dass auch sein Kollege im Konsulat, Pompeius Rufus, sich ihm anschloss und mit seinen Truppen auf Rom marschierte. Damit konnte zumindest eine gemeinsame Linie der Obermagistrate demonstriert werden.

Reaktionen in Rom

Als in Rom deutlich wurde, was sich in Kampanien ereignet hatte und welche Gefahren der Hauptstadt drohten, machte sich in allen Schichten blankes Entsetzen breit. Vier hochrangig besetzte Delegationen schickte man Sulla entgegen. Erst geboten sie ihm, von seinem Treiben Abstand zu nehmen, dann baten sie ihn nur noch. Doch alles half nichts. Sulla war entschlossen, bis zum Äußersten zu gehen. Allein diese Szenerien machen deutlich, dass man nicht von einer ‚Polizeiaktion' sprechen kann, die als Reaktion auf die unhaltbaren Zustände in Rom zu verstehen war und sich zumindest in einer Grauzone der Legalität bewegte, wie dies in Teilen der Forschung geschieht. Die stadtrömische Öffentlichkeit sah im Anmarsch Sullas eine Bürgerkriegshandlung, die einem direkten Angriff auf die althergebrachte Ordnung gleichkam.

Sullas Einmarsch in Rom

Die fundamentale Ablehnung, auf welche die Vorgehensweise Sullas stieß, erwies sich in aller Deutlichkeit, als seine Truppen Rom erreichten. Traditionell war die Stadt entmilitarisiert. Es gab keine Truppenverbände in der Stadt, nicht einmal eine Polizeieinheit hatten die Römer in ihrer Hauptstadt aufgestellt. Der öffentliche Raum im Zentrum des Weltreichs sollte nicht durch Gewalt beherrscht werden können, sondern nur von politischen Auseinandersetzungen geprägt sein. Trotz dieser fehlenden militärischen Infrastruktur leisteten die Einwohner Roms erbitterten Widerstand gegen die eindringenden Truppen Sullas, der die Soldaten sichtlich überraschte. Von den Dächern warfen die Menschen Ziegelsteine, und viele Häuser mussten einzeln erkämpft werden. Dieser überraschend starke Widerstand, an dem auch viele Veteranen des Marius beteiligt waren, führte sogar zu kritischen Situationen, die den ganzen Einmarsch in die Hauptstadt gefährdet erscheinen ließen. Gerettet wurde die Situation nur durch das persönliche Eingreifen Sullas, der an Brennpunkten selber voranstürmte. Plünderungen in der Hauptstadt wurden jedoch von Sulla unterbunden, so weit es in dieser unübersichtlichen Szenerie möglich war.

3. Sullas Regelungen in Rom und die Herrschaft Cinnas

Der hohe Grad an Gewalttätigkeit, der die Machtübernahme Sullas in Rom begleitete, trug nicht zu einer Beruhigung des politischen Klimas bei. Gestützt auf die schiere Militärmacht war es für Sulla aber ein Leichtes, die Rücknahme der Gesetze des Sulpicius sowohl bezüglich der politischen Eingliederung der Italiker als auch hinsichtlich des Oberbefehls gegen Mithridates durchzusetzen, weil sie nur mit Hilfe von Gewalt zustande gekommen seien (*per vim*). Um die Gegenseite dauerhaft zu schwächen, setzte Sulla zudem durch, dass zwölf seiner Gegner als Staatsfeinde geächtet wurden, darunter natürlich Sulpicius, aber auch der alte Marius. Angesichts des Gewaltpotentials, das sich im Vorfeld Bahn gebrochen hatte, erscheinen diese politischen Ächtungen in ihrem Umfang als eher bescheiden. Mit ihnen kam aber zum ersten Mal der Wille Sullas zum Ausdruck, die politische Sphäre dauerhaft von Gegnern zu säubern. Während sich Marius schon vor der Einnahme der Stadt der Gefangennahme durch Flucht entzogen hatte – wahrscheinlich hat er sich nach Afrika in Sicherheit gebracht –, wurde Sulpicius gefasst und getötet. Die anderen zehn Personen sind offensichtlich mit dem Leben davongekommen.

Dass Sulla sein Gewaltmonopol in der Innenpolitik nicht stärker zur Schwächung der Gegenseite einsetzte, lag wohl weniger an einer moralischen Mäßigung, die ihn nun beherrscht hätte, sondern an der politischen Zwangslage, in der er sich befand. Sein Hauptproblem bestand darin, dass er keine Zeit hatte, die Verhältnisse in Rom langfristig zu ordnen. Selbst wenn er es persönlich vorgezogen hätte, nach der Einnahme der Hauptstadt dort in Ruhe neue Strukturen zu schaffen, die seinem Bild eines geordneten Gemeinwesens eher entsprochen hätten, waren seine Truppen nicht bereit, dafür den Feldzug gegen Mithridates aufzuschieben oder gar ganz anderen Heeresabteilungen zu überlassen. Sie waren mit ihrem Feldherrn nach Rom marschiert, um möglichst schnell in den Osten aufzubrechen. Die Dynamik, die die ungeheuerliche Einnahme der Hauptstadt ermöglicht hatte, konnte nicht mehr aus dem Geschehen herausgenommen werden. So sah sich der Eroberer Roms gezwungen, die Situation notdürftig zu stabilisieren.

Umstritten in der Forschung ist die Glaubwürdigkeit einiger Quellen, die Sulla schon für diesen Zeitpunkt den Erlass von Gesetzen zuschreiben, die die politischen Institutionen grundsätzlichen Neuregelungen unterworfen und dabei vor allem die Position des Senats gestärkt haben sollen. Häufig wird vermutet, dass es sich bei diesen Nachrichten um Dubletten der späteren Reformen Sullas handelt, die durch Verwechslungen schon in das Jahr 88 v. Chr. projiziert wurden. Da die Maßnahmen Sullas aus dieser Periode jedoch sowieso keinen Bestand hatten, kreist diese Diskussion um ein eher nachrangiges Problem.

Wahlen für 87 v. Chr.

Nachdem Sulla seine Soldaten wieder nach Kampanien geschickt hatte, musste er sich einem drängenden Problem stellen. Es galt die Magistrate für das kommende Jahr zu bestellen, um die Handlungsfähigkeit des Staates auch in seiner Abwesenheit zu gewährleisten. Auf den ersten Blick erstaunlich erscheint, dass die Wahlen, die zu diesem Zweck durchgeführt wurden, durchaus freien Charakter hatten. Sulla machte zwar aus seinen Präferenzen für einzelne Kandidaten keinen Hehl, behinderte aber andere Bewerber nicht bei ihren Ambitionen. So befand sich unter den gewählten zehn Volkstribunen ein Großneffe von Marius, Marcus Marius Gratidianus. Vor allem bei den Konsulwahlen erreichte Sulla nicht das gewünschte Ergebnis. Statt der von ihm präferierten Kandidaten wurden Gnaeus Octavius, der scheinbar ein Vertreter der senatorischen Interessen war, dessen Position zu Sulla aber nicht eindeutig feststand, und Lucius Cornelius Cinna, ein Mann, der aus seiner Abneigung gegen Sulla kein Geheimnis gemacht hatte, gewählt. Zumindest die Wahl Cinnas kam einem Misstrauensvotum gegen Sullas Politik gleich.

Sulla blieb nichts andres übrig, als das Ergebnis der Wahlen zu akzeptieren. Der sich abzeichnenden Erosion seiner innenpolitischen Machtbasis versuchte er noch dadurch entgegenzuwirken, dass er Cinna eidlich dazu verpflichtete, nichts an den von ihm getroffenen Maßnahmen zu ändern. Doch die Zukunftsaussichten dieses Eides waren nicht allzu beeindruckend. Cinna dachte nicht daran, ihn zu erfüllen.

Ermordung von Pompeius Rufus

Nach den Wahlen war Sullas Kollege Pompeius Rufus als erster der beiden Konsuln in seinen vom Senat festgelegten Kommandobereich aufgebrochen. Zur Fortführung des Kampfes gegen die letzten renitenten Italiker sollte er die Armee des Gnaeus Pompeius Strabo übernehmen und aus Sullas Sicht darüber hinaus als Drohpotential gegenüber der römischen Innenpolitik fungieren. Pompeius Strabo, dessen Sohn Pompeius Magnus später die römische Innenpolitik über Jahrzehnte mitprägen sollte, war in den zurückliegenden Jahren durch seinen brennenden Ehrgeiz aufgefallen, der sich auch durch verfassungsrechtliche Bedenken gegenüber seinem Vorgehen kaum zügeln ließ. Ähnlich wie Sulla besaß er die Fähigkeit, eine besonders enge Bindung zu seinen Soldaten aufzubauen. Als Pompeius Rufus nun im Lager von Strabo erschien, übergab Strabo zwar ohne Widerstand das Kommando, doch nur kurze Zeit später wurde der neue Befehlshaber von den Soldaten ermordet. Das Gerücht, dass Strabo dabei im Hintergrund eine wesentliche Rolle gespielt hatte, hielt sich hartnäckig.

Q

Tod des Quintus Pompeius Rufus
(Appian, Die Bürgerkriege, 1,63)

„Sulla selbst fand nach der Niederlegung des Konsulats in seinem Heer, das für den Krieg gegen Mithridates bestimmt war, den nötigen persönlichen Schutz; was hingegen Quintus Pompeius, den anderen Konsul, anlangte, so empfand das Volk

Mitleid mit seiner gefährdeten Lage und beschloss, ihm den Befehl über Italien und eine weitere dort befindliche Armee zu übertragen, die damals dem Gnaeus Pompeius (Strabo) unterstand. Die Nachricht davon musste Gnaeus sehr missfallen; gleichwohl nahm er Quintus nach seiner Ankunft im Lager auf, und als dieser am folgenden Tag ein Amtsgeschäft erledigte, trat er, wie wenn er Privatmann wäre, kurze Zeit in den Hintergrund, bis eine große Menge unter der Vorgabe, den Konsul hören zu wollen, diesen umstellte und niedermachte. Nachdem die anderen Täter geflohen waren, trat Gnaeus unter scharfer Missbilligung der ungesetzlichen Ermordung eines Konsuls vor den Rest seiner Leute, übernahm aber ungeachtet seiner Empörung sofort wieder den Befehl über die Truppe." (Übersetzung nach Otto Veh)

Sulla hatte offensichtlich gar nicht erkannt, welche Wirkung sein eigenes Beispiel auf andere Truppenteile der römischen Armee hatte. So wurde er selbst von diesen Ereignissen überrascht und verließ Anfang 87 v. Chr. eilig Rom, um nach Kampanien zu seinen Truppen zu gelangen, die er gegen Mithridates führte. Gleich nach seiner Abreise erhoben seine Gegner auf Betreiben Cinnas in Rom Anklage gegen ihn. Doch der zweite Konsul, Gnaeus Octavius, erwies sich Sulla gegenüber als loyal. Dabei mag auch der Wunsch der römischen Oberschicht nach einer dauerhaften Stabilisierung der Verhältnisse eine Rolle gespielt haben, auch wenn man vielfach mit dem Vorgehen Sullas nicht einverstanden war.

In jedem Fall waren die Konflikte unter den gegebenen Umständen nicht mehr politisch zu lösen. Die gewalttätigen Auseinandersetzungen des letzten Jahres hatten der Legitimation der politischen Institutionen schweren Schaden zugefügt. So eskalierte der Streit in Form von Straßenkämpfen, bei denen Cinna zunächst unterlag und aus Rom flüchten musste. Er begab sich direkt nach Kampanien, wo es ihm nicht schwer fiel, die Legion, die Sulla zurückgelassen hatte, für seine Sache einzunehmen. Die Soldaten dieser Einheit, die sich von der lukrativen Aussicht auf Beute ausgeschlossen fühlten, sahen keinen Anlass mehr zur Loyalität ihrem alten Kommandeur gegenüber.

Cinna und Marius

Dann gelang es Cinna noch, sich mit Marius zu verbünden, den er aus seinem Exil in Nordafrika zurückrief. Der alte Haudegen, der immer noch bis in die Reihen der Ritter hohes Ansehen genoss, kehrte unter theatralischen Gesten nach Italien zurück. Mit zerrissener Kleidung und zersausten Haaren machte er in den mittelitalischen Städten auf sein hartes und ungerechtes Schicksal aufmerksam. Dem vom Vaterland so undankbar behandelten Helden Roms liefen die alten Veteranen, aber auch Sklaven, denen die Freiheit in Aussicht gestellt wurde, in Scharen zu, so dass bald eine ansehnliche Truppe aufgestellt werden konnte.

Am Ende des Jahres 87 v. Chr. hatten Marius und Cinna keine Probleme, sich mit Hilfe ihrer Soldaten der Stadt Rom zu bemächtigen. Was folgte, bildete einen ersten grauenhaften Tiefpunkt im Rahmen der Bürgerkriege: Fünf Tage und Nächte wüteten die zusammengewürfelten Truppen in der Stadt. Sie mordeten und plünderten, wobei sie vor allem auf der Suche nach den aristokratischen Gegnern von Marius waren. Selbst der amtierende Konsul Octavius wurde erschlagen. Auch andere führende Senatoren fanden den Tod.

Die Vorherrschaft Cinnas

Für das kommende Jahr (86 v. Chr.) ernannten sich Cinna und Marius zu Konsuln. Auf diese Weise hatte der alte Marius doch noch seinen siebten Konsulat erreicht. Lange konnte er sich daran nicht mehr erfreuen, denn er starb kurz nach dem Amtsantritt. Damit war Cinna der Herr in Rom. In den folgenden Jahren bis zu seinem Tod (84 v. Chr.) bekleidete er regelmäßig den Konsulat und ernannte faktisch seinen Kollegen im Amt. Die Periode seiner Vorherrschaft in Rom wird in den Quellen in den düstersten Farben gemalt. Willkür, Rechtsunsicherheit und Auflösung der öffentlichen Ordnung werden immer wieder als Charakteristika dieser Zeit genannt. Doch muss man bei der Auswertung der Quellen bedenken, dass ausschließlich Schriften überdauert haben, die das Wirken Cinnas aus der Sicht der hasserfüllten Gegner darstellen. Verteidiger finden sich nicht. In der aktuellen Forschung regen sich daher Stimmen, etwa Michael Lovano, die gegenüber dem vernichtenden Verdikt der älteren Forschung für eine differenziertere Betrachtung seiner Leistung plädieren. Selbstverständlich können die grausigen Umstände seiner Rückkehr nach Rom nicht außer Betracht bleiben, doch zeigte sich Cinna, nachdem seine Stellung gefestigt war, in der Ausübung seiner Macht eher zurückhaltend.

Die Republik befand sich in einem eigenartigen Schwebezustand. Zwar war Sulla in den Osten abgezogen, doch war allen bewusst, dass er eines Tages zurückkehren würde. Wie sich eine Reintegration dieses Mannes in den Staat gestalten sollte, war kaum jemandem klar. Angesichts der gewaltbereiten Entschlossenheit, die Sulla schon 88 v. Chr. zur Wahrung seiner Stellung gezeigt hatte, erschien ein Bürgerkrieg als sehr wahrscheinlich. So leitete Cinna ein Regiment, über dem das Damoklesschwert einer blutigen Konfrontation schwebte. Keiner konnte sich sicher sein, wie die zukünftigen Kräfteverhältnisse aussehen würden. Dieser Schwebezustand stellte eine ungeheure Belastung für das Gemeinwesen dar, da die Autorität der öffentlichen Institutionen durch die Aussicht auf eine spätere Revision nach der Rückkehr Sullas einer unaufhaltsamen Erosion zu unterliegen schien.

Cinna setzte die regulären Wahlmechanismen außer Kraft und ernannte sich und jeweils einen seiner politischen Freunde zum Konsul. Doch wir hören wenig von vehementen Protesten. Im Großen und Ganzen wurde seine Amtsgewalt akzeptiert. Unter diesen Umständen war auch an ein normales Funktionieren der öffentlichen Ordnung kaum zu denken. Vieles spricht dafür, dass in dieser ungewöhnlichen Situation ein erheblicher Teil der Senatoren bereit war, mit Cinna zu kooperieren. Seine Methoden musste man deshalb nicht billigen, aber die Stabilisierung zumindest einer provisorischen Ordnung war von elementarer Bedeutung für ein Gemeinwesen, das schon seit mehreren Jahren durch militärische Konflikte im Inneren gezeichnet war und das gerade dabei war, sich mit der Aufnahme der Italiker in die Bürgerschaft neu zu formieren.

Cinnas Maßnahmen

Cinnas Politik zielte vor allem darauf ab, die katastrophalen Auswirkungen des Bundesgenossenkrieges auf das wirtschaftliche Leben zu beheben. Er setzte einen allgemeinen Schuldenerlass durch, der die Schuldenlast jeweils auf ein Viertel reduzierte. Allein die Notwendigkeit dieser Maßnahme zeigt, welch verheerende Dimensionen die ökonomische Krise in dieser Zeit angenommen hatte. Darüber hinaus wurden staatliche Prüfstellen für die Kontrolle der Münzen eingerichtet. Damit sollten die weit verbreiteten Manipulationen am Edelmetallgehalt der Münzen bekämpft und so das Vertrauen der Bevölkerung in die Währung wiederhergestellt werden. Eine wesentliche Voraussetzung für die Stabilisierung des Handels. Für die Neubürger aus den italischen Gemeinden wurde eine Verteilung auf alle Stimmeinheiten und damit die politische Gleichberechtigung durchgesetzt. Auch wenn sich die reale Umsetzung dieser Beschlüsse bis 84 v. Chr. hinzog, wird dieser Beschluss das Konfliktpotential in Italien deutlich gesenkt haben.

Bewertung Cinnas

Das Wirken von Cinna abschließend zu bewerten ist nicht leicht. Die Form seiner Machtübernahme und die Suspension elementarer politischer Mechanismen in der Zeit seiner Vorherrschaft wiegen schwer. Auch blieben in diesen Jahren weitere Übergriffe und politisch motivierte Straftaten nicht aus. Doch kann man bei alledem nicht den allgemeinen Zustand, in dem sich das Gemeinwesen befand, außer acht lassen. Unter den gegebenen Umständen werden große Teile der Bevölkerung, die unter den furchtbaren Folgen der inneren Zerrüttung Italiens litten, seine Politik als einen wesentlichen Beitrag zur langsamen Festigung ihrer Lebensverhältnisse angesehen haben. Cinna bleibt für uns letztlich ein Rätsel, weil wir über seine Herkunft und seine frühere Karriere keine Informationen besitzen, er buchstäblich für uns aus dem Nichts kommt und über sein späteres Handeln keine wirklich unabhängigen Quellen vorliegen. Das einseitige Bild eines politischen Verbrechers, dessen kriminelle Energie sich durch die Notsituation des Vaterlandes entfalten konnte, ist mit Sicherheit zu revidieren. Ihn aber aus ‚wissenschaftlichem Trotz' deshalb zu einer römischen Lichtgestalt zu stilisieren ist jedoch auch mehr als fragwürdig. In einer Zeit, in der Licht und Schatten schwer zu trennen sind, bleibt er eine Gestalt in der Grauzone.

4. Sulla im Osten: Der Krieg gegen Mithridates von Pontos (87–84 v. Chr.)

Als Sulla im Frühjahr 87 v. Chr. auf dem Balkan landete, fand er die Regionen des römischen Herrschaftsbereichs in Aufruhr vor. 140 Jahre nachdem die Römer zum ersten Mal in die Staatenwelt des östlichen Mittelmeeres eingegriffen hatten und 60 Jahre nach der Gründung der ersten römischen Provinz in Griechenland hatte sich der Herrschaftsanspruch der Weltmacht durch die Willkür und die Misswirtschaft ihrer Statthalter und Steuereintreiber gründlich desavouiert. Vor allem das einst reiche westliche Kleinasien, das die Römer nach dem Tode des letzten Königs von Pergamon als Provinz Asia in ihr Reich integriert hatten, hatte stark unter der neuen Verwaltung gelitten. Viele Menschen aus allen Schichten waren äußerst verbittert darüber, wie wenig die Römer sich ihrer Probleme annahmen und welchen finanziellen Belastungen sie selbst ausgesetzt waren. Die aufgestaute Wut sollte sich als ein Pulverfass erweisen, das nur auf einen Funken von außen wartete. Dieser äußere Anstoß kam von Mithridates VI., dem König von Pontos.

E

Mithridates von Pontos
Das Königreich Pontos lag an der Schwarzmeerküste Kleinasiens. Es war traditionell mit Rom verbündet. Mit viel Energie und mit Hilfe griechischer Söldner hatte Mithridates VI. in den zurückliegenden Jahrzehnten seinen Herrschaftsbereich gezielt ausgebaut, wobei zunächst die Expansion in Regionen jenseits des Schwarzen Meeres im Hinterland der Krim im Vordergrund stand. Damit hatte sich Mithridates den Zugang zu den an Rohstoffen reichen Gebieten der heutigen Ukraine verschafft. Die aufstrebende Handelsmacht allein reichte ihm jedoch nicht aus. Geschickt vergrößerte er auch seinen Einfluss in Kleinasien. Allmählich stieg er dort zu der neben den Römern führenden Macht auf.

Situation in Kleinasien

Der Aufstieg von Mithridates konnte sich nur vollziehen, weil die römische Politik durch die Abneigung gegen die Schaffung dauerhafter Verwaltungsstrukturen in den beherrschten Gebieten geprägt war. Die Republik mit ihrer geringen Zahl an hohen Beamten entsprach mehr den politischen Bedürfnissen der kleinen Gruppen von Hocharistokraten, die ihr exklusives Monopol auf die Besetzung von hohen Kommandostellen nicht durch die allzu starke Vermehrung von Führungspositionen gefährden wollten, als den Anforderungen eines Weltreichs. So kam es, dass die Römer zwar politisch zweifellos das ganze östliche Mittelmeer beherrschten, in Kleinasien jedoch jenseits der Provinz Asia die politische Landschaft durch kleinere Staaten dominiert wurde. Die orientierten sich außenpolitisch zwar an Rom, trotzdem rivalisierten sie nicht selten untereinander. In diesem Umfeld bei einer Schwächephase Roms an Macht zu gewinnen, war für einen zielstrebigen und skrupellosen Politiker wie Mithridates nicht allzu schwer.

Mithridates' Ziele

Als Rom durch den Bundesgenossenkrieg in eine tiefe Krise gerissen wurde, sah der König seine Stunde gekommen. Die Weltmacht schien durch den inneren Konflikt dauerhaft geschwächt. So wurden auch generelle Neuordnungen an der Peripherie ihres Machtbereichs möglich. Es ist sehr wahrscheinlich, dass Mithridates beabsichtigte, durch die Besetzung der Meerengen am Bosporus und die Dominanz in Griechenland langfristig seine Seeherrschaft auf dem Schwarzen Meer zu festigen und auf diese Weise einen stabilen Herrschaftsraum in dieser Region zu schaffen. Dadurch wäre im Osten eine Großmacht entstanden, die den Herrschaftsansprüchen eines geschwächten Roms hätte widerstehen können.

Die römischen Beamten in Kleinasien agierten gegenüber Mithridates sehr ungeschickt. Erst tolerierten sie die Ausdehnung seines Machtbereichs, dann, als er immer bedrohlicher auch für enge Verbündete Roms wurde, traten sie ihm gegenüber arrogant auf und provozierten ihn damit noch mehr. Bei alledem unterschätzten sie die militärischen Kapazitäten, die der König mittlerweile aufgebaut hatte und denen die römische Verwaltung in Kleinasien ohne Verstärkung aus Italien nichts Vergleichbares entgegenzusetzen hatte.

Dieses unsachgemäße Vorgehen sollten die Römer bereuen. Im Winter 89–88 v. Chr. besetzte Mithridates in einem Siegeszug Bithynien und Phrygien, Nachbarregionen der Provinz Asia, und fiel schließlich in die römische

Provinz ein. Dabei gerierte er sich in seinem ganzen Auftreten demonstrativ als ein neuer Alexander der Große, als ein Befreier der griechischen Welt von der römischen Gewaltherrschaft. Die Propaganda fiel bei den Griechen in der Provinz Asia auf fruchtbaren Boden. Als Mithridates schließlich in einer wohlkoordinierten Aktion dazu aufrief, alle Römer und Italiker in der Provinz zu ermorden, entlud sich der Hass der griechischen Bevölkerung auf die Fremdherrscher in einem schrecklichen Massaker, dem mehrere zehntausend Menschen zum Opfer fielen.

In Athen wurde die Bluttat zum Fanal, sich dem Aufstand anzuschließen. Dazu akzeptierte die altehrwürdige Stadt sogar, dass der Demagoge Aristion mit umfassenden Vollmachten faktisch eine Alleinherrschaft übernahm. Die Parteinahme von Athen wurde von Mithridates selbstverständlich freudig begrüßt. Dessen Feldherr Archelaos baute von der Basis Athen aus die militärische Stellung in Mittelgriechenland aus, wobei sich zunächst viele griechische Gemeinden dem Aufstand freiwillig anschlossen.

Sulla auf dem Balkan

Als Sulla auf dem Balkan landete, standen weite Teile der Region im Aufruhr. Seine Lage war äußerst schwierig. Aufgrund der ungewöhnlichen Umstände seines Abmarsches hatte er aus Italien keine Unterstützung zu erwarten. Die ganze Logistik für sein Heer musste vor Ort organisiert werden. Ersatz für Kleidung, Waffen, Wurfgeschosse, Transportfahrzeuge und vor allem Nahrungsmittel waren im Kriegsgebiet zu beschaffen. Dies gab der Kriegsführung gegenüber der einheimischen Bevölkerung von vornherein eine besonders harte Note. Erschwerend kam hinzu, dass Mithridates mit seiner Flotte die Ägäis beherrschte und damit in diesem Bereich die Transport- und Kommunikationswege kontrollierte.

Einen positiven Aspekt gab es jedoch für Sulla. Der König von Pontos hatte noch keine großen Truppenverbände zu Land auf das europäische Festland überführen können. Die in Griechenland operierenden Truppen waren nur kleinere Einheiten, die man mit Schiffen übergesetzt hatte. Diese Situation verschaffte Sulla einen zeitlichen Freiraum, den er für einen beherzten Marsch durch Mittelgriechenland nutzte. Angesichts des energischen Beginns der Kriegsführung unterwarfen sich viele griechische Städte wieder der römischen Oberhoheit. Dass die Plünderung bedeutender sakraler Stätten, wie des berühmten Apollonheiligtums von Delphi, seinem Image bei den Griechen schwer schadete, wusste Sulla zu verkraften. Er brauchte schnelle und vor allem finanziell lohnende Erfolge für seine Truppen, die mit ihm in die Ungewissheit eines Feldzuges gezogen waren, dessen Legalität in Rom mehr als umstritten war. Aufgrund dieses Erfolgsdrucks wandte sich Sulla auch direkt der wichtigsten griechischen Stadt, Athen, zu. Die Einnahme und Plünderung dieser verräterischen Stadt sollte die Soldaten in ihrer positiven Erwartungshaltung unterstützen.

Belagerung Athens

Vor dem gut befestigten Athen kam der Sturmangriff jedoch schnell zum Erliegen. Statt eines raschen Erfolges entspann sich eine langwierige Belagerung. Erst nach monatelangen Kämpfen konnten Sullas Truppen am 1. März 86 v. Chr. die Stadt einnehmen. Über die völlig ausgehungerten Bewohner, die zu Beginn der Belagerung noch hochmütig die römischen Soldaten verhöhnt hatten, brach nun ein furchtbares Strafgericht herein. Tagelang wüteten die Soldaten unter der Bevölkerung und plünderten die Stadt vollkommen. Erst im letzten Augenblick griff Sulla ein und verhinderte, dass die ganze Stadt niedergebrannt wurde. Die Hafenanlagen des Piräus ließ er jedoch vollkommen zerstören. Ein infrastruktureller Schaden, von dem die Stadt sich nur unzureichend erholte.

Schlacht bei Chaironeia

Inzwischen war ein großes pontisches Heer zu Lande von Norden her angerückt. Sulla stellte sich ihm in Boiotien – der nördlichen Nachbarregion von Attika – entgegen. Bei Chaironeia, wo schon der Vater Alexanders des Großen, Philipp II., die griechischen Städte 338 v. Chr. vernichtend geschlagen hatte, kam es Anfang Mai 86 v. Chr. zur Schlacht. Obwohl die Truppen aus Pontos angeblich zahlenmäßig vierfach überlegen gewesen sein sollen, erreichte Sulla mit taktischem Geschick und dank der hohen Kampfkraft seiner Soldaten einen klaren Sieg. Den gut ausgebildeten römischen Truppen erwies sich die heterogene Armee von Mithridates, in der Soldaten aus ganz unterschiedlichen Volksgruppen oft ohne profundes militärisches Training zusammengefasst worden waren, als nicht gewachsen. Eine zweite pontische Armee konnte Sulla im Oktober 86 v. Chr. bei Orchomenos unweit des ersten Schlachtortes erneut schlagen. Die Expansionsträume von Mithridates waren damit in sich zusammengefallen. Er reagierte daraufhin mit einer Verschärfung seiner Politik gegenüber den griechischen Städten in Kleinasien. Die Abgaben wurden erhöht und soziale Gruppen gegeneinander ausgespielt, in der Hoffnung, wenigstens in den Unterschichten treue Anhänger für die Sicherung seiner Herrschaft zu finden. In den Augen vieler Griechen war Mithridates damit jedoch von einem Befreier zu einem Unterdrücker geworden.

Truppen von Cinna in Griechenland

Die politische und militärische Lage im Ägäisraum war allerdings durch eine eigenartig anmutende Intervention des Regimes aus Italien noch komplizierter geworden. Im Frühjahr 86 v. Chr. hatte Cinna zwei Legionen unter dem Kommando von Lucius Valerius Flaccus auf den Balkan gesandt. Das Ziel dieser Maßnahme wird in den Quellen nicht recht deutlich. Für einen direkten Kampf gegen Sulla reichten die Verbände nicht aus. Im Gegenteil, als sie sich Sullas Heerlager näherten, begannen die Soldaten von Flaccus überzulaufen, so dass dieser sich genötigt sah, schnell nach Norden abzuziehen und über die Meerengen nach Kleinasien überzusetzen. Sullas sprichwörtliches Glück hatte es so gefügt, dass die beiden römischen Heere just dann aufeinandertrafen, als er gerade durch die Einnahme Athens und den frischen Ruhm der Schlacht bei Chaironeia als Kriegsheld glänzen konnte. Dies beeindruckte auch die Soldaten auf der anderen Seite. Dass die beiden Legionen Cinnas zur Not auch allein gegen Mithridates kämpfen sollten, erscheint angesichts des Umfanges der Verbände eher unwahrscheinlich. Am ehesten überzeugt die in der Forschung (Christian Meier) vertretene Meinung, dass es sich bei dem Expeditionsheer eher um eine Art bewaffneter Verhandlungsdelegation handelte, die im Auftrag von Cinna die Möglichkeiten für eine Einigung mit Sulla ausloten sollte und im Fall des Erfolges mit ihm gegen Mithridates ziehen sollte. Dazu passt, dass Cinnas Position sich in dieser Zeit gefestigt hatte und er erst relativ spät, Anfang 85 v. Chr., mit den Rüstungen für den Bürgerkrieg begann. Vielleicht erschien einflussreichen Leuten in Rom eine erneute Auseinandersetzung in Italien, die verheerende Auswirkungen haben musste, zu diesem Zeitpunkt noch nicht unausweichlich. Sollte Lovano recht haben und Cinnas Dominanz auf eine größere Akzeptanz in der Oberschicht gestoßen sein als früher gedacht, wäre die Landung von Flaccus der letzte ernsthafte Versuch gewesen, den Weg in die Katastrophe des Bürgerkriegs zu verhindern.

Fimbria

In jedem Fall scheiterte die Mission gründlich. Sulla hatte nicht die Absicht, sich wieder in nachgeordneter Stellung in das Gemeinwesen einzugliedern. So blieb Flaccus nur die Flucht in die Offensive. Er wollte selbst in Kleinasien gegen den geschwächten Mithridates zu Felde ziehen, um so Sulla die Gelegenheit, sich noch mehr im Krieg zu profilieren, zu verbauen. Die Fähigkeit, dieses kühne Unterfangen erfolgreich durchzuführen, trauten ihm aber offensichtlich seine Soldaten nicht zu, da er über keinerlei militärische Erfahrung verfügte. Aufgestachelt von einem hohen Offizier, Gaius Flavius Fimbria, der selber nach dem Kommando strebte, erschlugen die Soldaten am Bosporus Flaccus. Fimbria übernahm den Befehl und begann unverzüglich einen energischen Feldzug gegen Mithridates. Dabei gelangen Fimbria erstaunliche Erfolge gegen den pontischen König, allerdings um den Preis, dass er viele blühende Städte Kleinasiens seinen Soldaten zur Plünderung überlassen musste. Schließlich konnte Fimbria mit seiner Streitmacht sogar Mithridates einkesseln, und dieser wäre zur Aufgabe gezwungen gewesen, wäre der Kommandant der römischen Flotte, die Sulla hatte ausrüsten lassen, bereit gewesen, dem dringenden Gesuch von Fimbria nach Unterstützung von See her nachzukommen. Doch Lucius Licinius Lucullus, der die Schiffe befehligte, weigerte sich, dem innenpolitischen Rivalen zu helfen, und so konnte Mithridates entkommen. Das innenpolitische Schisma überlagerte sogar die außenpolitischen Gemeinsamkeiten.

Q

Mithridates entkommt den Römern aufgrund des Gegeneinanders der römischen Kommandeure

(Plutarch, Biographie des Lucullus, 3)

„Zu jener Zeit hatte Mithridates bereits Pergamon aufgegeben und war auf Pitane beschränkt. Da ihn dort Fimbria von der Landseite her gefasst hielt und belagerte, so hatte er seinen Blick auf die See gerichtet und zog von allen Seiten her seine Flotten an sich, da er nicht wagte, sich mit einem so kühnen Mann wie Fimbria, der ihn schon einmal besiegt hatte, in einen abermaligen Kampf einzulassen. Der erkannte das wohl. Da er aber zur See unterlegen war, sandte er zu Lucullus und forderte ihn auf, mit seiner Flotte herbeizukommen.... Was da gesagt wurde, war wohl begründet, und es ist vollkommen klar, dass, wenn Lucullus damals auf Fimbria gehört und, unfern, wie er war, seine Schiffe herangeführt und den Hafen mit seiner Flotte blockiert hätte, der Krieg ein Ende gehabt hätte und die Welt vor unendlichen Leiden bewahrt geblieben wäre. Aber sei es, dass er die Pflicht gegen Sulla höher achtete als jeglichen eigenen und sogar gemeinen Nutzen, sei es, dass er Fimbria als einen verruchten Menschen, der vor kurzem durch Herrschsucht zum Mörder an einem ihm befreundeten Manne, seinem Oberfeldherrn, geworden war, verabscheute, sei es, dass er durch göttliche Fügung Mithridates schonte und ihn als Gegner für sich aufbewahrte: Er gab Fimbria kein Gehör, sondern gestattete Mithridates, zur See zu entweichen und der Macht Fimbrias zu spotten." (Übersetzung nach Konrat Ziegler)

Sullas Frieden mit Mithridates

Paradoxerweise ebneten gerade die Erfolge von Fimbria Sulla den Weg für einen raschen Erfolg, den er so dringend brauchte, um freie Hand für die Innenpolitik zu haben. Je stärker Fimbria Mithridates in die Enge trieb, umso eher war dieser bereit, in seiner bedrängten Lage mit Sulla einen Kompromissfrieden auszuhandeln. Schon früh wurden erste Sondierungsgespräche in diese Richtung geführt. Schnell war man sich einig. Im Frühjahr 85 v. Chr. wurde in Dardanos im Nordwesten Kleinasiens ein Frieden geschlossen. Mithridates wurde sehr milde behandelt. Der König musste alle Eroberungen seit Kriegsbeginn aufgeben, sich also auf seine pontischen Kerngebiete zurückziehen. Er hatte alle Gefangenen und Überläufer auszuliefern und eine Entschädigung von 2000 Talenten zu zahlen. Sein angestammter Herrschaftsbereich blieb aber ungetastet und sollte dem König auch in kommenden Jahrzehnten die Basis bieten, mit den Römern den Konflikt zu suchen. Am Ende wurde der König sogar unter Umarmungen wieder in den Kreis der Freunde und Verbündeten Roms aufgenommen. Die kurzfristigen persönlichen Ziele Sullas im römischen Machtkampf hatten Vorrang vor der Vergeltung für die Massaker und die Rechtsbrüche, derer sich Mithridates aus römischer Sicht schuldig gemacht hatte.

Diese Logik zeigte sich auch in der Geschwindigkeit und Energie, mit der Sulla nach dem Friedenschluss mit Mithridates gegen das andere römische Heer in Kleinasien vorging. Mit großem Geschick gelang es Sulla, den bis dahin so erfolgreich agierenden Fimbria im Osten von Pergamon einzuschließen. Während dieser entschlossen blieb, bis zum Äußersten zu kämpfen, begannen seine Truppen überzulaufen. Von seinen eigenen Leuten verlassen, beging Fimbria schließlich Selbstmord.

Belastungen der Provinzialbevölkerung

Nach dem Sieg über Fimbria und der schonenden Behandlung von Mithridates wurde schnell deutlich, wer die eigentliche Rechnung für den Aufstand gegen Rom zu zahlen hatte: die Einwohner der Provinz Asia. Nachdem viele Städte, die sich auf die Seite von Mithridates gestellt hatten, schon schwer durch Kriegshandlungen und Plünderungen getroffen waren, wurde den Einwohnern der Provinz insgesamt auferlegt, 20 000 Talente als Kriegsentschädigung aufzubringen, also das Zehnfache dessen, was der pontische König zu zahlen hatte. Da schon ihr ‚Befreier' aus Pontos den Griechen in der Schlussphase des Krieges erhebliche Belastungen auferlegt hatte, bedeutete die enorme Forderung von Sulla für viele Gemeinden den finanziellen Ruin. Darüber hinaus wusste der römische General aber auch, was er seinen Truppen schuldig war. Er quartierte die Soldaten im Winter 85/84 v. Chr. in griechischen Privathäusern ein und bürdete den Bewohnern nicht nur die Versorgung der Soldaten auf, sondern zwang sie noch dazu, ihnen täglich finanzielle Abgaben zu leisten. So erhielt ein einfacher Soldat pro Tag 16 Drachmen und ein Centurio 50. Für die Soldaten, die selber aus dem kriegsgeschädigten Italien kamen, dürfte diese Behandlung dem nahe gekommen sein, was sie sich beim Marsch auf Rom vor drei Jahren erträumt hatten. Die betroffenen griechischen Gemeinden und Privatleute sollten jedoch noch Jahre unter den desaströsen ökonomischen Folgen dieses Aderlasses leiden.

5. Sullas Rückkehr: Der Bürgerkrieg (83–82 v. Chr.)

Nach der Entwicklung in Kleinasien 85 v. Chr. war auch den Politikern um Cinna in Italien klar, dass sich eine bewaffnete Auseinandersetzung mit Sulla kaum mehr vermeiden ließ. So begann man mit intensiven Rüstungen. Cinnas Ziel war es, den Krieg nach Griechenland zu tragen, damit Italien nicht der Schauplatz eines weiteren blutigen Konflikts würde. Da jedoch Sullas Flotte die Adria beherrschte, gestaltete sich das Übersetzen auf den Balkan schwieriger als gedacht. Unter den frisch ausgehobenen Soldaten wuchs die Unruhe, und schließlich wurde Cinna beim Versuch, seine Truppen dennoch einzuschiffen, im Frühjahr 84 v. Chr. von den eigenen Soldaten erschlagen. Für den Widerstand gegen Sulla bedeutete dies einen herben Rückschlag. Der verbleibende Konsul Gnaeus Papirius Carbo vermochte unter großen Anstrengungen gegen Ende des Jahres die Lage wieder zu stabilisieren. Dass die Front gegen Sulla hielt und in den folgenden Jahren erhebliche Kräfte zu mobilisieren vermochte, zeigt erneut, dass man zu kurz greift, wenn man nur von einer Tyrannei Cinnas in Italien ausgeht.

Sulla in Griechenland

Sulla ließ sich unterdessen Zeit. Er hatte es nicht eilig, in den Bürgerkrieg zu ziehen. Im Frühjahr 84 v. Chr. zog er mit seinen Truppen nach Griechenland und verbrachte dort das ganze Jahr. Er ließ sich in Athen bejubeln, wobei die Aufrichtigkeit dieser Freudenbekundungen in einer Stadt, die er zwei Jahre zuvor hatte ausplündern lassen, für ihn kein Problem darstellte. Es ging darum, aller Welt zu zeigen, wer wieder der Herr im Mittelmeer war und wem Rom diese Stellung verdankte. Sulla fand aber auch Muße für eine Badekur auf Euböa und für das sorgsame Verpacken von Kunstwerken, die er im großen Stil geraubt hatte und die nun nach Italien gebracht werden sollten.

Auf seine Truppen konnte er sich bedingungslos verlassen. Diese kampfkräftigen Verbände, die der Kriegszug in Griechenland zusammengeschweißt hatte, bildeten den Vorteil, mit dessen Hilfe Sulla den Bürgerkrieg entscheiden wollte. Ihre Loyalität zu Sulla wurde dadurch gestärkt, dass sie angesichts der prekären staatsrechtlichen Position ihres Oberkommandierenden kaum darauf hoffen konnten, von der Gegenseite als reguläre Truppen anerkannt zu werden. Im Falle einer Niederlage drohten Strafen oder bestenfalls die schlichte Entlassung nach Hause. Eine dauerhafte Versorgung mit Land in Italien konnten sie nur beim Sieg ihres Feldherrn erwarten. So kämpften sie unter Sulla auch für ihren eigenen Erfolg.

Sullas Landung in Italien

Nachdem Sulla mit Hilfe seiner überlegenen Seestreitkräfte problemlos in Süditalien gelandet war, stieß er zunächst auf erstaunlich wenig Widerstand. Obwohl seine Rückkehr absehbar gewesen war, nutzten seine Gegner nicht die komplizierte militärische Phase der Landung, um ihn direkt an der Küste zu bekämpfen. Sie konzentrierten ihre Kräfte vielmehr in Mittelitalien. Von der Truppenstärke her war Sulla zunächst deutlich unterlegen. Carbo und seine Verbündeten hatten in der zurückliegenden Zeit große Verbände ausgehoben, die sie gegen den Usurpator aus dem Osten ins Feld führen wollten. Diese oft zwangsrekrutierten Soldaten hatten in der Regel jedoch wenig Kampferfahrung und waren daher den Truppen Sullas unterlegen. Hinzu kam, dass die zögerliche Taktik ihrer Kommandanten im klaren Kontrast zur energischen Kriegsführung Sullas stand, den außerdem der Nimbus des Siegers über den griechischen Osten umgab. So ist es erklärlich, dass große Truppenteile zu Sulla überliefen. Am Ende waren es wesentlich mehr, als er selbst mit nach Italien geführt hatte.

Gestärkt wurde Sulla aber auch dadurch, dass eine ganze Reihe von römischen Aristokraten zu ihm überlief. Im direkten Vergleich mit Carbo und seine politischen Freunden stand ihnen Sulla näher. Dabei brachten sie in ihrem Gefolge ihre Klienten oder ganze militärische Einheiten mit. In dieser Hinsicht stellte ein junger Mann alle anderen in den Schatten: Gnaeus Pompeius, der Sohn des verstorbenen Konsulars Pompeius Strabo. Obwohl er erst 22 Jahre alt war, stellte er aus den Gefolgsleuten und Veteranen seines Vaters eine reguläre Armee in Legionsstärke zusammen und führte diese wichtige Unterstützung Sulla zu. Beeindruckt von dieser militärischen Meisterleistung, begrüßte Sulla den jungen Mann überschwenglich. Ausgerechnet vom Sohn des alten Strabo hatte er diese Hilfe nicht erwartet. Mit dieser Szene hatte ein politischer Protagonist die Bühne betreten, der weit über den Tod Sullas hinaus die Geschicke Roms mitbestimmen sollte.

Der Bürgerkrieg

Trotz dieser insgesamt günstigen Umstände wurde das Ringen um die Macht in Rom auch für Sulla keine leichte Angelegenheit. Die Kämpfe mit seinen Gegnern, die sich zum Teil erbittert wehrten, zogen sich noch bis zum Herbst 82 v. Chr., also anderthalb Jahre, hin. Zum Schluss, als schon alles entschieden schien, griffen noch einmal große Verbände der Lukanier und vor allem der Samniten in den Bürgerkrieg ein. Die Angehörigen dieses Bergvolkes aus dem südlichen Mittelitalien galten schon immer als besonders gute Soldaten. Bis zuletzt hatten sie im Bundesgenossenkrieg Widerstand gegen die Römer geleistet. Als sich nun der Sieg Sullas im Bürgerkrieg abzeichnete, bäumten sie sich noch einmal auf, um ihre gleichberechtigte Stellung nach der Eingliederung in die römische Bürgerschaft zu sichern. Die sich am 2. November 82 v. Chr. am Collinischen Tor von Rom entspannende Schlacht konnte erst nach dem verzweifelten Eingreifen Sullas, der sich persönlich stark exponierte, entschieden werden. Diese Gefährdung seines Sieges konnte Sulla seinen Gegnern nicht verzeihen. Mehrere tausend gefangene Samniten wurden eingesperrt und von Sullas Soldaten mit Speerwürfen getötet. Während dieses grausigen Schauspiels versammelte der neue Machthaber Roms den Senat, um seine Vorstellungen für die politischen Strukturen der Nachkriegsordnung der römischen Aristokratie darzulegen. Den Senatoren, die über die Schreie der sterbenden Samniten entsetzt waren, beschied er nur knapp, man möge sich auf seine Worte konzentrieren und nicht auf die Züchtigung einiger aufrührerischer Elemente achten.

Q

Sullas Vernichtungsfeldzug gegen die Samniten
(Strabon, Geographie, 5,11,249)

„Sulla ruhte nicht eher, als bis er alle, die den Namen Samniten führten, ermordet oder aus Italien vertrieben hatte; denen aber, die einen so weit getriebenen Zorn tadelten, sagte er, er habe sich durch die Erfahrung überzeugt, dass auch nicht ein Römer jemals Frieden haben werde, solange die Samniten als ein selbständiges Volk weiterbestünden." (Übersetzung nach Werner Dahlheim)

Diese unerhörte Grausamkeit war aber nur die Spitze seines Vorgehens gegen Regionen, die er als feindlich betrachtete. Insgesamt grenzte die Verfolgung besonders der Samniten an einen Vernichtungskrieg. Strabon unterstreicht, dass Sulla so gründlich vorging, dass man in ganz Samnium keine Ortschaft mehr als eine Stadt bezeichnen konnte. Dies galt aber nicht nur für die Samniten, auch die Etrusker wurden schwer getroffen, wie Dahlheim zu Recht betont: „Nicht minder erschreckte das Schicksal Etruriens die Zeitgenossen: Das Heer etruskischer Flüchtlinge, das in Nordafrika und im Spanien des Sertorius Zuflucht suchte, und die Hunderte von jungen und alten Mitgliedern des etruskischen Adels, die in Chiusi, Volterra und anderswo gejagt und erschlagen wurden, zeugen von dem Vernichtungswillen des Dictators, der entschlossen war, in Italien keine Eigenständigkeit mehr zu dulden“ (Dahlheim, Der Staatsstreich des Konsuls Sulla, 113).

VIII. Der Tabubruch zur Rettung der Ordnung: Die Dictatur Sullas (82–79 v. Chr.)

82–79	Sulla herrscht als Dictator in Rom
81	Verfolgung politischer Gegner mit Hilfe von Ächtungslisten (Proskriptionen)
81–80	Reformgesetzgebung von Sulla
79	Sullas Rücktritt von der Dictatur
78	Tod Sullas

1. Die Ernennung zum Dictator und die Verfolgung der innenpolitischen Gegner

Nach seinem mit militärischer Macht errungenen Sieg musste Sulla zunächst dringend seine innenpolitische Stellung festigen. Dafür war es zum einen nötig, seiner Machtposition im Staat zumindest formal eine legale Grundlage zu geben. Zum anderen war Sulla vollkommen klar, dass er seine Gegner zwar im Felde besiegt hatte, aber noch zahlreiche Feinde eine einflussreiche Position in der Gesellschaft besaßen und damit seine Machtausübung gefährden konnten. Darüber hinaus erwarteten seine Truppen, die ihm in den zurückliegenden Kämpfen treu gedient hatten, dass sie durch die Verteilung von Land an den Früchten des Sieges beteiligten wurden. Nach den langen Jahren der blutigen Auseinandersetzungen zwischen Bürgern war an eine simple Rückkehr zu den alten Verhältnissen nicht zu denken.

Seine Maßnahmen während des Krieges im Osten und in der Zeit des Bürgerkrieges ließ sich Sulla gleich in der ersten Sitzung vom Senat bestätigen. Für seine zukünftige Stellung griff er auf eine uralte Notstandsregelung zurück, die man in der frühen und mittleren Republik immer dann in Kraft gesetzt hatte, wenn die äußere Lage eine besonders straffe Führung erforderte: die Dictatur.

E

Dictatur
Die Dictatur war ein altrömisches Notstandsamt. In Zeiten höchster Gefahr, die zur Abwehr eine einheitliche Führung verlangte, war es für höchstens sechs Monate möglich das grundlegende Prinzip, dass es immer zwei Oberbeamte geben musste, zu suspendieren, indem die Konsuln einen Dictator ernannten. Nach der Erledigung der anstehenden Aufgabe – dies konnte auch nur ein religiöser Akt sein – musste der Dictator unverzüglich zurücktreten.

Nachdem es seit mehr als 120 Jahren keinen Dictator mehr gegeben hatte, regte Sulla die Wiedereinführung dieses Notstandsamtes an. Die führenden Senatoren verstanden den dezenten Wink. Da die beiden Konsuln des Jahres in den Bürgerkriegen getötet oder vertrieben worden waren, hatte man zur Überbrückung der Zeit ohne Obermagistrate nach alter Sitte einen Interrex, einen ‚Zwischenkönig', eingesetzt, der für Neuwahlen sorgen sollte. Doch statt die Wiederbesetzung des Konsulats anzustreben, ernannte der Interrex Lucius Valerius Flaccus Sulla zum Dictator und ließ diese Entscheidung durch die Volksversammlung bestätigen. Trotz der scheinbaren Wiederaufnahme eines traditionellen Elements der römischen Ordnung war klar, dass die Position des Dictators Sulla kaum etwas mit derjenigen früherer Dictatoren gemeinsam haben sollte.

Anstatt die Ausübung der Funktion zeitlich eng zu begrenzen und den Aufgabenbereich genau zu definieren, erhielt Sulla weitgehende Vollmachten für die Neugestaltung der politischen Ordnung des Gemeinwesens: *dictator legibus scribundis et rei publicae constituendae*. Dies war ein in der Geschichte der Republik einmaliger Vorgang. Der Dictator erhielt die Kompetenz, Gesetze auch ohne Befragung des Volkes und des Senats zu erlassen, und die Begrenzung seiner Amtszeit blieb in sein Ermessen gestellt. Zwar hielt Sulla bei seiner späteren Gesetzgebung die alten Verfahrensformen unter Mitwirkung von Senat und Volk formal ein, doch hatten sich diese politischen Institutionen auch unter dem Eindruck seiner rigorosen Vorgehensweise gegen die politischen Gegner stark verändert und waren zum Widerstand kaum mehr fähig.

Die Proskriptionen

Für das kommende Jahr 81 v. Chr. ließ der Dictator wieder Konsuln wählen und gab damit seinem Regime einen stärkeren Anstrich der Legalität. Nachdem er am 29. Januar 81 v. Chr. seinen Sieg über Mithridates mit einem pompösen Triumph gefeiert hatte, ließ er sich in der Volksversammlung eine Vielzahl besonderer Ehren verleihen, unter anderem den offiziellen Beinamen *Felix*, der Glückliche, der die Gunst der Götter ihm gegenüber geradezu offiziell bestätigen sollte und damit seiner Herrschaft eine religiöse Legitimation gab. Geprägt war das erste Halbjahr 81 v. Chr. jedoch vor allem durch die rigorose Verfolgung der politischen Gegner. In mehreren Etappen ließ der Dictator immer länger werdende Listen von innenpolitischen Feinden veröffentlichen, die zu Geächteten erklärt wurden. Nach der Erstellung dieser Listen wurde dieses Verfahren als ‚Proskriptionen' bezeichnet. Auf die Betroffenen wurde unerbittlich Jagd gemacht. Ohne Gerichtsverfahren oder auch nur einen Schein von Legalität wurden diese Bürger zur Verfolgung freigegeben. Sogar deren Sklaven wurden ausdrücklich aufgerufen, Verrat an ihren Herren zu begehen. Insgesamt wurden Spitzeltum und Denunziation belohnt, Treue und Anhänglichkeit gegen den Geächteten wurden mit der Todesstrafe bedroht. Damit wurden lang gewachsene Elemente der römischen Ordnung mit Brachialgewalt eingerissen.

Q

Die Proskriptionen Sullas
(Appian, Die Bürgerkriege, 1,95)

„Nach diesen Erklärungen proskribierte er sofort etwa vierzig Senatoren und an die 1600 Ritter. Sulla scheint der Erste gewesen zu sein, der in einer Liste jene bekanntmachte, die er mit dem Tode bestrafte, für die Mörder aber Preise und für die Spitzel Belohnungen aussetzte und mit Strafen jeden bedrohte, der einen Proskribierten versteckte. Nicht lange darauf fügte er weitere Senatoren den bereits Proskribierten hinzu. Und von diesen Unglücklichen wurden die einen ganz unerwartet gefasst und ermordet, wo man sie gerade verhaftete, in ihren Wohnhäusern, auf den Straßen, in den Heiligtümern. Andere wurden von oben heruntergestürzt, auf Sulla zu, und ihm vor die Füße geworfen. Wieder andere schleiften sie durch die Stadt und trampelten auf ihnen herum, wobei vor Entsetzen keiner von den Zuschauern auch nur ein einziges Wort der Empörung mehr gegen solche Schreckenstaten zu äußern wagte. Weitere mussten in die Verbannung gehen und wieder welche traf die Vermögenskonfiskation. Häscher durchstöberten alles nach jenen, die aus der Stadt geflohen waren, und liefen hin und her und brachten jeden von ihnen um, den sie zu fassen kriegten." (Übersetzung nach Otto Veh)

Folgen für die Familien der Geächteten

Doch Sulla beschränkte sich nicht nur auf die physische Ausrottung seiner Gegner, sondern verbannte auch deren Kinder und Enkel aus dem öffentlichen Leben. Sie verloren alle Privilegien ihres Standes und durften sich in Zukunft nicht um politische Ämter bewerben. Eine derartige Sippenhaft hatte man in Rom zuvor nicht gekannt. Der Ausschluss der Nachkommen vom öffentlichen Leben hatte mehr symbolischen Charakter und sollte noch einmal nachdrücklich den festen Willen Sullas demonstrieren, die politischen Verhältnisse in Rom langfristig auf neue Grundlagen zu stellen. Faktisch war nämlich den Kindern und den Enkeln der Weg in eine kostspielige politische Karriere schon dadurch versperrt, dass sämtlicher Besitz der Geächteten konfisziert und versteigert wurde. Ohne eine breite ökonomische Basis mussten jegliche politische Ambitionen Luftschlösser unverbesserlicher Träumer bleiben.

Der Einzug des Vermögens diente aber nicht nur dem Ziel, den ökonomischen Lebensnerv der Familien der Geächteten zu treffen, sondern sollte auch ein anderes drängendes Problem Sullas lösen helfen: die Versorgung der Soldaten und Gefolgsleute. Der Dictator benötigte riesige Summen, um den Erwartungen seiner Anhänger gerecht zu werden. Diese durfte er nicht enttäuschen, da die Stabilität seiner Vorherrschaft auf der Loyalität dieser Personen beruhte. Der engere Kreis seiner Gefolgsleute konnte sich bei der unfairen Versteigerung der konfiszierten Güter schadlos halten. Vielen von ihnen bot sich die Gelegenheit, große und florierende Landgüter zu Spottpreisen zu erwerben und so mit kleinem Einsatz ein Vermögen zu machen. Die Raffgier kannte bald keine Grenzen mehr, und so verloren nicht wenige wohlhabende Römer durch Denunziationen nur deshalb ihr Leben, weil man ein Auge auf ihre Besitzungen geworfen hatte. Größter Nutznießer dieser enormen Umwälzungen in den Besitzverhältnissen war Marcus Licinius Crassus, der spätere Partner von Pompeius und Caesar im Triumvirat. Durch den Erwerb riesigen Grundbesitzes legte Crassus den Grundstein für sein sagenhaftes Vermögen, das er in der späteren Zeit durch geschickte Immobilienspekulationen in Rom weiter vermehren sollte. Aber auch der Dictator selbst und seine Familie achteten darauf, dass sie einen gebührenden Anteil an der Beute erhielten. Insgesamt fielen den Proskriptionen mehr als 4700 Personen zum Opfer, darunter circa 1600 Ritter und 40 Senatoren. Ein furchtbarer Aderlass für die römische Oberschicht.

Landverteilungen an die Soldaten

Seine Soldaten stellte Sulla vor allem dadurch zufrieden, dass er ihnen Land in Gemeinden zuwies, die aktiv Widerstand geleistet hatten. Besonders in Etrurien, Umbrien und Kampanien wurde eine Vielzahl von Grundbesitzern enteignet, um die Veteranen anzusiedeln. Rund 120 000 Kleinbauern-Stellen sollen auf diese Weise geschaffen worden sein. Für diese Regionen, die schon unter den Kriegen der letzten zehn Jahre schwer gelitten hatten, war dies eine weitere Belastung enormen Ausmaßes. Die Sozialstruktur änderte sich stark, und es kam zu zahlreichen Konflikten, da viele Alteigentümer sich gegen die Enteignung weiterhin wehrten. Zudem gaben viele Soldaten die Besitzungen schnell wieder auf und verkauften sie an Dritte, da sie nach der langen Militärzeit sich kaum mehr an das harte und entbehrungsreiche Leben als Kleinbauer gewöhnen konnten. Ihre Grundstücke wurden vor allem von den Profiteuren der jüngsten Umwälzungen aufgekauft, deren Grundbesitz sich auf diese Weise immer weiter vergrößerte. So förderten die Konfiskationen unter Sulla die Entstehung riesiger, zusammenhängender Besitzungen, der Latifundien, in Italien. Diese Wirtschaftsform hatte nicht allein agrarisch problematische Seiten, sie belastete in den betroffenen Regionen vor allem auch die sozialen Netzwerke, die sich aus dem Nebeneinander von Kleinbauern und den mittelgroßen Besitzungen ergaben, von denen die meisten Angehörigen der römischen Oberschicht in ganz Italien mehrere besaßen. Diese sich aus den Nachbarschaftsverhältnissen ergebenden Kontakte zwischen den sozialen Schichten bildeten eine wesentliche Grundlage für die Stabilität der römischen Republik. Das Lockern beziehungsweise Lösen dieser Verbindungen musste in den betroffenen Gebieten eine beachtliche desintegrative Wirkung entfalten.

Doch diese langfristigen Folgen konnte Sulla angesichts der prekären Situation, in der sich das Gemeinwesen befand, nicht berücksichtigen. Für ihn war es von höchster Bedeutung, möglichst schnell seine Veteranen zufrieden zu stellen, da von ihrer Loyalität und Bereitschaft, sich für ihren alten Feldherrn notfalls erneut mit Waffengewalt einzusetzen, die Stabilität seiner Machtausübung abhing. Darüber hinaus konnte sich der Dictator auf eine beachtliche Zahl ehemaliger Sklaven der Geächteten stützen, denen er Freiheit und Bürgerrecht geschenkt hatte. Auch dies ein vollkommen neuer Vorgang in der römischen Geschichte, da Sklaven normalerweise nur von ihrem Besitzer, dem *pater familias* des jeweiligen Hausverbandes, freigelassen werden konnten und diesem gegenüber weiterhin rechtlich und sozial verpflichtet blieben. Sulla setzte sich quasi selbst zum Erben der sozialen Hinterlassenschaft der von ihm ermordeten Bürger ein. Aus Dankbarkeit benannten sich die Freigelassenen nach dem Namen von Sulla ‚Cornelius' und nicht nach ihren alten Besitzern. Am Ende umfasste die Personengruppe der ‚Cornelii' immerhin gut 10 000 Mann, die ihrem Patron im Gefahrenfall schützend zur Seite standen.

2. Die autoritäre Wiederherstellung der republikanischen Ordnung: Die Reformen des Dictators Sulla

Im Sommer 81 v. Chr. war die Position Sullas vollkommen gefestigt. Während an militärischen Widerstand schon lange nicht mehr zu denken war, beherrschte er nun auch unangefochten die politische Szenerie. Viele Bürger, die nicht von den Schrecken der Verfolgungen betroffen waren, werden diesen Zustand der Ruhe und Ordnung als einen wohltuenden Kontrast zu den chaotischen Verhältnissen der zurückliegenden Zeit empfunden haben, so dass der Dictator auch auf eine nicht geringe Unterstützung im Volk rechnen konnte. Diese gesicherte Stellung im Staat nutzte Sulla nun dazu, weitreichende Reformen der politischen Ordnung in Angriff zu nehmen und der Republik wieder eine dauerhafte Stabilität zu verleihen.

Stärkung des Senats

Kernziel Sullas war dabei die Befriedung des politischen Raumes und die Stärkung des Senats als Gremium. Aus seiner Sicht sollte der Senat unangefochten das Zentrum der politischen Entscheidungsfindung werden. Um dieses Ziel zu erreichen, war es zunächst einmal von grundlegender Bedeutung, die Kompetenzen des Volkstribunats, das sich in den letzten Jahrzehnten zunehmend zu einer Konkurrenzinstitution gegenüber dem Senat entwickelt hatte, zu beschränken. Den Inhabern dieses Amtes sollte die Möglichkeit, aber auch die Motivation genommen werden, sich gegen den Willen der im Senat versammelten Aristokratie zu stellen. Folgerichtig beschnitt Sulla elementare Rechte der Volkstribune. Den Inhabern dieses Amtes wurde das Recht genommen, unabhängig von anderen Institutionen Gesetzesvorschläge in die Volksversammlung einzubringen. Stattdessen waren sie nun genötigt, ihre Initiativen vor der Abstimmung durch das Volk vom Senat genehmigen zu lassen. Dadurch sollte eine eigenständige Politik einzelner Volkstribune in Zukunft unmöglich gemacht werden. Diesem Zweck diente auch die Einschränkung des Interzessionsrechtes der Volkstribune. Auch wenn die sullanischen Regelungen in diesem Punkt in den Quellen nicht vollkommen klar werden, ist es doch sehr wahrscheinlich, dass die Volkstribunen ihr Veto nicht mehr gegen jede staatliche Maßnahme einlegen durften, sondern nur noch einschreiten konnten, wenn ein Bürger Unterstützung gegen die Anordnungen eines Magistraten suchte. Die Kompetenzen der Volkstribune wurden also wieder auf das elementare Niveau der direkten Hilfeleistung für Mitbürger beschränkt, wie es zu Beginn der Ständekämpfe im fünften Jahrhundert schon einmal der Fall gewesen war. Machten diese Beschneidungen im Kompetenzbereich die Ausübung dieses Amtes schon an sich sehr unattraktiv, wurde es durch die Bestimmung, dass die Inhaber des Volkstribunats danach keine weiteren politischen Ämter mehr wahrnehmen durften, für ehrgeizige Nachwuchspolitiker vollends zu einer Funktion, die man keinesfalls bekleiden sollte. Die rechtliche Verkümmerung korrespondierte also mit dem Abschneiden vom Zufluss eines ambitionierten und engagierten Nachwuchses, der allein eine nennenswerte Wirksamkeit des Amtes in der politischen Öffentlichkeit hätte gewährleisten können. Offensichtlich wurde das Volkstribunat allein deshalb nicht vollständig beseitigt, weil seine symbolische Funktion als Schutzorgan für das einfache Volk im Bewusstsein der

Römer so tief verankert war, dass selbst der Dictator Sulla es nicht wagte, es ganz abzuschaffen.

Mit der Beschneidung des Initiativrechts der Volkstribunen wurde der Senat erheblich gestärkt, da die Angehörigen der senatorischen Oberschicht und die aus ihren Reihen stammenden Obermagistrate nun faktisch ein Monopol auf die Vorbereitung von Gesetzesvorschlägen hatten. Die Erarbeitung und Diskussion von wichtigen Beschlüssen und grundlegenden Entscheidungen lag also nur noch in der Hand dieser exklusiven Gruppe. Darüber hinaus wurden die Gerichte den Rittern entzogen und wieder an die Senatoren zurückgegeben. Die Wirkung dieser Maßnahme wurde noch dadurch verstärkt, dass die altehrwürdige Rechtsprechung des Volkes und die Kompetenzen der Volkstribune auf diesem Gebiet abgeschafft wurden. Zu dem Monopol der senatorischen Oberschicht bei der Gesetzgebung trat also eine beherrschende Stellung dieser Gruppe im judikativen Bereich hinzu. Die Gerichte konnten somit nicht mehr als Bühne für die Anklage gegen die Politik des Senats und der aus seinen Reihen stammenden Amtsinhaber instrumentalisiert werden. Eine systematische Politik gegen den Senat im öffentlichen Raum sollte auf diese Weise dauerhaft verhindert werden.

Diese enorme Aufwertung der politischen Stellung des Senats unterwarf dieses politische Gremium jedoch auch neuen Zwängen. Allein die Verpflichtungen, denen die Senatoren als alleinige Geschworene an den Gerichten unterlagen, waren beachtlich, da die Zahl der Gerichtshöfe in der Vergangenheit erheblich gestiegen war. Mit der traditionellen Zahl von 300 Senatoren waren diese Aufgaben nicht zu bewältigen, ohne dass die Handlungsfähigkeit des Senats im politischen Alltag gefährdet gewesen wäre. So verlangten schon die neuen Rechte im Bereich der Rechtsprechung die Erhöhung der Gesamtzahl der Senatsmitglieder.

Verdoppelung der Zahl der Senatoren

Sulla reagierte auf diese Problemstellung, indem er die alten Reformvorschläge von Livius Drusus aufnahm, die 91 v. Chr. am innenpolitischen Widerstand gescheitert waren. Den Überlegungen von Drusus folgend wurde die Zahl der Senatoren von Sulla auf 600 erhöht. Schon Drusus hatte auf diese Weise den Senat als Gremium gegenüber dem Ritterstand stärken wollen, da durch die Aufnahme führender Ritter in den Senat der politische Einfluss der verbleibenden Angehörigen dieses Standes deutlich zurückgehen musste. Die personelle Vergrößerung des Senats verband also die wichtige Sicherung der Funktionsfähigkeit der senatorischen Gerichte mit der Schwächung der politischen Kraft der nichtsenatorischen Oberschicht. So konnten zwei Ziele mit einer Maßnahme erreicht werden.

Bei alledem muss berücksichtigt werden, dass sich die personelle Lage der römischen Oberschicht in den zehn Jahren zwischen dem Wirken des Livius Drusus und der Dictatur Sullas dramatisch verändert hatte. Der verlustreiche Krieg gegen die Bundesgenossen und vor allem die blutigen Auseinandersetzungen seit Sullas erstem Marsch auf Rom, die in dem Blutbad der Proskriptionen geendet hatten, hatten einer Vielzahl von Senatoren das Leben gekostet. Die Zahl der noch lebenden Senatoren lag drastisch unter der Sollstärke von 300.

Es ging also nicht nur um die Aufstockung des Senats auf 600 Senatoren, sondern zunächst einmal um die Wiederherstellung der althergebrachten

Zahl an Senatsmitgliedern. So ernannte Sulla in einem ersten Schritt eine große Zahl von Senatoren aus dem Kreis seiner verdienten Soldaten, bis er auf die alte Sollstärke von 300 Senatoren kam. Schon damit änderte er die soziale Zusammensetzung des hohen Gremiums grundlegend. Dann wurden in einer zweiten Phase 300 Ritter in den Senat aufgenommen. Nach dem Abschluss der Reform bestand das hohe Gremium zu fast drei Vierteln aus politischen Neulingen, deren Familien keine Tradition in der Führung der Republik hatten. Eine epochale Umwälzung in der personalen Struktur des Senats, wie es sie vorher nie gegeben hatte.

Neueinteilung der Amtsbereiche

Ein weiterer Kernbestandteil der neuen Ordnung Sullas, der eng mit der Stärkung des Senats zusammenhing, betraf die Kompetenzbereiche und Besetzungsmodalitäten für die wichtigen Beamtenstellen in Rom, aber auch in den Provinzen. Die Exekutive besaß in der politischen Ordnung der römischen Republik ungewöhnlich weitreichende Kompetenzen. Die Amtsgewalt der Obermagistrate, das *imperium*, umfasste nicht nur eine zentrale Rolle im innenpolitischen Bereich, sondern auch im Kriegsfall den Oberbefehl über die römischen Truppen. Zivile und militärische Befehlsgewalt waren grundsätzlich nicht getrennt. Im Zuge der Eroberung des Weltreiches stiegen aber die Anforderungen an die Verwaltung sowohl im politischen Zentrum wie auch in den Provinzen. Da die wenigen Obermagistrate aber nicht überall gleichzeitig sein konnten, hatte sich schon seit dem vierten Jahrhundert v. Chr. zur Bewältigung der vielfältigen Aufgaben ein Nebeneinander von formalisierten und nichtformalisierten Regelungen herausgebildet, die die Zuweisung von Kompetenzbereichen für die Beamten und vor allem die Verlängerung ihrer Befehlsgewalt im Kriegsfall über die eigentliche Amtszeit hinaus betrafen. Eine wirklich systematische Struktur der Exekutive war dabei aber nicht entstanden.

Dieser in Teilen provisorische Charakter der politischen Ordnung hatte den einzelnen Amtsinhabern in vielen Fällen einen beachtlichen Entscheidungsspielraum gelassen. Eingeengt wurden diese Handlungsfreiräume durch den sozialen Druck innerhalb der aristokratischen Gemeinschaft, deren führende Mitglieder die amtierenden Magistrate bei ihren Handlungen zur Orientierung am Konsens innerhalb des Adels anhielten. Durch die massiven innenpolitischen Verwerfungen, die es seit 133 v. Chr. gegeben hatte, hatten diese Mechanismen der kommunikativen Selbstregulierung stark an Wirkung verloren. Sulla selbst hatte ein warnendes Beispiel dafür gegeben, welche Macht ein Oberbefehlshaber bekommen konnte, wenn er bereit war, gegen den Willen der Aristokratie seine militärische Macht innenpolitisch einzusetzen.

Entmilitarisierung Italiens

So zog Sulla aus seinem eigenen Vorgehen die Folgerung, dass Italien konsequent zu entmilitarisieren sei. Um dies zu gewährleisten, trennte er die Obermagistraturen in der regulären Amtszeit und die Verwaltung der Provinzen durch gewesene Beamte, die die Römer als Promagistrate bezeichneten, deutlicher, als dies bis dahin der Fall war. Zwar bleibt es in der Forschung umstritten, ob es hierbei eine strikte gesetzliche Regelung gab, doch wurde es allgemein üblich, dass die Obermagistrate während der regulären Amtszeit in Rom blieben und erst nach dem Ablauf ihres Amtsjahres die Verwaltung einer Provinz übernahmen. Da die Befehlsgewalt der Promagistrate automatisch beim Überschreiten der Stadtgrenze erlosch, konnte es in Rom nun keine Überschneidung von politischen und militärischen Kompetenzen mehr geben. Ziviler und militärischer Bereich waren klarer als früher geschieden. Dazu kam, dass der Senat den Promagistraten gegenüber wesentlich mehr Einflussmöglichkeiten besaß als gegenüber regulären Magistraten, die Aufgaben außerhalb Italiens wahrnahmen. Sulla bestätigte nachdrücklich das Recht des Senats, Promagistrate zu ernennen, sie aber auch im Zweifelsfall abzuberufen. Nach seinen Gesetzen durften die Statthalter ihre Provinzen nicht mehr ohne Erlaubnis des Senats verlassen, und vor allem durften sie nicht mehr ohne dessen Einverständnis Krieg gegen auswärtige Völker führen. So wurde der gesamte militärische Komplex faktisch der Autorität des Senates überantwortet.

Die Anwesenheit der Obermagistrate während ihrer Amtszeit in Rom diente aber nicht nur der Trennung von ziviler und militärischer Kompetenz. Sie entsprach auch dem gestiegenen Aufgabenvolumen, das sich aus den Reformen ergab. Während die Prätoren als Vorsitzende der vielfältigen Geschworenengerichte in Rom benötigt wurden, wurden die Konsuln wesentlich stärker in die Gesetzgebung eingebunden, als dies früher der Fall gewesen war. Der Grund dafür lag in der politischen Verkümmerung des Volkstribunats, dessen Inhaber in der klassischen Republik den bei weitem größten Teil der Gesetzesinitiativen auf den Weg gebracht hatten. Diese Lücke musste nun von den Obermagistraten gefüllt werden.

Erhöhung der Beamtenstellen

Neben dieser Neuverteilung der Aufgaben erhöhte Sulla auch die Zahl der Beamtenstellen. So vergrößerte er die Zahl der Quaestoren auf 20 und die der Prätoren auf acht, die Zahl der Konsuln wurde allerdings nicht erhöht. Die gestiegene Zahl der Prätoren garantierte, dass es jedes Jahr genügend gewesene Magistrate zur Besetzung der Statthalter gab und so die Amtszeit der Statthalter möglichst auf ein Jahr beschränkt werden konnte. Die Erhöhung der Stellen der Quaestoren, also unterer Magistraturen, war vor allem deswegen nötig geworden, weil jedes Jahr eine ausreichende Zahl von Kandidaten für die Aufnahme in den vergrößerten Senat bereitstehen musste. Ansonsten hätte man dauerhafte nicht an dem Prinzip festhalten können, dass die Senatoren in regulären Zeiten alle gewesene Beamten sein mussten. Um diesen Zusammenhang sicherzustellen, verfügte Sulla, dass auch die Inhaber der unteren Beamtenstellen automatisch in das erlauchte Gremium aufrücken sollten. Die Erstellung einer Senatsliste alle fünf Jahre durch die Censoren wurde dadurch überflüssig. Ein weiterer Schritt für die Regularisierung der Laufbahn der Magistrate waren die Festsetzung eines Ämterablaufs, den die Kandidaten zu durchschreiten hatten, und die Fixierung von Mindestaltersgrenzen, die dabei einzuhalten waren. Kern dieser Regelungen, die schon existierende Bestimmungen aus dem beginnenden zweiten Jahrhundert aufnahmen, war die Vorschrift, dass niemand die Prätur bekleiden durfte, ohne vorher Quaestor gewesen zu sein, und ohne vorherige Prätur durfte niemand Konsul werden. Das Volkstribunat musste aufgrund seiner Trennung von den übrigen Magistraturen nicht berücksichtigt werden, und die Bekleidung der Ädilität blieb fakultativ, weil es weniger Stellen für Ädile als für Prätoren gab und man die Ädilität deshalb nicht zu einer verpflichtenden Vorstufe der Prätur machen konnte. Bezüglich des Alters wurde festgelegt, dass man für die Ausübung der Quaestur mindestens 30 Jahre alt sein musste, für die Ädilität 36, die Prätur 39 und für das Konsulat 42 Jahre. Zwischen den verschiedenen Ämtern sollte aber in jedem Fall ein Zeitraum von zwei Jahren liegen.

E

Pontifices
Sie waren ein Priesterkollegium, das vor allem die ordnungsgemäße Erfüllung aller religiöser Aufgaben in Rom überwachen sollte. Dafür standen vor allem dem Vorsteher des Kollegiums, dem *pontifex maximus*, auch disziplinierende Kompetenzen gegenüber anderen Priestern zu. Aufgrund der engen Verzahnung von Religion und gesellschaftlichem Leben kam den *pontifices* eine zentrale Position im institutionellen Aufbau des römischen Staates zu.

Priestertümer

Auch die Anzahl wichtiger Priestertümer wurde erhöht. So vergrößerte Sulla die Zahl der Pontifices, die die Einhaltung sakraler Vorschriften überwachten, auf 15; dasselbe galt für die Augures, die die Experten für die Deutung der von den Göttern gesandten Vorzeichen waren, und die *decemviri sacris faciundis*, die die heiligen sibyllinischen Bücher auslegten. Zudem nahm er dem Volk das Recht, die Priester zu wählen, das ihnen Domitius Ahenobarbus verschafft hatte, und führte für den Fall der Vakanz einer Stelle wieder die Hinzuwahl durch die Mitglieder des jeweiligen Kollegiums ein. Schließlich versuchte der Dictator noch den Lebenswandel in der Oberschicht durch den Erlass von Luxusgesetzen, die einzelne Übertreibungen im Lebensstil bekämpfen sollten, derart zu regulieren, dass die Öffentlichkeit an der verschwenderischen Selbstdarstellung der Aristokraten keinen Anstoß nahm.

Nach der Durchsetzung der Reformen legte Sulla zur Überraschung der gesamten politischen Umgebung zu Beginn des Jahres 79 v. Chr. in einer Volksversammlung die Dictatur nieder und zog sich auf sein Landgut bei Puteoli ins Privatleben zurück. Über die Gründe dieses Schrittes ist seit der Antike viel spekuliert worden. Als mögliche Ursachen werden Amtsmüdigkeit und Verdruss über die Streitigkeiten unter den Anhängern genauso genannt wie beginnende gesundheitliche Probleme oder der Wunsch, das Leben wieder in vollen Zügen genießen zu können. Sulla blieb auch in diesem Schritt ein Mann, dessen Handlungen sich einfachen und klaren Kategorien entzogen. Wahrscheinlich dürften Ursachen aus verschiedenen Problembereichen Sulla zum Rückzug aus dem öffentlichen Leben bewogen haben. Hinzu kam, dass auch ihm deutlich vor Augen gestanden haben dürfte, dass er schlechterdings nicht eine republikanische Ordnung wirklich reformieren konnte, wenn er die Grundlage dieser Ordnung, den Wechsel in der staatlichen Führung, selber dauerhaft missachtete. Ein Dictator auf Lebenszeit taugte nicht zum Retter der Republik. Allein diese Logik verlieh seiner Amtsausübung eine zeitliche Grenze, deren Erreichen er ganz persönlich festlegte. Nach dem Niederlegen der Dictatur verblieb Sulla nur noch wenig Zeit, seinen politischen Ruhestand zu genießen. Er starb nur ein gutes Jahr später, 78 v. Chr. Von seinen führenden Anhängern wurde durchgesetzt, dass er als erster Römer ein Art Staatsbegräbnis erhielt, das das ganze Gemeinwesen für ihn ausrichtete. So spielte er noch im Tod eine Sonderrolle.

3. Sulla – Ein provisorisches Fazit

Sulla in der Forschung

Lucius Cornelius Sulla ist ein Mann, an dem sich die Geister scheiden. Seine Lebensleistung einzuschätzen ist wahrlich nicht leicht. In der Forschung haben vor allem seine Reformen oft ein positives Echo gefunden. Zwar werden die blutigen Umstände beim Aufstieg und bei der Machtetablierung des Dictators Sulla sehr wohl gesehen, doch wird dies nicht selten von der konzeptionellen Größe, die seine Reformen auszeichnete, getrennt betrachtet. So hat zum Beispiel Theodor Mommsen in ihm die letzte Chance für die verkommene römische Aristokratie gesehen, die dieser Adel gar nicht verdient hätte. Vor allem die Geschlossenheit des Ansatzes, die in einem so deutlichen Kontrast zu den flickschusternden Einzellösungen der vorangehenden Jahrzehnte zu stehen scheint, wird als imponierend hervorgehoben und als eine im römischen Kontext besonders bemerkenswerte Leistung betrachtet (Ernst Meyer).

Bei diesen positiven Bewertungen des Ordnungsversuchs von Sulla kann man sich aber oft nicht des Eindrucks erwehren, dass die hohe Wertschätzung, die dieser Ansatz in Teilen der Forschung genießt, auch darauf beruht, dass Sullas Konzept unserem modernen Denken stärker entspricht als andere Reaktionsformen der Römer auf Krisenerscheinungen in ihrem Gemeinwesen. Pointiert könnte man sagen, dass viele Historiker nach der ‚quälenden' Darstellung von über 50 Jahren des sich steigernden innenpolitischen Kleinkrieges zwischen den Interessengruppen diesen umfassenden konzeptionellen Ansatz als eine Art Befreiungstat ansehen, die der moderne Betrachter von außen schon lange erwartet hätte.

Sullas Gewalttaten

Das erste Problem dieser Bewertung des sullanischen Reformwerks liegt schon darin, dass man die zweifelhafte Karriere des Initiators und die Gewalttaten im Vorfeld der Reformen von dem Reformprojekt trennen muss. Dies scheint aber gerade in diesem Fall äußerst zweifelhaft zu sein. Zwar muss man die Taten Sullas im Kontext der Gewalttätigkeit, die die zeitgenössische römische Gesellschaft erlebte, bewerten und auch den Historikern, die seine Reformen positiv einschätzen, ist keinesfalls ein klares Bewusstsein für die moralischen Verwerfungen abzusprechen, derer Sulla sich dabei schuldig gemacht hat. Doch die Bluttaten Sullas lassen sich nicht so einfach als ein Gewaltexzess unter mehreren in einer konfliktreichen Zeit einordnen, der separat von den Reformgesetzen gesehen werden muss. Vielmehr korrespondierte bei Sulla die Systematisierung der staatlichen Ordnung mit einer Systematisierung des Verbrechens gegen römische Bürger. Die pogromhafte Organisationsstruktur bei der Verfolgung und Ausrottung wesentlicher Teile der führenden Ritter bildete eine entscheidende Voraussetzung für die projektierte Funktionsfähigkeit des späteren Ordnungsansatzes.

Hier scheint Sulla seine ganz eigene Lehre aus den Mängeln des Reformprojekts von Livius Drusus aus dem Jahr 91 v. Chr. gezogen zu haben, das viele Gemeinsamkeiten mit den sullanischen Reformen aufwies. Auch Livius Drusus wollte mit Hilfe eines umfassenden Ansatzes die Stellung des Senats in der gesellschaftlichen Ordnung auf Kosten der Ritter wieder stärken. Eine der Schwachstellen des Ansatzes von Livius Drusus war dabei zweifellos die

Tatsache, dass die bloße institutionelle Integration von führenden Rittern in den Senat nicht gleichbedeutend mit Änderung ihrer Sicht auf die gesellschaftlichen Verhältnisse gewesen wäre. Durch die Beseitigung der führenden Vertreter der Ritter im Zuge der Proskriptionen bestand dieses Problem nun nicht mehr. Für die aus der zweiten Reihe des Ritterstandes in den Senat aufrückenden Personen musste dieser Aufstieg so sagenhaft sein, dass eine größere Chance auf Identifikation mit diesem Gremium und damit eine größere Erfolgsperspektive für die Reformen gegeben waren.

Aufhebung von Teilen der sullanischen Reformen

Auch wenn man diesen Zusammenhang zwischen den politischen Verfolgungen und den institutionellen Veränderungen negiert, sieht man sich mit einem zweiten Problem konfrontiert: Wesentliche Bestandteile der Ordnung haben den Tod des Dictators nicht lange überdauert. Zwar blieb vor allem die Neuordnung der magistratischen Tätigkeitsbereiche eine länger wirkende Errungenschaft, doch wurde das Volkstribunat innerhalb nur eines Jahrzehnts wieder in seiner alten Form restituiert und dies ausgerechnet unter führender Beteiligung von zwei wichtigen Gefolgsleuten Sullas, Marcus Licinius Crassus und Gnaeus Pompeius.

Auch die zentrale Position des Senats, der nach dem Willen Sullas die politische Sphäre dominieren sollte, wurde in den folgenden Jahrzehnten nicht zur Realität. Betrachtet man die personelle Zusammensetzung des neuen Senats, verwundert dies nicht. In dem hohen Gremium gab es nur noch relativ wenige Vertreter der alten Aristokratie, die die Republik in der klassischen Zeit getragen hatte. Stattdessen war der Senat zum Sammelbecken von Aufsteigern geworden, deren soziales Prestige und gesellschaftlicher Einfluss eher gering waren. Diese Neusenatoren waren nicht in ihren Familien seit früher Kindheit für den Dienst in den politischen Institutionen geschult und für die Kommunikation in der hohen Aristokratie sozialisiert worden. Es dürfte nicht wenigen Zeitgenossen so erschienen sein, als ob diese Aufsteiger nur Senator ‚spielten'. Von diesem heterogenen Gremium war die Entfaltung eines dominanten gesellschaftlichen Einflusses kaum zu erwarten. Letztlich überwog die reale Schwächung der Oberschicht, die sich aus dem enormen Blutzoll der letzten Jahre ergeben hatte, die formale Stärkung im institutionellen Geflecht bei weitem. Sulla hatte diesen Verfallsprozess mit seinen Verfolgungen wesentlich beschleunigt. So hatte der Senat der siebziger und sechziger Jahre nur wenig mit dem Senat der Jahrhundertwende gemein. Im kollektiven Mythos der Kontinuität, wie ihn vor allem der hochbegabte Aufsteiger Marcus Tullius Cicero in seinen Reden zu entfalten vermochte, gab es noch die Epochen übergreifende Einheit in der Geschichte des Senats. Die Realität traf dies nicht.

Das Scheitern Sullas

Da auch die politisch bestimmende Schicht der führenden Ritter stark dezimiert war, fehlten in Rom entscheidende soziale Gravitationszentren, die das gesellschaftliche Leben in der klassischen Republik in seinen Bahnen gehalten hatten. Trotz der formalen Stärkung des Senats wurden daher ganz neue Freiräume für ehrgeizige Individualisten in der Politik eröffnet, die Männer vom Schlag eines Pompeius, Crassus oder Caesar gezielt zu nutzen wussten. Diese Männer dachten gar nicht daran, ihre persönlichen Machtperspektiven der Vision einer kollektiven Herrschaftsausübung des Senats unterzuordnen. Schon in der Antike wurde in diesem Zusammenhang darauf hingewiesen, dass der Fluch für die sullanische Ordnung darin bestand, dass der Dictator sein eigenes Beispiel nicht mehr aus der Welt schaffen konnte. Sein Marsch auf Rom 88 v. Chr. hatte Maßstäbe gesetzt, die auch der Dictator nicht mehr revidieren konnte. Sein Wirken als Alleinherrscher behinderte aber nicht einmal die Nachahmung seines Vorbildes, sondern förderte sogar noch die desintegrativen Prozesse in der Gesellschaft, die die gelehrigen Schüler Sullas in den Konflikten der späten Republik für ihre Zwecke nutzen sollten. Trotz manch sinnvollen Ansatzes ist Sulla als Reformer an seinem eigenen skrupellosen Vorgehen gescheitert.

IX. Krise durch Alternative? – Bilanz und Ausblick

Die römische Republik war eine Erfolgsgeschichte gewesen. Doch gerade dieser Erfolg sollte Rückwirkungen auf die römische Gesellschaft zeitigen, die langfristig die Grundlage der republikanischen Ordnung erudieren ließen und damit den ganzen Staat in eine gefährliche Lage brachten. Das Erfolgsgeheimnis der Römer bestand in der erstaunlichen Stabilisierung von sozialen und politischen Verhältnissen, wie sie eigentlich für kleine Stadtstaaten typisch sind, auch in einer Phase der Entwicklung, als Rom schon längst Weltmacht geworden war und vor allem ein großer Territorialstaat, dessen Bürger weit entfernt voneinander lebten. Trotz aller objektiven Hindernisse gelang es den Römern, ein elementares und direktes Gefühl der Gemeinschaft zu bewahren, die alle römischen Bürger umfasste. Auch wenn man als Bauer nicht oft in das Zentrum kam, konnte man die Realität dieser Gemeinschaft immer wieder vor Ort durch die Kommunikation mit den Mitbürgern in der Region, vor allem aber durch die Begegnung mit den Vertretern der oberen Mittelschicht und gelegentlich sogar mit den Angehörigen der Aristokratie erleben. Das Leben jedes Römers war durchzogen von einer Vielzahl von Kommunikationsritualen, die ihn mit anderen Bürgern verband. Je höher man in der sozialen Hierarchie stand, um so komplexer wurde dieses Netz der Kommunikation. Man war nicht Römer, weil man es im Personalausweis nachlesen konnte, sondern weil man es tagtäglich im kommunikativen Austausch erleben konnte. So wurde nicht die Einordnung in abstrakte Strukturen und die Unterwerfung unter anonyme Institutionen zum Kern des sozialen Lebens der Römer, sondern das Bewusstsein, mit den anderen Bürgern zusammen Teil einer einzigartigen Gemeinschaft zu sein, die als Ganzes von den Göttern privilegiert und zur Herrschaft auserkoren war.

Funktionsfähig war diese Gesellschaft vor allem deshalb, weil durch den vielfältigen kommunikativen Austausch und die soziale Vernetzung Sorge dafür getragen wurde, dass die legitimen Interessen möglichst vieler Bürger, die dem sozialen Status des Einzelnen entsprachen, berücksichtigt wurden. So konnte sich in der Gesellschaft über lange Zeit kein nennenswertes Unzufriedenheitspotential anstauen, das die filigranen Strukturen des sozialen Zusammenhalts gefährdet hätte.

Belastungen für die Mittelschicht

Dieses Gleichgewicht geriet jedoch im Laufe des zweiten Jahrhunderts v. Chr. aus den Fugen. Die Belastungen für die Mittelschicht durch den Wehrdienst, die aufgrund der enormen Ausdehnung des römischen Machtbereichs deutlich zunahmen, bildete die eine Seite der Problematik. Doch die hätte man lösen können. Seit dem Beginn der Expansion waren die Römer daran gewöhnt, Mitbürger in prekärer sozialer Lage durch die Zuweisung von Land zu unterstützen. Bis in die siebziger Jahre des zweiten Jahrhunderts v. Chr. funktionierte dieses Verteilungssystem sehr gut und entschärfte schon im Vorfeld soziale Probleme, bevor sie sich auf den gesellschaftlichen Konsens auswirken konnten. Dass diese bewährte Strategie aufgegeben wurde, war erstaunlicherweise gerade eine Folge des Erfolgs.

Geldzufluss durch Eroberungen

Aufgrund der spektakulären Siege Roms im Osten flossen in einem derartigen Umfang finanzielle Mittel nach Rom, dass die Oberschicht paradoxerweise in Schwierigkeit geriet, diese sinnvoll anzulegen. Da die römischen Aristokraten weiterhin an der traditionell bewährten Strategie der Geldanlage in Land festhielten und die Nachfrage danach durch den neuen Reichtum geradezu explodierte, wurde Grund und Boden zu einem kostbaren Gut. Daher stellte man die Landverteilung an ärmere Römer ein und sicherte sich lieber das verbleibende Acker- und Weideland zum eigenen Gebrauch.

Zerbrechen des gesellschaftlichen Konsenses

Damit war der alte Konsens der ‚Beutegemeinschaft' zwischen den Schichten zerbrochen und es war nur noch eine Frage der Zeit, bis in der römischen Gesellschaft die Folgen der sich anbahnenden sozialen Probleme deutlich würden. Mit Tiberius Gracchus – dem Aristokrat aus bestem Hause, aber mit Schwierigkeiten in der Karriere – fand sich der rechte Mann zur rechten Zeit, die entstehenden Spannungen aufzunehmen und strukturelle Lösungen anzubieten. Ob dies aus Mitleid mit den Armen und aus Sorge um den Staat passierte oder aus ganz persönlichen politischen Motiven, bleibt bis heute in der Forschung umstritten. Die Hilflosigkeit aber, mit der die Oberschicht auf die inhaltliche ‚Aufladung' der politischen Diskussion durch Tiberius Gracchus und wenige Jahre später durch seinen Bruder Gaius Gracchus reagierte, war bezeichnend. Die Ordnung der Republik hatte ja gerade durch die Vermeidung inhaltlicher Diskussionen ihre integrative Kraft bezogen. Die politische Orientierung der Bürger wurde durch persönliche Beziehungen und nicht durch inhaltliche Überlegungen bestimmt. Diese Logik galt jedoch nach den Reformbemühungen der Gracchen nicht mehr uneingeschränkt. Mit Erschrecken hatten die führenden Aristokraten mit ansehen müssen, wie relevante Teile der politischen Öffentlichkeit bereit waren, einem Politiker, zu dem sie keine persönlichen Beziehungen besaßen, aufgrund des politischen Programms zu folgen. War dies schon bei Tiberius Gracchus der Fall, verstärkte es sich nochmals bei Gaius Gracchus, wobei die Reformer wohl auch vor gravierenden Veränderungen im institutionellen Aufbau des Staates nicht zurückschreckten. Das einzige Gegenmittel, das der Mehrheit der Aristokraten einfiel, war ein gewaltsames Eingreifen. So mussten beide Brüder ihre Aktivitäten mit dem Leben bezahlen. Diese politischen Gewalttaten zementierten jedoch die Fronten, anstatt sie aufzubrechen.

Auf diese gesellschaftlichen Erschütterungen reagierte die Oberschicht in einer ganz eigenen Art: Sie ignorierte die deutlich gewordenen Spannungen und versuchte nach dem Tod der Gracchen durch ihr Verhalten in der Öffentlichkeit zu suggerieren, dass es sich bei den inneren Konflikten um einmalige Entgleisungen einzelner Persönlichkeiten gehandelt hätte, man aber durch das konsequente Durchgreifen von Senat und Magistraten wieder die alte Ordnung hergestellt habe. Eine Notwendigkeit auf die krisenhafte Zuspitzung politischer Auseinandersetzungen mit strukturellen Reformen zu antworten, sah man nicht.

‚Krise ohne Alternative'?

Dieses Beharren auf der überkommenen Ordnung wurde von Christian Meier auf die prägnante Formel ‚Krise ohne Alternative' gebracht. Nach Jahrhunderte währendem Aufstieg und enormen außenpolitischen Erfolgen sei es für die Oberschicht unvorstellbar geworden, dass die bestehenden gesellschaftlichen Strukturen defizitär und reformbedürftig sein könnten. Im Gegenteil, sobald Störungen im gesellschaftlichen Gleichgewicht auftraten, kamen weite Teile der Aristokratie zu der Auffassung, dass die Ursache für die Schwierigkeiten gerade im Verlassen der bewährten Pfade läge und man zur Behebung der Probleme noch intensiver zu den alten Formen des gesellschaftlichen Lebens zurückkehre müsse. Mit dieser rückwärtsgewandten Logik festigten die Römer sogar noch die organisatorischen Strukturen, deren Defizite die eigentliche Ursache für die Probleme waren. So kam es zu einem sich selbst verstärkendem Krisenszenario, an dessen Ende der Untergang der republikanischen Ordnung stand.

‚Krise durch Alternative'?

Meiers tief greifende Analyse hat den Blick für die Handlungsmotive der römischen Oberschicht wesentlich geschärft. Doch besteht ein Problem dieser Deutung darin, dass sie sich sehr stark auf den Aspekt der Verfallserscheinungen aus der Sicht der führenden Aristokraten konzentriert. Die Darstellung der politischen Abläufe in der Zeit von den Gracchen bis Sulla hat jedoch deutlich werden lassen, dass für beachtliche Teile der Mittelschicht, aber auch für nicht wenige Angehörige der Oberschicht grundlegende Veränderungen der gesellschaftlichen Organisation nicht undenkbar waren. Der Erosionsprozess der sozialen Autorität der römischen Nobilität ließ ein Unzufriedenheitspotential entstehen, das sich in dieser Epoche durchaus in konkreten Alternativentwürfen zur bestehenden Ordnung manifestierte. Insbesondere die Aktivitäten von Saturninus und die Dictatur des selbst ernannten republikanischen Restaurators Sulla, vielleicht aber auch schon die langfristigen politischen Ambitionen von Tiberius und Gaius Gracchus mussten in der politisch relevanten Bevölkerung das Bewusstsein dafür schärfen, dass es auch andere Optionen für die Gestaltung der gesellschaftlichen Führung als die kollektive Herrschaft der Nobilität gab. Gerade die Konfrontation mit diesen Alternativen zur bestehenden Herrschaftsform brachte die führenden Aristokraten in Zugzwang und nötigte sie dazu, sich immer stärker auf die kollektiven Mechanismen der Machtsicherung im Senat zu konzentrieren, auch um den Preis einer zunehmenden Distanz zu breiten Bevölkerungsschichten. Dieses Verhalten musste das Ansehen und die gesellschaftliche Durchsetzungskraft der Aristokratie weiter schwächen. So könnte man auch von einer ‚Krise durch Alternative' sprechen, die langfristig die Grundlage des Führungsanspruchs der Nobilität untergrub und die Vorraussetzung für die Etablierung eines monarchischen Regierungssystems schuf.

Aus der Sicht vieler Römer muss der Niedergang der Legitimation der römischen Oberschicht gar nicht als epochale Umwälzung empfunden worden sein, sondern vielmehr als ein gleitender Prozess der eigenen politischen Neuorientierung. Die Alternative einer Herrschaftsform, die nicht auf der gemeinsamen Machtausübung durch eine kleine Gruppe adliger Familien beruhte, sondern auf der Dominanz einer einzelnen Persönlichkeit, verfestigte sich zunehmend im Bewusstsein der Menschen und erhielt später durch die Bürgerkriege eine zusätzliche Legitimation.

Doch etablierte sich am Ende dieser Entwicklung in Rom bezeichnenderweise keine absolute Monarchie, die auf eigener Machtvollkommenheit gründete. Diese Option schied mit der Ermordung Caesars am 15. März 44 v. Chr. aus dem politischen Leben Roms aus. Stattdessen setzte sich ab 30 v. Chr. mit der endgültigen Machtübernahme von Caesars Adoptivsohn

Augustus eine ‚kommunikative Monarchie' durch, die ihre Legitimation aus einer Vielzahl von Aktionen und Ritualen der gegenseitigen Anerkennung zwischen Bevölkerung und Herrscher bezog. So lebte die Tradition der sozialen Vernetzung und der schichtenübergreifenden Kommunikation, die Rom groß gemacht hatte, auch in der Kaiserzeit fort. Die Monarchie begrenzte den Wettbewerb zwischen den Adligen und unterband damit die Instrumentalisierung von Gruppeninteressen durch einzelne Aristokraten, wie sie Rom seit den Gracchen erlebt hatte. Mit dem neuen Herrscher erhielten die Bürger wieder eine eindeutige Integrationsfigur, die sich gemäß der Herrschaftsideologie für die Belange aller Römer gleichermaßen einsetzte. Eine Rolle, die die römische Nobilität über lange Zeit in der Republik souverän verkörpert hatte. Auf diese Weise gab es für die Bürger mit Augustus einen würdigen Erben der alten Nobilität, der die Einheit der Gesellschaft zu sichern verstand. Damit war die Substanz der gesellschaftlichen Ordnung für die Bürger gewahrt und sie engagierten sich weiterhin intensiv für ihr Gemeinwesen. So blieb Rom auch in der Kaiserzeit für weitere 400 Jahre eine Erfolgsgeschichte.

Auswahlbibliographie

Quellen und Quellensammlungen

Appian: Römische Geschichte. Zweiter Teil: Die Bürgerkriege, übersetzt von Otto Veh, durchgesehen, eingeleitet und erläutert von Wolfgang Will, Stuttgart 1989.

Plutarch: Große Griechen und Römer, eingeleitet und übersetzt von Konrat Ziegler, Bd. 3 (Marius, Tiberius und Gaius Gracchus), Bd. 6 (Sulla), Zürich und München 1955 u. 2. Aufl. 1979.

Sallust: Der Krieg mit Jugurtha, lateinisch und deutsch, herausgegeben und übersetzt von Karl Büchner, Stuttgart 2003.

Stockton, D. L.: From the Gracchi to Sulla. Sources for Roman History, 133–80 B.C., London 1991.

Überblickswerke zur römischen Republik

Bellen, H.: Grundzüge der römischen Geschichte, Teil 1: Von der Königszeit bis zum Übergang der Republik in den Prinzipat, Darmstadt 1994.

Bleicken, J.: Geschichte der Römischen Republik, Oldenbourg – Grundriß der Geschichte 2, 5. Aufl., München 1999.
(*Einführung mit Forschungsdiskussion*)

Bringmann, K.: Geschichte der römischen Republik. Von den Anfängen bis Augustus, München 2002.
(*Zur Zeit beste Gesamtdarstellung*)

Crawford, M.: Die römische Republik, 5. Aufl., München 1994.

Dahlheim, W.: Die Antike. Griechenland und Rom von den Anfängen bis zur Expansion des Islam, 5. Aufl., Paderborn u. a. 2001.
(*Guter Überblick über die gesamte Antike*)

Heuß, A.: Römische Geschichte, 6. Aufl., hrsg. v. J. Bleicken, W. Dahlheim, H.-J. Gehrke, Paderborn u. a. 1998.

Mommsen, Th.: Römische Geschichte (1854–1856 u. 1885), 8 Bde, hrsg. v. K. Christ, München 1976.

Nicolet, C.: Rome et la conquête du monde méditerranéen, Bd. 1: Les structures de l'Italie romaine, 2. Aufl., Paris 1979, Bd. 2, hrsg v. C. Nicolet: Genèse d'un Empire, Paris 1978.

Institutionelle Ordnung und gesellschaftliche Strukturen

Bleicken, J.: Die Verfassung der römischen Republik, 7. Aufl., Paderborn u. a. 1995.

Bleicken, J.: Das Volkstribunat der römischen Republik. Studien zu seiner Entwicklung zwischen 287 und 133 v. Chr., 2. Aufl., München 1968.

Bruun, C. (Hg.): The Roman Middle Republic. Politics, Religion, and Historiography, Rom 2000.

Flaig, E.: Ritualisierte Politik. Zeichen, Gesten und Herrschaft im Alten Rom, Göttingen 2003.
(*Innovative Impulse zur Neuinterpretation des politischen Lebens in der Republik*)

Gelzer, M.: Die Nobilität der römischen Republik (1912), hrsg. v. J. von Ungern-Sternberg, Stuttgart 1983.
(*Klassiker der Gesellschaftsanalyse der Republik*)

Graeber, A.: Auctoritas patrum. Formen und Wege der Senatsherrschaft zwischen Politik und Tradition, Berlin – Heidelberg – New York 2001.

Hölkeskamp, K.-J.: Die Entstehung der römischen Nobilität, Studien zur sozialen und politischen Geschichte der Römischen Republik im 4. Jhdt. v. Chr., Stuttgart 1987.
(*Grundlegende Studie zur römischen Aristokratie*)

Hölkeskamp, K.-J.: Rekonstruktionen einer Republik, München 2004.
(*Konzentrierte Darstellung der aktuellen Forschungsdiskussionen und -perspektiven*)

Jehne, M. (Hgg.): Demokratie in Rom? Die Rolle des Volkes in der Politik der römischen Republik, Stuttgart 1995.
(*Wichtige Neuansätze zur Analyse des öffentlichen Lebens*)

Kunkel, W. / Wittmann, R.: Staatsordnung und Staatspraxis der römischen Republik, hrsg. v. H. Galsterer, C. Meier, R. Wittmann, Handbuch der Altertumswissenschaften X 3,2,2, München 1995.
(*Das Standardwerk zur römischen Magistratur*)

Linke, B. / Stemmler, M. (Hgg.): Mos maiorum. Untersuchungen zu den Formen der Identitätsstiftung und Stabilisierung in der römischen Republik, Stuttgart 2000.

Lintott, A.: The Constitution of the Roman Republic, Oxford 1999.

Meier, C.: Res publica amissa. Eine Studie zur Verfassung und Geschichte der späten römischen Republik, 3. Aufl., Frankfurt a. M. 1997.
(*Zum Klassiker gewordene Analyse der späten Republik*)

Meyer, E.: Römischer Staat und Staatsgedanke, 4. Aufl., Zürich – München 1975.

Nicolet, C.: The World of the Citizen in Republican Rome, Berkeley 1980 (frz. Originalausgabe 1976).
(*Einzige Darstellung der Lebenswelt des einfachen Römers*)

Ryan, F. X.: Rank and Participation in the Republican Senate, Stuttgart 1998.

Entwicklungstendenzen in der späten Republik

Badian, E.: From the Gracchi to Sulla, Historia 11 (1962), 197–245.
(*Detaillierte Analyse der Abläufe*)

Burckhardt, L. A.: Politische Strategien der Optimaten in der späten Römischen Republik, Stuttgart 1988.

The Cambridge Ancient History, Vol. IX: The Last Age of the Roman Republic, 146–43 B.C., hrsg. v. J. A. Crook, A. Lintott, E. Rawson, 2. Aufl., Cambridge 1994.
(*Überblicksdarstellung durch hervorragende Autoren*)

Christ, K.: Krise und Untergang der römischen Republik, 4. Aufl., Darmstadt 2000.
(*Bester deutschsprachiger Überblick zu den letzten beiden Jahrhunderten der Republik*)

David, J.-M. / Nippel, W. (Hgg.): Die späte römische Republik. La fin de la république romaine, Rom 1997.

Heuß, A.: Der Untergang der Römischen Republik und das Problem der Revolution, Historische Zeitschrift 182 (1956), 1–28.

Millar, F.: The Crowd in the Late Republic, Ann Arbor 1998.

Mouritsen, H.: *Plebs* and Politics in the Late Roman Republic, Cambridge 2001.
(*Anregende Studie zur Rolle der Stadtbevölkerung*)

Nippel, W.: Aufruhr und Polizei in der römischen Republik, Stuttgart 1988.
(*Grundlegende Analyse des öffentlichen Lebens*)

Patterson, J. R.: Political Life in the City of Rome, London 2000.

Pina Polo, F.: Contra arma verbis. Der Redner vor dem Volk in der späten römischen Republik, Stuttgart 1996.
(*Wichtige Studie zur politischen Kommunikation*)

Rossi, R. F.: Dai Gracchi a Silla, Bologna 1980.

Schneider, H.: Die Entstehung der römischen Militärdiktatur, Köln 1977.

Schneider, H.-C.: Das Problem der Veteranenversorgung in der späteren römischen Republik, Bonn 1977.

Thommen, L.: Das Volkstribunat der späten Römischen Republik, Stuttgart 1989.

Yakobson, A.: Elections and Electioneering in Rom. A Study in the Political System of the Late Republic, Stuttgart 1999.
(*Neuinterpretation der Wahlen in der späten Republik*)

Die Reformen der Gracchen

Badian, E.: Tiberius Gracchus and the Beginning of the Roman Revolution, in: Aufstieg und Niedergang der römischen Welt, Bd. I,1, Berlin – New York 1972, 668–731.
(*Die Krise des Mittelstandes und die militärischen Belastungen als Ursache der Reformen*)

Bernstein, A. H.: Tiberius Sempronius Gracchus. Tradition and Apostasy, Ithaca – London 1978.

Bleicken, J.: Überlegungen zum Volkstribunat des Tiberius Sempronius Gracchus, Historische Zeitschrift 247 (1988), 265–293.
(*Hervorhebung der persönlichen Motive*)

Boren, H. C.: The Gracchi, New York 1968.

Bringmann, K.: Die Agrarreform des Tiberius Gracchus. Legende und Wirklichkeit, Frankfurter Historische Vorträge 10, Stuttgart 1985.

Earl, D. C.: Tiberius Gracchus. A Study in Politics, Brüssel 1963.

Keaveney, A.: The Tragedy of Caius Gracchus: ancient melodrama or modern farce?, Klio 85 (2003), 322–332.

Lintott, A., Judicial reform and land reform in the Roman Republic, Cambridge1992.

Nicolet, C.: Les Gracques, Crise agraire et révolution à Rome, Paris 1980.

Perelli, I.: I Gracchi, Rom 1993.

Richardson, J. S.: The Ownership of Roman Land: Tiberius Gracchus and the Italians, Journal of Roman Studies 70 (1980), 1–11.

Ross Taylor, L.: Forerunners of the Gracchi, Journal of Roman Studies 52 (1962), 19–27.
Schubert, C.: Land und Raum in der römischen Republik, Darmstadt 1996.
Stockton, D. L.: The Gracchi, Oxford 1979.
(*Die grundlegende Darstellung zu den Gracchen*)
Wolf, G.: Historische Untersuchungen zu den Gesetzen des C. Gracchus: ‚Leges de iudiciis' und ‚Leges de sociis', Dissertation München 1972.

Die politische Entwicklung von 121 bis 91 v. Chr.

Badian, E.: The Death of Saturninus. Studies in Chronology and Prosopography, Chiron 14 (1984), 101–147.
(*Wichtige Rekonstruktion der Ereignisse im Herbst 100 v. Chr.*)
Carnes, T. F.: A Biography of C. Marius, Chicago 1970.
Chantraine, H.: Untersuchungen zur römischen Geschichte am Ende des 2. Jahrhunderts v. Chr., Kallmünz 1959.
Doblhofer, G.: Die Popularen der Jahre 111–99 vor Christus. Eine Studie zur Geschichte der späten römischen Republik, Wien – Köln 1990.
(*Anregende Studie zu der Zeit nach den Gracchen*)
Evans, R. J.: Gaius Marius, Pretoria 1994.
(*Profunde Analyse des Politikers Gaius Marius*)
Ferrary, J.-L.: Recherches sur la législation de Saturninus et de Glaucia, Mélanges de l'école Française de Rome (Antiquité), 89,2 (1977), 619–660 und 91,1 (1979), 85–134.
Gabba, E.: The Origins of the Professional Army at Rome: the ‚proletarii' and Marius' reform, in: derselbe, Republican Rome, the Army and the Allies, Oxford 1976, 1–19.
Gabba, E.: Mario e Silla, in: Aufstieg und Niedergang der römischen Welt, Bd. I,1, Berlin – New York 1972, 764–805.
Gruen, E.: Political Prosecutions in the 90's B.C., Historia 15 (1966), 32–64.
Martin, J.: Die Popularen in der Geschichte der Späten Republik, Diss. Freiburg 1965.
Ritter, H. W.: Rom und Numidien. Untersuchungen zur rechtlichen Stellung abhängiger Könige.
Robinson, F. W.: Marius, Saturninus und Glaucia. Beiträge zur Geschichte der Jahre 106–100 v. Chr., Berlin 1912.
Schur, W.: Das Zeitalter des Marius und Sulla (1942), Aalen 1962.
Weinrib, E. J.: The Judiciary Law of M. Livius Drusus (tr.pl. 91 B.C.), Historia 19 (1970), 414–443.

Rom und die Bundesgenossen

Badian, E.: Foreign Clientelae (264–70 B.C.), Oxford 1958.
Brunt, P. A.: Italian Aims at the Time of Social War, Journal of Roman Studies 55 (1965), 90–109.
David, J.-M.: La romanisation de l'Italie, Paris 1997.
(*Grundlegende Darstellung der Akkulturationsprozesse*)
Gabba, E.: The Origins of the Social War and Roman Politics after 89 BC, in: derselbe, Republican Rome, the Army and the Allies, Oxford 1976, 70–130.
Galsterer, H.: Herrschaft und Verwaltung im republikanischen Italien. Die Beziehungen Roms zu den italischen Gemeinden vom Latinerfrieden 338 v. Chr. bis zum Bundesgenossenkrieg 91 v. Chr., München 1976.
(*Die entscheidende Darstellung der politischen Organisation des antiken Italiens*)
Hantos, Th.: Das römische Bundesgenossensystem in Italien, München 1983.
Keaveney, A.: Rome and the Unification of Italy, Totowa (New Jersey) 1987.
Meyer, H. D.: Die Organisation der Italiker im Bundesgenossenkrieg, Historia 7 (1958), 74–79.
Mouritsen, H.: Italian Unification. A study in ancient and modern historiography, London 1998.
(*Fundamentale Neuinterpretation des Verhältnisses der Bundesgenossen zu Rom*)
Torelli, M.: Studies in the Romanization of Italy, Edmonton 1995.

Der Bürgerkrieg und die Dictatur Sullas

Badian, E.: Lucius Sulla. The Deadly Reformer, Sydney 1970.
Behr, H.: Die Selbstdarstellung Sullas. Ein aristokratischer Politiker zwischen persönlichem Führungsanspruch und Standessolidarität, Frankfurt a. M. u. a. 1993.
Berve, H.: Sulla, in: derselbe, Gestaltende Kräfte der Antike, 2. Aufl., München 1966, 375–395.
Bulst, Ch. M.: Cinnanum Tempus, Historia 13 (1964), 307–337.

Christ, K.: Sulla. Eine römische Karriere, München 2002.
(*Die aktuelle Biographie des Dictators*)

Dahlheim, W.: Der Staatsstreich des Konsuls Sulla und die römische Italienpolitik der achtziger Jahre, in: J. Bleicken (Hg.), Kolloquium aus Anlaß des 80. Geburtstages von Alfred Heuß, Kallmünz 1993, 97–115.

Hantos, Th.: Res publica constituta. Die Verfassung des Dictators Sulla, Stuttgart 1988.

Hinard, F.: Les proscriptions de la Rome républicaine, Rom 1985.
(*Umfassende Rekonstruktion der Proskriptionen*)

Hinard, F.: Sylla, Paris 1985.

Hurlet, F.: La dictature de Sylla: Monarchie ou magistrature républicaine? Essai d'histoire constitutionelle, Brüssel – Rom 1993.

Keaveney, A.: Sulla. The Last Republican, London – Canberra 1982.
(*Solide Darstellung der Ereignisse*)

Lovano, M.: The Age of Cinna: Crucible of Late Republican Rome, Stuttgart 2002.
(*Versuch, Cinna in einem positiven Licht darzustellen*)

Volkmann, H.: Sullas Marsch auf Rom. Der Verfall der römischen Republik, München 1958.

Personen-, Orts- und Sachregister

Personen

Sachbegriffe / Personengruppen

Orte / Völker